华章图书

一本打开的书，一扇开启的门，
通向科学殿堂的阶梯，托起一流人才的基石。

www.hzbook.com

金融商业数据分析与应用系列

FINANCIAL BUSINESS DATA ANALYSIS
Based on Python and SAS

金融商业数据分析
基于 Python 和 SAS

张秋剑 张浩 周大川 常国珍 著

机械工业出版社
China Machine Press

图书在版编目（CIP）数据

金融商业数据分析：基于 Python 和 SAS / 张秋剑等著 . -- 北京：机械工业出版社，2021.11

（金融商业数据分析与应用系列）

ISBN 978-7-111-69583-7

I. ①金… II. ①张… III. ①金融 - 数据处理 - 研究 IV. ① F830.41

中国版本图书馆 CIP 数据核字（2021）第 227776 号

金融商业数据分析：基于 Python 和 SAS

出版发行：机械工业出版社（北京市西城区百万庄大街 22 号　邮政编码：100037）

责任编辑：董惠芝	责任校对：马荣敏
印　　刷：北京市荣盛彩色印刷有限公司	版　　次：2022 年 1 月第 1 版第 1 次印刷
开　　本：186mm×240mm　1/16	印　　张：22.25
书　　号：ISBN 978-7-111-69583-7	定　　价：99.00 元

客服电话：（010）88361066　88379833　68326294　　投稿热线：（010）88379604
华章网站：www.hzbook.com　　读者信箱：hzjsj@hzbook.com

版权所有・侵权必究
封底无防伪标均为盗版
本书法律顾问：北京大成律师事务所　韩光 / 邹晓东

前 言

为什么要写这本书

随着现代信息技术的不断发展,以大数据为基础的各类金融科技应用成为市场热点。近年来,随着数据治理不断被强化及数据资产的热度不断升温,各金融机构已经有了一定的数据基础。基于数据挖掘手段开展精准营销、风险管控、运营优化,已经成为数据应用的必然趋势。未来,随着物联网等技术的不断推广,数据量的增速将更为迅猛,大数据应用势不可挡。在大数据转型趋势下,各企业也在思考如何不被市场淘汰,如何使数据的价值最大化。

大数据应用一方面需要有数据可挖掘,另一方面需要数据分析专家。赋能金融企业内部人员,使之成为业务感知能力强、分析技术过硬的双料人才,是培养数据分析专家最快捷、最实际的途径。因此,市场上急需一本金融业务与数据分析技术相融合的参考书。

基于对当前金融机构在数据分析中的痛点、通病的认识,以及在业界一流企业和顶级咨询公司的实践,我们决心编写一本适合金融行业数据分析人员入门的图书。

读者对象

根据当前金融行业数字化转型先进案例,我们知道客户、产品、运营等前台部门,以及数据管理、风险管理等中台部门的从业人员均需要具备数据分析思维。也就是说,本书面向的读者群包括:

- 营销、运营部门的数据分析师
- 风控部门的从业人员
- 大数据部门的工程师

- 高校数学、统计学、金融工程、计算机科学及技术等专业的学生
- 科技金融、金融大数据相关行业的同人

本书特色

虽然数据分析已经不是新概念，但是市面上系统地讲解金融行业数据分析师如何成长的书不多。本书在业务方面涵盖用户画像、客户价值预测、精准营销预测等，在方法论方面涵盖描述统计、假设推断、预测性建模等。同时，本书贴合金融行业的分析软件环境，将新兴的 Python 与传统的 SAS 相结合，以便于读者快速掌握相关技术。

另外，市面上 Python 的编程基础和机器学习图书众多，但是鲜有从数据分析角度进行讲解的，而且 Python 本身的数据分析软件包也不完善。在本书中，笔者结合多年的数据分析咨询经验，提供了常用的函数，便于读者在实际工作中快速上手。

如何阅读本书

本书共 14 章，分为 3 篇。

- 分析工具篇（第 1~4 章）：介绍 SAS EG 的菜单操作和 Python 的入门知识。
- 数据处理篇（第 5~9 章）：从构建统计指标和数据可视化开始讲解，将数据查询、数据整合、数据清洗相结合，构建出满足分析需求的数据集。
- 统计分析篇（第 10~14 章）：从假设检验开始，介绍如何从业务洞察中获取灵感，然后用数据验证灵感，并且根据得到的灵感构建统计模型，以便预测客户的未来价值或者营销响应的概率。

其中，统计分析篇通过实例讲解数据分析应用，相比于前两篇更独立。如果你是一名有编程经验的高手，可以直接阅读这部分内容。如果你是一名初学者，请一定从第 1 章的基础理论知识开始学习。

勘误和支持

请关注微信公众号"数据资管"，以下载书中的演示数据和脚本，观看教学视频，交流问题和反馈意见。也可以发送邮件至 453288431@qq.com 与作者联系。期待得到你们的真挚反馈！

致谢

首先,感谢指导过我们工作和写作的各位领导、老师,正是他们的鼓励和鞭策才使得本书最终面市。

其次,感谢机械工业出版社华章公司的策划编辑杨福川,他在这一年多时间中始终支持我们的写作,鼓励和帮助我们顺利完稿。

最后,谨以此书献给我们最亲爱的家人,以及众多热爱金融数据分析的朋友们!

目 录 Contents

前言

分析工具篇

第1章 数据科学与数理统计 ... 2
1.1 数据科学的基本概念 ... 2
1.2 数理统计技术 ... 5
 1.2.1 描述性统计分析 ... 5
 1.2.2 统计推断与统计建模 ... 6

第2章 SAS EG 数据操作基础 ... 8
2.1 SAS EG 入门 ... 8
 2.1.1 SAS EG 简介 ... 8
 2.1.2 SAS EG 的窗口及菜单 ... 9
2.2 访问数据 ... 10
 2.2.1 SAS EG 实现方式 ... 11
 2.2.2 SAS 程序实现方式 ... 13
2.3 定义 SAS 数据集 ... 13
 2.3.1 SAS 数据的相关概念 ... 13
 2.3.2 SAS EG 实现方式 ... 16
 2.3.3 SAS 程序实现方式 ... 18
2.4 导入其他格式的数据文件 ... 19
 2.4.1 SAS EG 实现方式 ... 19
 2.4.2 SAS 程序实现方式 ... 21

第3章 Python 编程基础 ... 22
3.1 Python 概述 ... 22
3.2 Anaconda 的安装及使用方法 ... 23
 3.2.1 下载与安装 ... 23
 3.2.2 使用 Jupyter Notebook ... 24
 3.2.3 使用 Spyder ... 25
 3.2.4 使用 Conda 管理第三方库 ... 27
3.3 Python 的基本数据类型 ... 29
 3.3.1 字符串 ... 29
 3.3.2 浮点型和整型 ... 29
 3.3.3 布尔类型 ... 30
 3.3.4 其他数据类型 ... 31
3.4 Python 的基本数据结构 ... 31
 3.4.1 列表 ... 32
 3.4.2 元组 ... 33
 3.4.3 集合 ... 33
 3.4.4 字典 ... 34
3.5 Python 的编程结构 ... 35
 3.5.1 三种基本的编程结构简介 ... 35
 3.5.2 顺序结构 ... 35
 3.5.3 分支结构 ... 36
 3.5.4 循环结构 ... 37
3.6 Python 的函数与模块 ... 40
 3.6.1 Python 的函数 ... 40
 3.6.2 Python 的模块 ... 42

- 3.7 使用 Pandas 读写结构化数据 ········ 43
  - 3.7.1 读数据 ········ 43
  - 3.7.2 写数据 ········ 46

第 4 章 在 SAS EG 中使用程序 ········ 47
- 4.1 如何在 SAS EG 中使用程序 ········ 47
- 4.2 SAS 程序 ········ 49
  - 4.2.1 SAS 程序分析简介 ········ 49
  - 4.2.2 DATA 步 ········ 50
  - 4.2.3 PROC 步 ········ 51

数据处理篇

第 5 章 描述性统计分析与制图 ········ 54
- 5.1 描述性统计分析 ········ 54
  - 5.1.1 变量度量类型与分布类型 ········ 54
  - 5.1.2 变量的统计量 ········ 56
  - 5.1.3 连续变量的分布与集中趋势 ········ 56
  - 5.1.4 连续变量的离散程度 ········ 58
  - 5.1.5 数据分布的对称与高矮 ········ 59
- 5.2 制作报表与统计图 ········ 60
- 5.3 制图步骤及统计图适用场景 ········ 64
- 5.4 利用 SAS EG 进行统计分析 ········ 67
  - 5.4.1 连续变量描述性统计分析 ········ 67
  - 5.4.2 单因子频数统计分析 ········ 69
  - 5.4.3 汇总统计分析 ········ 72
  - 5.4.4 绘制条形图进行统计分析 ········ 76
  - 5.4.5 绘制地图进行统计分析 ········ 79

第 6 章 表数据的行处理 ········ 82
- 6.1 数据筛选 ········ 82
  - 6.1.1 SAS EG 实现方式 ········ 82
  - 6.1.2 SAS 程序实现方式 ········ 84
- 6.2 排序与求秩 ········ 87
  - 6.2.1 SAS EG 实现方式 ········ 87
  - 6.2.2 SAS 程序实现方式 ········ 94
- 6.3 抽样 ········ 95
  - 6.3.1 抽样理论介绍 ········ 95
  - 6.3.2 SAS EG 实现方式 ········ 97
  - 6.3.3 SAS 程序实现方式 ········ 99
- 6.4 数据分组和汇总 ········ 100
  - 6.4.1 SAS EG 实现方式 ········ 100
  - 6.4.2 SAS 程序实现方式 ········ 102

第 7 章 表数据的列处理 ········ 103
- 7.1 构造列变量 ········ 103
- 7.2 拆分列 ········ 105
- 7.3 堆叠列 ········ 107
- 7.4 转置列 ········ 110
  - 7.4.1 SAS EG 实现方式 ········ 111
  - 7.4.2 SAS 程序实现方式 ········ 113
- 7.5 对列重编码 ········ 114
  - 7.5.1 SAS EG 实现方式 ········ 114
  - 7.5.2 SAS 程序实现方式 ········ 119
- 7.6 变量标准化 ········ 119
  - 7.6.1 SAS EG 实现方式 ········ 120
  - 7.6.2 SAS 程序实现方式 ········ 122

第 8 章 数据集的操作 ········ 124
- 8.1 纵向连接 ········ 124
  - 8.1.1 SAS EG 实现方式 ········ 125
  - 8.1.2 SAS 程序实现方式 ········ 127
- 8.2 横向连接 ········ 131
  - 8.2.1 SAS EG 实现方式 ········ 131
  - 8.2.2 SAS 程序实现方式 ········ 135
- 8.3 数据集的比较 ········ 138
  - 8.3.1 SAS EG 实现方式 ········ 138
  - 8.3.2 SAS 程序实现方式 ········ 141
- 8.4 创建格式 ········ 142
  - 8.4.1 相关理论介绍 ········ 142
  - 8.4.2 SAS EG 实现方式 ········ 143

8.4.3 SAS 程序实现方式 ················ 146
8.5 删除数据集、格式和视图 ············ 147
   8.5.1 SAS EG 实现方式 ············· 147
   8.5.2 SAS 程序实现方式 ············· 148

第 9 章 利用 Python 处理数据 ········ 149
9.1 数据整合 ··························· 150
   9.1.1 行操作和列操作 ·············· 150
   9.1.2 条件查询 ···················· 152
   9.1.3 横向连接 ···················· 155
   9.1.4 纵向合并 ···················· 157
   9.1.5 排序 ························ 159
   9.1.6 分组汇总 ···················· 160
   9.1.7 拆分与堆叠列 ················ 163
   9.1.8 赋值与条件赋值 ·············· 165
9.2 数据清洗 ··························· 167
   9.2.1 重复值处理 ·················· 167
   9.2.2 缺失值处理 ·················· 168
   9.2.3 噪声值处理 ·················· 170
9.3 实战 ······························· 175
   9.3.1 提取行为特征的 RFM 方法 ···· 175
   9.3.2 使用 RFM 方法计算变量 ······ 176
   9.3.3 数据整理与汇报 ·············· 177

统计分析篇

第 10 章 数据科学的统计推断 ········ 180
10.1 基本的统计学概念 ················· 180
   10.1.1 总体、样本和统计量 ········· 180
   10.1.2 点估计、区间估计和中心极限定理 ···················· 181
10.2 假设检验 ·························· 186
   10.2.1 理论介绍 ··················· 186
   10.2.2 利用 Python 实现单样本 t 检验 ························ 189
   10.2.3 利用 SAS EG 实现单样本 t 检验 ························ 189
   10.2.4 利用 SAS EG 实现双样本 t 检验 ························ 189
   10.2.5 利用 Python 实现双样本 t 检验 ························ 191
10.3 方差分析 ·························· 193
   10.3.1 利用 Python 实现单因素方差分析 ······················ 193
   10.3.2 利用 SAS EG 实现单因素方差分析 ······················ 198
   10.3.3 利用 Python 实现多因素方差分析 ······················ 202
   10.3.4 利用 SAS EG 实现多因素方差分析 ······················ 204
10.4 相关分析 ·························· 207
   10.4.1 相关分析理论 ··············· 207
   10.4.2 Python 实现方式 ············ 210
   10.4.3 SAS EG 实现方式 ············ 210
10.5 列联表分析与卡方检验 ············· 211
   10.5.1 利用 Python 实现列联表分析 ······················· 212
   10.5.2 利用 SAS EG 实现列联表分析 ······················· 213
   10.5.3 利用 Python 实现卡方检验 ··· 215
   10.5.4 利用 SAS EG 实现卡方检验 ··· 216

第 11 章 构造连续变量的预测模型 ···· 219
11.1 线性回归模型介绍 ················· 219
   11.1.1 简单线性回归 ··············· 220
   11.1.2 多元线性回归 ··············· 224
11.2 模型的构建 ······················· 226
   11.2.1 多元线性回归模型的构建 ······ 226
   11.2.2 将连续变量和分类变量同时作为解释变量来构建模型 ······ 228
11.3 线性回归模型的诊断 ··············· 230

- 11.3.1 残差 ······ 230
- 11.3.2 强影响点 ······ 234
- 11.3.3 共线性 ······ 236
- 11.4 建模流程 ······ 238
- 11.5 利用 SAS EG 实现客户价值预测 ······ 239
  - 11.5.1 单连续变量下建模 ······ 239
  - 11.5.2 多连续变量下建模 ······ 242
  - 11.5.3 加入分类解释变量建模 ······ 243

第 12 章 构造二分类变量的预测模型 ······ 245
- 12.1 逻辑回归入门 ······ 245
- 12.2 模型表现优劣的评估 ······ 251
- 12.3 多水平值分类变量的逻辑回归 ······ 253
- 12.4 关于构造因果关系模型的讨论 ······ 255
- 12.5 利用 SAS EG 实现贷款违约可能性预测 ······ 257

第 13 章 描述性数据分析方法 ······ 266
- 13.1 客户细分 ······ 266
  - 13.1.1 客户细分的意义 ······ 266
  - 13.1.2 根据客户利润贡献细分 ······ 268
  - 13.1.3 根据个人或公司的生命历程细分 ······ 269
  - 13.1.4 根据客户的产品偏好细分 ······ 269
  - 13.1.5 根据客户的多维行为属性细分 ······ 270
  - 13.1.6 根据客户结构细分 ······ 271
  - 13.1.7 综合应用 ······ 272
- 13.2 连续变量间关系探索与变量压缩 ······ 273
  - 13.2.1 多元变量间关系统计基础 ······ 273
  - 13.2.2 多元变量压缩的思路 ······ 276
  - 13.2.3 主成分分析 ······ 278
  - 13.2.4 因子分析 ······ 288
- 13.3 聚类分析 ······ 293
  - 13.3.1 基本逻辑 ······ 293
  - 13.3.2 层次聚类 ······ 294
  - 13.3.3 快速聚类 ······ 301
  - 13.3.4 两步法聚类 ······ 308

第 14 章 时间序列分析 ······ 314
- 14.1 时间序列及其分析方法简介 ······ 314
- 14.2 利用效应分解法分析时间序列 ······ 316
  - 14.2.1 时间序列的效应分解 ······ 316
  - 14.2.2 SAS EG 实现方式 ······ 316
  - 14.2.3 Python 实现方式 ······ 318
- 14.3 平稳时间序列分析 ······ 322
  - 14.3.1 平稳时间序列简介 ······ 322
  - 14.3.2 AR 模型、MA 模型、ARMA 模型简介 ······ 323
  - 14.3.3 Python 实现方式 ······ 324
- 14.4 非平稳时间序列分析 ······ 328
  - 14.4.1 差分与 ARIMA 模型 ······ 328
  - 14.4.2 SAS EG 实现方式 ······ 330
  - 14.4.3 Python 实现方式 ······ 336

分析工具篇

- 第 1 章 数据科学与数理统计
- 第 2 章 SAS EG 数据操作基础
- 第 3 章 Python 编程基础
- 第 4 章 在 SAS EG 中使用程序

第 1 章

数据科学与数理统计

数据分析师不仅要学习 SAS 和 Python 这两门金融数据分析领域广泛使用的编程语言，还要熟练掌握数据科学与数理统计的基本概念。

1.1 数据科学的基本概念

随着计算机技术的发展和有用数据的快速增多，数据科学应运而生。数据科学的总体目标是在已有数据集的基础上，通过特定的算法提取信息，并将其转化为可理解的知识以辅助做决策。

例如，北京 **** 信用管理有限公司是一家典型的数据公司，有两个主要业务：第一个是为会员机构提供数据加工服务，第二个是提供反欺诈与信用风险管理的产品和咨询服务。第一个业务的主要工作内容是为会员机构清洗数据，并提供数据存储与管理服务。按照经济学的观点，这类业务的附加价值极低，只能获得社会一般劳动报酬。第二个业务属于增值服务，数据科学工作者将数据与金融借贷的业务知识相结合，为会员机构提供风控方面的咨询服务。这类业务的边际报酬在客户量达到一定阈值之后是递增的，即一元的投入会获得高于一元的产出，可以为企业高筑商业的安全边际。从这家公司的业务中可以看出，数据是基础，数据科学是研发，不做研发的企业只能成为代工厂。

数据科学的工作范式见图 1-1，以后我们的工作都是在重复这些步骤。

我们再来看一个例子。有一个淘宝商家希望通过促销的方式激活沉默客户。这里的"决策和行动"就是向一些客户发放打折券。打折券不应该是随意发放的，比如黏性很高的客户没有打折券也会持续购买。为了明确应该向哪些客户发放打折券，商家需要了解关于客户的三个知识：客户的流失可能性、客户价值、客户对打折券的兴趣。这些关于客户的知识往往被称为客户标签①。根据获取标签的难度，客户标签可以分为基础、统计、模型三种。基础标签可以从原始数据直接获取，比如性别、年龄段、职业，可以供决策者使用，等价于信息和数据。统计标签是通过原始数据汇总得到的，比如获得客户的价值标签需要将客户过去一段时间内在企业的所有消费进行汇总，并扣除消耗的成本。统计标签通过对原始数据进行简单的描述性统计分析获得。模型标签比较复杂，是在基础标签、统计标签和已有的模型标签的基础上，通过构建数据挖掘模型得到的，比如客户的流失概率、违约概率的标签。具体到本例，客户的流失可能性、客户价值、客户对打折券的兴趣这三个标签都属于统计标签。表 1-1 所示是该商家的交易流水表，记录了每位客户每笔交易的时间、金额和交易类型。从这些交易流水数据中获取信息的最简单而通用的方法被称为 RFM 模型。

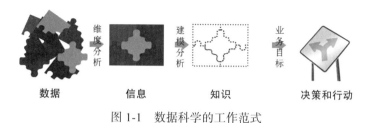

图 1-1　数据科学的工作范式

表 1-1　淘宝商家的交易流水

客户编号	交易时间	交易额（元）	交易类型
10001	6/14/2009	58	特价
10001	4/12/2010	69	特价
10001	5/4/2010	81	正常
10001	6/4/2010	60	正常

图 1-2 是根据表 1-1 的数据所做的 RFM 模型。RFM 模型将每个信息进行二次分类，得到客户分群。R（最后一次消费时间）标签可以代表客户的流失可能性，离最后一次消费时间越久的客户的流失可能性越高。M（一段时期内消费的总金额或平均金额）标签可以代表客户的价值，消费额高的客户的价值高，因此可以初步确定重要保持和重要挽留客户都属于应该营销的客户。最后一个标签 F（一段时期内消费的频次）代表客户对打折券的兴趣。直接使用 RFM 模型是不能满足要求的，我们可以按照交易类型，计算每个客户所有交易类型中购买特价产品的 F（一段时期内消费的频次）或 M 的占比。这里有人会开始纠结，两个标签该选哪个呢？其实，"对打折券的兴趣"是一个概念，我们可以用多种方法得到不同的标签

---

① 个体客户相关的知识往往被称为"客户标签"。客户标签和客户画像很容易混淆。两者的主要差异是分析的视角不同。客户标签是通过对客户的微观分析得到的变量（数据分析中也称为列、属性、特征），根据获取标签的难度分为基础、统计、模型三种；客户画像是从产品、地域、时域等角度对客户属性（标签）进行描述性统计，以便获得客户的总体特征。客户画像在市场研究、产品设计、风险偏好、营销渠道选择方面有重要的应用。

来表示这个概念。如果你追求完美，可以使用后续章节中讲的主成分方法进行指标合成。

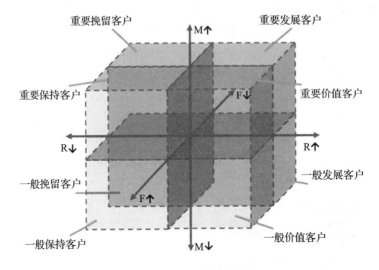

图 1-2　RFM 模型示例

经过以上数据分析，我们终于可以进行有针对性的折扣券营销了。细心的读者可以发现，数据分析是按照图 1-1 所示的工作范式从右至左规划和分析、从左至右实际操作的。本案例比较简单，数据量不大，使用 Excel 进行数据分析即可。

不过，当一个企业的年销售额达到几十亿元，活跃客户量达到几十万时，其就必须聘请专业的数据科学工作者，使用复杂的算法和专业的分析工具了。

与数据科学相关的知识涉及多个学科和领域，包括统计学、数据挖掘、模式识别、人工智能（机器学习）、数据库等，如图 1-3 所示。数据科学的算法来源比较复杂，所以同一概念在不同领域的称呼不一样。为了便于本书读者将来与不同领域的专家沟通，我们力争列出出现的术语在不同领域对应的称呼。

数据库：数据是数据科学的基础，任何数据分析都离不开数据。如今信息化建设日趋完善，数据库作为存储数据的工具，被数据分析人员广泛使用。Python 和 R 之类的工具都是内存计算，难以处理太大的数据。因此在对数据库中的数据进行分析前，数据分析师需要借助 Oracle 之类的数据库工具得到待分析的数据，并在数据库内进行适当的清洗和转换。即使在大数据平台上做数据分析，大量的数据也是在 Hive 或 Impala 中处理后才被导入 Spark 进行建模。

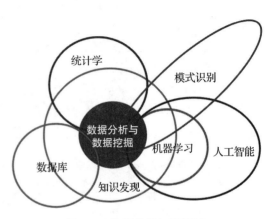

图 1-3　数据科学知识领域

统计学：统计学一直被认为是针对小数据的数据分析方法，不过其仍旧在数据科学领域担任重要的角色，比如对数据进行抽样、描述性分析、结果检验等。目前商业智能中的数据可视化技术绝大多数使用的是统计学中的描述性分析。而变量降维、客户分群主要还是采用多元统计学中的主成分分析和聚类算法。

人工智能/机器学习/模式识别：一些数据科学方法起源于早期科技人员对计算机人工智能的研究，比如神经网络算法是模仿人类神经系统运作的，不仅可以通过训练数据进行学习，而且能根据学习的结果对未知的数据进行预测。

很多人视数学为进入数据科学的拦路虎，这是完全没有必要的。在一开始接触数据科学时，我们完全可以从业务需求出发，以最简单的方法完成工作任务。

1.2 数理统计技术

数理统计博大精深，但入门并不难。只要掌握本节中介绍的描述性统计分析和统计推断的知识，你便可应对绝大部分工作。

1.2.1 描述性统计分析

描述性统计分析是每个人几乎都会使用的方法，比如新闻联播中提及的人民收入是均值，而不是每个人的收入。企业财务年报中经常提及的是年收入、利润总额，而不是每一笔交易的数据。这些平均数、总和就是统计量。描述性统计分析就是从总体数据中提炼变量的主要信息，即统计量。日常的业务分析报告就是通过标准的描述性统计分析方法完成的。做这类分析时只要明确分析的主题和可能的影响因素，即可确定可量化主题和影响因素的指标，然后根据这些指标的度量类型选择适用的统计表和统计图进行信息呈现。图1-4展现了统计表的类型和对应的柱形图。

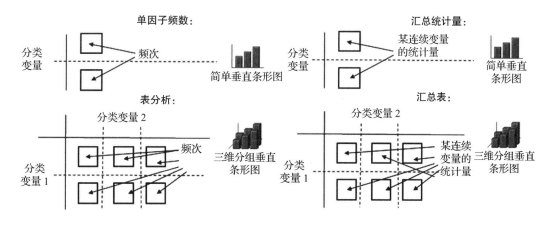

图1-4 描述性统计分析方法

关于描述性统计分析的详细内容,大家可以阅读4.2节内容。以图1-5为例,这是某知名商业智能软件的截图,其实就是图1-4中方法的运用。比如图中"普通小学基本情况"报表就是"汇总表"的直接运用;"普通小学专任教师数"是柱形图的变体,使用博士帽的数量替代柱高;"各省份小学学校数量占比"中使用气泡的大小代表各省小学学校数量的占比情况。

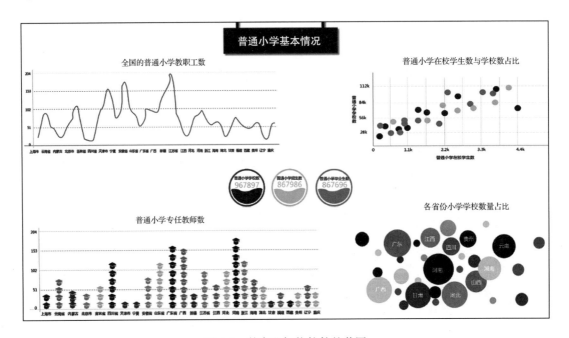

图1-5 某商业智能软件的截图

剩下的难点就是理解业务和寻找数据了,这要靠多读分析报告、积累业务经验来解决。

1.2.2 统计推断与统计建模

统计推断及统计建模的含义是建立解释变量与被解释变量之间可解释的、稳定的,最好是具有因果关系的表达式。在模型运用时,将解释变量带入该表达式可以预测每个个体被解释变量的均值。目前,针对统计推断,业界存在两个误解。

统计推断无用论:认为大数据时代只做描述性统计分析即可,不需要做统计推断。由于总体有时间和空间两个维度,即使通过大容量与高速并行处理得到空间上的总体,也永远无法获取时间上的总体,因为需要预测的总是新的客户或新的需求。更为重要的是,在数据科学体系中,统计推断的算法往往是复杂的数据挖掘与人工智能算法的基础。比如特征工程中大量使用统计推断算法进行特征创造与特征提取。

学习统计推断的产出/投入比低:深度学习大行其道的关键点是产出/投入比高。实践表明,具有高等数学基础的学生可以通过两个月的强化训练掌握深度学习算法并投入生产,而培养同样基础的人开发可落地的商业统计模型的时间至少是半年,原因在于统计推断的算法是根据分析变量的度量类型定制开发的,需要分析人员对各类指标的分布类型有所认识,合理选择算法。而深度学习算法是通用的,可以在一个框架下完成所有任务。听上去当然后者的投入产出比更高。但是,效率与风险往往是共存的。目前,顶尖 AI 公司的模型开发人员发现一个现象:解决同样的问题,统计模型开发周期长而更新频次低;深度学习算法开发周期短而优化频次高。过去,深度学习所鼓吹的实时优化造成企业过度的人员投入,使得企业综合受益不一定高。而本书的目的之一就在于降低统计推断学习的成本。读者将来只要按照表 1-2 所示方法分析,即可大大缩减学习时间。

表 1-2 统计推断与统计建模方法

预测变量 X		被预测变量 Y	
		分类(二分)	连续
单个变量	分类(二分)	列联表分析|卡方检验	双样本 t 检验
	分类(多个分类)	列联表分析|卡方检验	单因素方差分析
	连续	双样本 t 检验	相关分析
多个变量	分类	逻辑回归	多因素方差分析|线性回归

第 2 章

SAS EG 数据操作基础

SAS（Statistics Analysis System，统计分析系统）是由北卡罗来纳州立大学于 1966 年开发的统计分析软件。1976 年 SAS 软件研究所成立，正式开始进行 SAS 软件的开发、维护和销售工作。SAS 逐渐成为统计分析的标准软件，并成为金融数据分析领域的主流软件。

早期的 SAS 只能通过编写程序进行数据分析，而 SAS EG 可以通过拖动的方式实现数据分析，这为全员分析提供了可能。本章讲解使用 SAS EG 创建和管理数据的重要知识。

2.1 SAS EG 入门

SAS EG 是面向业务数据分析用户的数据分析工具，界面友好，易于掌握。本节介绍该软件的界面和基本操作。

2.1.1 SAS EG 简介

SAS 具有强大的数据分析能力，SAS Enterprise Guide（简称 SAS EG）是其中的一个模块。SAS EG 为用户提供了一个可视化的操作界面，以便快捷地管理数据、生成报告。SAS EG 具有如下特点。

- 便于管理 SAS 任务的图形化用户界面；
- 高度灵活和可扩展的编程语言；
- 丰富的、立即可用的 SAS 过程；
- 灵活地运行在所有主流操作系统上；
- 能够访问几乎所有数据源；
- 支持全球使用最广泛的字符编码方式。

使用 SAS EG 时，SAS 软件同时也在后台运行。SAS EG 可以连接本地计算机上的 SAS，也可以连接其他计算机（即 SAS 服务器）上的 SAS。访问数据和创建任务时，SAS EG 将生成 SAS 代码；运行任务时，SAS EG 将生成的代码发送至 SAS 进行处理，然后 SAS 将结果返回至 SAS EG，如图 2-1 所示。

SAS EG 的核心是 Base SAS 软件。Base SAS 可以利用其他组件扩展功能，因此 SAS EG 可以方便、快捷地调用 SAS STAT、SAS/ETS、SAS/GRAPH 等模块。

SAS EG 是整理、分析和报告数据的利器。初学者可以使用菜单点击的方式完成丰富的数据处理和统计分析工作。

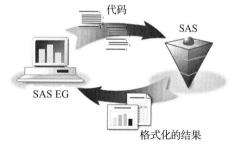

图 2-1　SAS EG 生成过程

SAS 程序员可以借助 SAS EG 提供的简便的编程界面和丰富的辅助工具来提高工作效率。

SAS 商业分析（BI）员可以方便地使用 SAS EG 的创建存储过程（Create Stored Processes）、查看 OLAP 立方体（OLAP Cubes）、生成 SAS 报告功能。

2.1.2　SAS EG 的窗口及菜单

SAS EG 的窗口界面如图 2-2 所示。

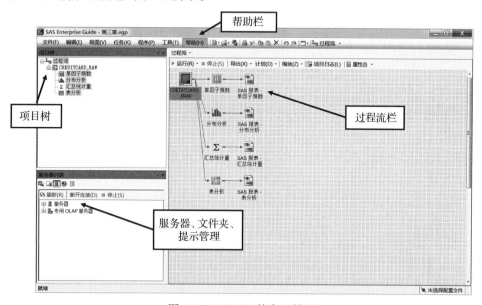

图 2-2　SAS EG 的窗口界面

项目是指管理相关数据、任务、代码和结果的集合。项目树是显示当前活动项目以及其相关项（数据、代码、注释和结果）的层次视图。我们可以删除、重命名和重新排序项目中的各个项，也可以运行项目或预定某个项目在特定时间运行。

任务可以理解为一个分析过程。不同的任务运行之后可生成 SAS 代码、数据集或者报表等。

数据菜单主要描述了对数据行和列的基本处理，如图 2-3 所示。

描述菜单主要介绍了各种统计量以及各种数据特征的分析和展示，如图 2-4 所示。

图形菜单介绍了 SAS EG 所支持的图形的制作，如图 2-5 所示。

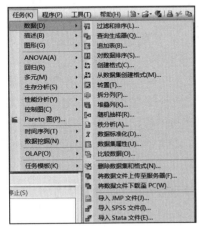

图 2-3 数据菜单

图 2-4 描述菜单　　图 2-5 图形菜单

2.2 访问数据

如何利用 SAS 访问多个 SAS 数据集？如何利用 SAS 访问业务数据库中的数百张数据表并写出数据分析报告？

这些情况下，我们就要用到 SAS 逻辑库了。

SAS 数据库分为永久数据库和临时数据库。永久数据库，顾名思义，会永久保存存放在其中的数据，直到你删除它，例如 SAS 自带的 SASHELP、SASUSER 数据库。而临时库的文件会在每次关闭 SAS 软件后自动删除，例如 WORK 库。注意，永久数据库和临时数据库的差别在于退出 SAS 时是否保留其中的文件，而不是数据库是否还存在。

在 Windows 系统中，SAS 是以路径为基础的方式组织数据库的。为了方便使用数据库，我们需要为每个路径下的数据库或者存放 SAS 文件的文件夹指定一个逻辑名，例如 WORK，选中 WORK 库点击右键查看属性，则可以看到其所存放文件的路径。

SAS 逻辑库的命名规则：

1) 首字符必须为英文字母（A~Z，包括大写和小写）或下划线（_）；

2) 由数字、字母和下划线组成；

3) 最多不超过 8 个字符；

4）不区分大小写⊖。

在进入 SAS 软件时，系统会自动指定一些逻辑库供用户使用。

- SASHELP：是 SAS 系统在运行时会用到的系统文件，对环境的设置数据都会存放在此。用户不要修改该数据文件夹中的数据。
- SASUSER：SAS 系统会设置 SASUSER 数据文件夹路径。若用户没有设置其他路径，SASUSER 指定的路径或文件每次都相同。该路径下的数据文件是永久存在的。如果有 SAS 数据文件要存储，用户无须在自己的程序代码中设置任何数据文件夹名称，便可以使用 SASUSER 数据文件夹来存储 SAS 数据文件。其物理位置为 C:\Users\...\Documents\My SAS Files\9.3。
- WORK：SAS 系统会设置 WORK 数据文件夹路径。用户操作产生的临时 SAS 数据文件会放在该路径下。当离开 SAS 系统时，SAS 系统便会将该路径清除，不会将数据存储下来。

下面详细介绍如何通过 SAS 逻辑库访问数据。

2.2.1 SAS EG 实现方式

1. 连接计算机中的 SAS 数据文件夹

1）在"工具"菜单下选择"分配项目逻辑库"选项，然后在名称栏输入数据库的逻辑名 BANKDATA（需要符合逻辑库的命名规则），并选择"local-本机 SAS 服务器"，如图 2-6 所示。

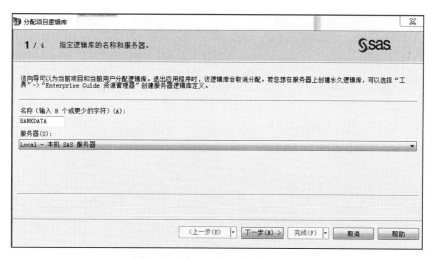

图 2-6 "分配项目逻辑库"选项

2）选择引擎类型为"文件系统"，并在路径选项下单击"浏览"按钮，找到存放 SAS

⊖ 由于 SAS 对大小写不敏感，后续的数据集名称、程序名称等不再区分大小写，对大小写敏感的地方会特别说明。

文件的文件夹，或者直接输入地址，比如"E:\bankdata"，单击"下一步"按钮链接到 SAS 文件夹，如图 2-7 所示。

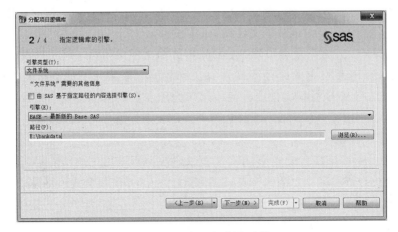

图 2-7　指定逻辑库的引擎

3）在左下角的服务器列表中选择"服务器→本地"，单击"刷新"按钮即可查看刚刚定义的逻辑库。

2. SAS 连接远程数据库

1）首先建立 ODBC 数据源。以 Windows 7 系统为例，在"控制面板→系统和安全→管理工具"路径下选择"数据源（ODBC）"进行配置，打开"用户 DSN"选项卡，选择"添加"，选择数据源的数据库类型后，依次单击"下一步"按钮，按要求填写相关信息即可。

2）同连接数据文件夹中的步骤 1。

3）引擎类型选择"数据库系统"，并在引擎下选择对应的数据库接口，然后按照要求输入服务器的地址、用户名及密码，如图 2-8 所示。

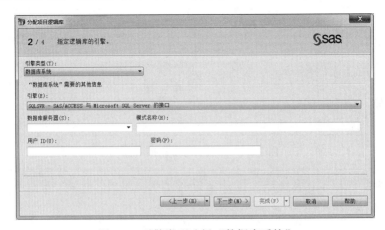

图 2-8　引擎类型选择"数据库系统"

4）在左下角的服务器列表中选择"服务器→本地"，单击"刷新"按钮即可查看刚刚定义的逻辑库。

2.2.2 SAS 程序实现方式

1. 连接计算机中的 SAS 数据文件夹

打开 SAS EG 软件，在菜单栏下选择"新建程序"，在打开的界面中输入下面的程序代码，然后单击"运行"按钮。代码如下所示：

```
libname bankdata "E:\bankdata";
```

libname 为关键词，表示要建立一个逻辑数据库；bankdata 为逻辑库名，最长为 8 位字符；E:\bankdata 表示数据存放在此路径下，必须用单引号或双引号括起来。

2. SAS 远程连接数据库

在菜单栏下选择"新建程序"，在打开的界面中输入下面的代码，然后单击"运行"按钮。

```
libname bankdata db2 user=admin password = "*****" datasrc=bank;
```

libname 与 bankdata 的含义同上；db2 表示实现 DB2 数据库的访问；user 和 password 分别为访问的数据库的用户名和密码，密码需要用引号引起来；datasrc 为模式，表示数据库 DB2 下的某个数据源，一般采用默认状态。

2.3 定义 SAS 数据集

如果你是一名数据分析的新手，当拿到一些以 SAS 格式存储的数据集时，应该从哪些方面去了解这些数据，以便为下一步的数据分析做好准备呢？

在进一步分析数据之前，我们还需要了解数据集的基本信息，比如修改日期、属性、标签等，以及每个字段的含义、类型、长度、格式等。

2.3.1 SAS 数据的相关概念

SAS 对表的引用采用二级引用，即"逻辑库名.文件名"，比如为了引用 SASHELP 库中的 CLASS 文件，必须采用"SASHELP.CLASS"格式，若不加逻辑库名，则默认为调用 WORK 库中的相应文件。对于这些 SAS 操作中的默认规则，初学者会不知所措。本节旨在解决这个问题。

1. SAS 文件

所有的 SAS 文件都必须作为某个 SAS 数据库的成员。SAS 文件主要分为以下三类：

- 表：存放数据值和数据的描述信息的数据集，以 .sas7bdata 为扩展名。
- 数据视图：不实际存放数据，只包含表的描述信息和一组用来读取数据的查询语句，以 .sas7bvew 为扩展名。
- 目录：存放不同种类的信息文件，一般每个信息文件都比较小，比如一些系统的快捷键的定义等，以 .sas7bcat 为扩展名。

2. 数据集构成

一个数据集包括两个组成部分——描述部分和数据部分，如图2-9和图2-10所示。

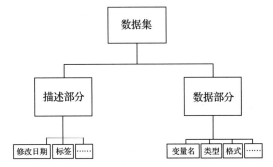

图 2-9　数据集组成部分　　　　图 2-10　数据部分和描述部分

数据部分是打开逻辑库中的文件时展现在我们眼前的部分，是数据值的集合。描述部分即属性，包含以下部分。

1）数据集的名称。

2）创建数据集的日期和时间，如图2-11所示。

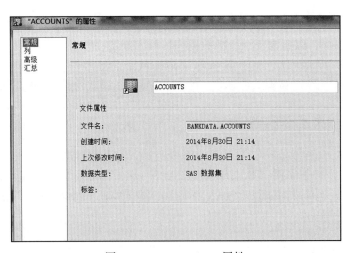

图 2-11　ACCOUNTS 属性

3）观测的个数，变量的个数。数据集中的每一个变量都有属性，如图2-12所示。

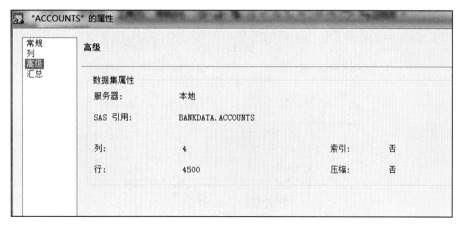

图 2-12　变量属性示例

类型、名称、标签、长度、输入格式、输出格式等属性如图 2-13 所示。

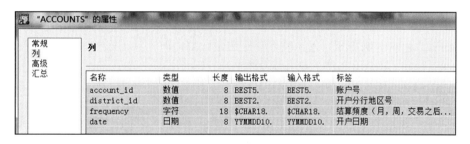

图 2-13　ACCOUNTS 属性选择

- **数据集与变量命名规则**：首字符必须为英文字母（A～Z，包括大写和小写）或下划线（_）；由数字、字母和下划线组成；最多不超过 32 个字符；不区分大小写。
- **标签**：数据集的属性除名称外，还包括标签，以便描述数据集存储数据的特性。书写规则：可以是中文、英文字母等任何符号，最长不超过 256 个字符。
- **类型**：只有字符型和数值型两种类型，一个变量只能属于其中一种类型。数值型变量只能是合法的数值，缺失值为点"."，注意不含引号。日期属于数值型变量，取整数。日期又分为日期数据与日期时间数据。日期的常数值表示形式为 ddmmmyy d 或者 ddmmmyyyy d，比如表示 2014 年 6 月 30 日时，可以采用 30jun14d 或 30jun2014d 表示。日期数据在 SAS 中的存储和展示方式如图 2-14 所示。

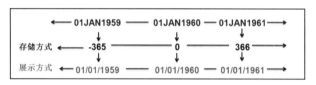

图 2-14　日期数据在 SAS 中的存储和展示方式

日期时间数据如 1960 年 1 月 1 日 00:00:00，每加 1 代表增加 1 秒。日期时间数据在 SAS 中的存储和展示方式如图 2-15 所示。

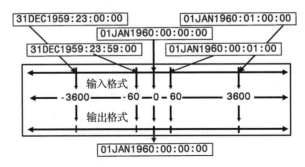

图 2-15　日期时间数据在 SAS 中的存储和展示方式

字符型变量的值可以是任何字符串，如中国、Alex 等。缺失值为空格，不含引号。

- **变量属性——输入格式（Informat）及输出格式（Format）**：输入属性用于确定数据如何读入 SAS 数据集；输出属性用于确定数据如何显示，即打开数据集我们看到的格式，它只是输出形式，不影响存储形式。

3. SAS EG 数据视图

SAS EG 数据视图是从其他文件中读取数据的一种 SAS 文件。它只包括数据集的描述信息，如数据类型、变量长度等。SAS EG 数据视图类似于数据库视图。

SAS EG 数据视图主要有以下几个优势。

- 可以通过连接多个表的视图来合并数据集；
- 可以节省大量空间；
- 可以保证读取的数据集永远都是最新的；
- 更改一个数据视图只需要改变这个视图的查询语句。

2.3.2　SAS EG 实现方式

1）单击菜单，按顺序依次单击"任务→数据→数据集属性"，如图 2-16 所示。这里可以点击"添加"按钮新增数据集，也可以选中数据集并删除它。

2）单击"下一步"按钮，设置输出选项。默认报表输出内容包括数据集的创建日期、上次修改日期、观测数、编码、任何与引擎/主机有关的信息，以及变量及其属性按字母顺序排列的列表。增强型报表输出包括表类型、表的创建和修改日期、观测数、变量标签以及变量类型。排序可以按照变量名称、表中变量顺序、变量类型、变量格式、变量标签中的五者之一进行升序或者降序排列，如图 2-17 所示。

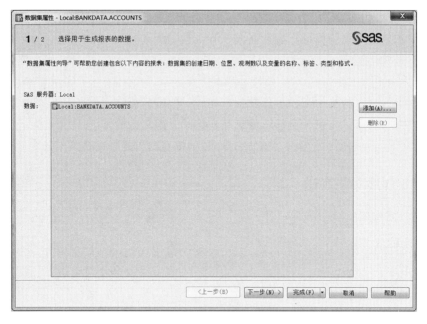

图 2-16 数据集属性菜单

图 2-17 输出数据集

上述选项设置之后,单击"完成"按钮,结果中产生 5 类信息。

1)数据集信息,如数据集名称、类型、观测数、变量数、创建时间、修改时间、是否排序、是否压缩。

2）引擎和主机相关的信息，如页面大小、页数、版本。

3）按字母顺序排序的变量和属性列表，如变量名称、类型、长度、输入格式、输出格式、标签等。

4）数据集信息，与第 1 类显示信息基本相同，但较为简洁。

5）变量列表信息，与第 3 类显示信息基本相同，但较为简洁。

其中，默认报表输出的是前 3 类信息，增强型报表输出的是后 2 类信息。

2.3.3 SAS 程序实现方式

1. 查看文件属性信息

基本语法如下：

```
proc contents <options>;
run;
```

options 语法解读如表 2-1 所示。

表 2-1 options 语法解读

选项	功能说明
DATA=	输入的数据集
Details|NODetails	规定是否包含观测数、变量数和数据集标签
directory	输出数据库中所有成员的列表
Memtype=	输出一个或多个成员类型，如 data/view/catalog
Out=	规定输出的数据集名字

2. 创建视图

1）数据步视图：包含从多个数据源中读取数据的数据步程序。

定义格式：DATA 数据集名称 /view= 数据集名称。

上面的定义中，在数据步的最后一个数据集名称后加上"view= 数据集名称"是告诉 SAS 程序只进行编译，不运行，而被编译的程序存储在 view 后的数据视图中。

例如下面这段创建数据步视图的代码：

```
data bankdata.account1/view= bankdata.account1;
set bankdata.account;
run;
```

2）SQL 视图：一个带有名称的 proc sql 查询，可以读写的数据源同数据步视图。

```
proc sql;
create view bankdata.account as
```

```
select * from bankdata.account;
quit;
```

2.4 导入其他格式的数据文件

做数据分析时有很多数据是来自其他软件的,比如 Oracle 和 MySQL 导出的数据是以逗号分隔的,其文件后缀为".csv",还有 .txt、.xls、.sav 等格式的数据。在用 SAS EG 进行数据分析之前,我们必须先将这些外部数据导入 SAS 系统。通过本节的学习,读者可以将不同格式的数据导入 SAS,以便做后续处理。

2.4.1 SAS EG 实现方式

下面以导入一个 Excel 文件为例来讲解导入数据过程中各选项的设置。

1)选择数据类型"Excel 工作簿",单击"浏览"按钮选择文件导入之后存放的逻辑库并设置文件名。本例中的外部导入文件存放在 WORK 下,命名为 CLASS,如图 2-18 所示。

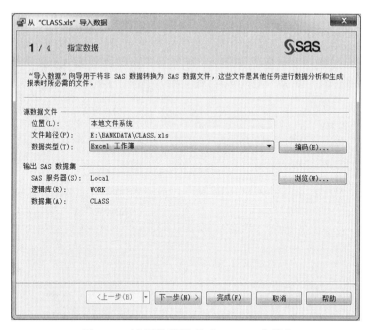

图 2-18 选择数据类型"Excel 工作簿"

2)选择要导入的工作表。若导入的数据中含有多个表单,则需要指定具体的表单;若工作表不是从 A1 单元格开始读入数据的,则需要选择"使用工作表中特定范围的单元格",指定数据的存放范围。根据数据的情况,选择数据源是否首行范围内包含字段名称,若不选择，SAS 会以默认的 F1、F2 命名，如图 2-19 所示。

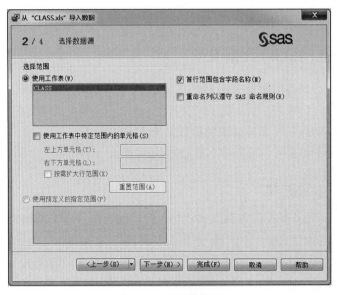

图 2-19　选择数据源

3）单击"下一步"按钮，看 SAS EG 对变量的认定是否与源数据一致，若不一致，选中该行变量，单击右下方的"修改"按钮，选中"在输出数据集中包含字段"，并对变量的名称、标签、类型、输入格式和输出格式进行修改，如图 2-20 所示。

图 2-20　定义字段属性

4)单击"下一步"按钮,得到如图 2-21 所示界面。若选择"在生成的 SAS 代码中嵌入数据(E)"选项,则输出中的 SAS 程序可重复运行或与其他用户共享;"尽可能使用 SAS/ACCESS Interface to PC Files 导入数据"复选框表示要使用导入数据,若不选该选项,将使用数据步导入数据;若要删除会导致传输错误的字符,请选中"从基于文本的数据文件中删除会导致传输错误的字符"复选框。若导入的文件中包含服务器所不支持的语言的字符,则可能要选择该选项,例如,导入的 Microsoft Excel 文件中包含日语字符,因为服务器的语言/区域为法语,无法识别某些日语字符,所以要选中该选项。若导入的是文本文件,且要在存储过程中包括用于导入该文本文件的代码,请选择在 SAS EG 外运行的导入步骤。当运行存储过程时,若服务器可访问原始的文本文件,则不会生成临时的文本文件。你在"导入"任务中指定的分隔符会用在生成的 SAS 代码中。

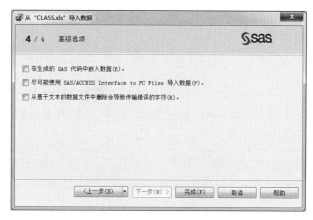

图 2-21 高级选项

2.4.2 SAS 程序实现方式

以上讲解了手工导入数据的方法,下面使用编程方式实现。

1)读入 Excel 格式的数据,代码如下:

```
proc import out=bankdata.class
datafile= "E:\BANKDATA\class.xls"
dbms=excel replace;
getnames=yes;
run;
```

2)读入 TXT 格式的数据,代码如下:

```
proc import out=bankdata.class
datafile= "E:\BANKDATA\class.txt"
dbms=TAB replace;
getnames=yes;
run;
```

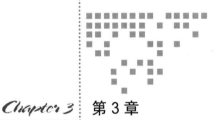

Chapter 3 第 3 章

Python 编程基础

编程基础是熟练使用 Python 语言进行数据处理、数据分析的必要前提。本章主要介绍使用 Python 进行数据分析时必备的编程基础知识，主要涉及 Python 的基本数据类型、数据结构、程序控制、读写数据等内容。

3.1 Python 概述

Python 是一款面向对象、直译式的计算机编程语言，包含了一整套功能完善的标准库，能够轻松地完成很多常见的编程任务。

Python 由 Guido Van Rossum 于 1989 年圣诞节期间设计，力图做到简单、直观、开源、容易理解且适合快速开发。这一设计理念可以概括为优雅、明确、简单。Python 正是在这种设计思想下成为一款流行的编程语言。在 2017 年最新的 TIOBE 编程社区指数中，Python 名列第五，且依旧有上升的趋势。

Python 的主要应用包括网站开发、科学计算、图形用户界面，并提供了完善的开发框架。国内网站如豆瓣、知乎、果壳等就使用了 Python 的 Web 框架。此外，Google 等公司也有很多 Python 的重要应用。而且，Python 的 SciPy、NumPy、Pandas、Scikit-learn 等框架也非常成熟，这也使得 Python 成为一款非常适合数据科学分析的工具。

Python 之所以能够在分析领域流行起来，原因在于 Python 编程本身语法简单、极易上手。此外，在众多开发者的努力下，一大批优秀、成熟、易用的数据分析框架涌现出来。Python 中主要的数据分析框架如表 3-1 所示。

表 3-1　Python 中主要的数据分析框架

名　　称	解　　释
NumPy	数组、矩阵的存储、运算框架
SciPy	提供统计、线性代数等计算框架
Pandas	结构化数据的整合、处理框架
Statsmodel	统计分析框架
Scikit-learn	机器学习框架
Matplotlib	数据可视化框架

3.2　Anaconda 的安装及使用方法

对于 Python 的集成开发环境（IDE）软件，我们除了可以选择标准二进制发布包所附的集成开发环境之外，还可以有其他选择。这些 IDE 能够提供语法着色、语法检查、运行调试、自动补全、智能感知等便利功能。针对 Python 专门设计的 IDE 有 Pycharm、Anaconda、PyScripter、Eric 等。

在众多 IDE 中，Anaconda 是一款适合数据分析的集成开发环境软件，包含常用的科学计算、数据分析、自然语言处理、绘图等包。所有的模块几乎是最新的，容量适中。Anaconda 使用了 Conda 和 pip 包管理工具，使得安装第三方包非常方便，避免了管理各个库依赖的麻烦。Anaconda 集成了 Python、IPython、Spyder 和众多的框架与环境，且支持 Python2 和 Python3，包括免费版、协作版、企业版等。

Anaconda 集成的 Jupyter Notebook 因支持 LaTex 等功能，被国外数据科学工作者和大学讲师广泛使用，成为 Python 数据科学领域标准的 IDE 工具。而 Anaconda 集成的另外一个 IDE——Spyder，因风格和 R 语言的 Rstuido 基本一致，成为从 R 语言转到 Python 阵营的人的首选。

3.2.1　下载与安装

进入 Anaconda 官方网站[⊖]，在网页下方找到相应版本的下载地址，如图 3-1 所示。网站上提供了三种操作平台的安装包下载地址，不同操作系统使用者请选择相应系统版本对应的安装包。

Windows 用户下载后，安装包为以 .exe 结尾的可执行文件。为了正常使用，安装时请务必勾选"Add Anaconda to my PATH environment variable"选项。该选项把 Anaconda 的路径信息添加到了环境变量中，这样我们可以在任意位置访问 Anaconda 中的文件。如果安装完成后无法正常执行代码，很有可能是未勾选该选项。此时，我们需要手动将若干个文

⊖ Anaconda 官方网站：https://www.continuum.io/downloads/。

件路径添加至环境变量中（Anaconda 版本不同需要添加的文件路径数量不同），或者卸载后重新安装（推荐使用该方法）。

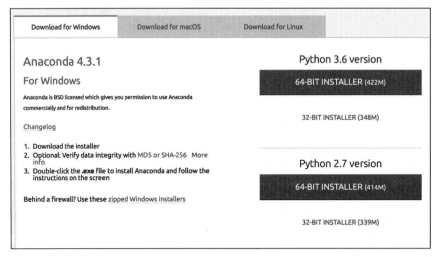

图 3-1　Anaconda 下载页面

3.2.2　使用 Jupyter Notebook

Jupyter Notebook 是 Anaconda 默认提供的一款交互式程序开发软件。该软件既可以集成 Python，也可以集成 R。这款工具非常适合交互式数据分析，支持 Markdown 语法，非常适合报告展示。

安装好 Anaconda 后，Windows 用户可打开 CMD 命令行，进入任意文件夹，输入 Jupyter Notebook 开启程序，如图 3-2 所示。Mac 或 Linux 用户可打开 terminal，输入 Jupyter Notebook 开启程序。

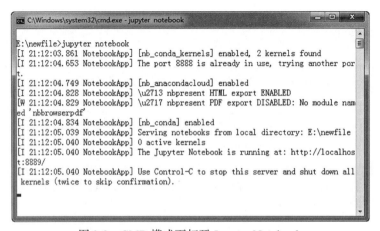

图 3-2　CMD 模式下打开 Jupyter Notebook

此后，浏览器会自动弹出并进入主界面。主界面下方显示的是当前的文件系统。这里选择 New 按钮在当前目录下创建一个 ipynb 格式的 Notebook 文件，如图 3-3 所示。

图 3-3　创建 Notebook 文件

下面的示例是使用 Jupyter Notebook 进行简单的四则运算，如图 3-4 所示。

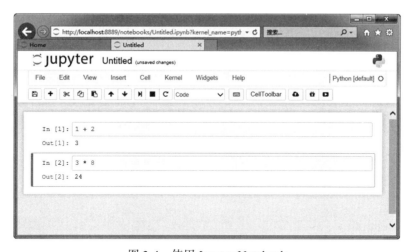

图 3-4　使用 Jupyter Notebook

需要深入了解 Jupyter Notebook 使用细节的读者可以参考官方的指导手册[⊖]。

3.2.3　使用 Spyder

Spyder 是 Anaconda 提供的类似于 Matlab、Rstudio 界面的 Python 开发环境，提供了语

⊖　Jupyter Notebook 官方指导手册：https://jupyter.readthedocs.io/en/latest/index.html。

法着色、语法检查、运行调试、自动补全功能，集成了脚本编辑器、控制台、对象查看器等模块，非常适合有关数据分析项目的开发。

在安装好 Anaconda 后，Windows 用户可打开 CMD，输入 spyder 开启程序，如图 3-5 所示。Mac 或 Linux 用户打开 terminal 输入 spyder 开启程序。

图 3-5　CMD 模式下进入 Spyder

进入 Spyder 后，默认的窗口布局是仿 Matlab 型，左边是脚本编辑器栏目，右上是对象查看器、帮助文档栏，右下是控制台（即 Python 编译器），如图 3-6 所示。

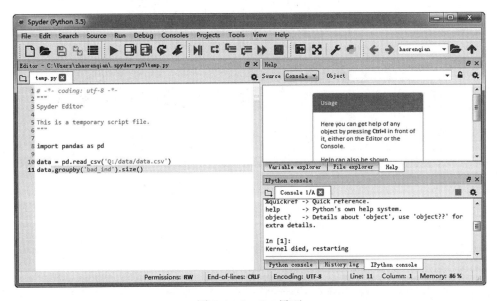

图 3-6　Spyder 界面

下面示例展示的是在 Spyder 中运行 Python 脚本，点击上方栏目中的绿色（在实际软件中）按钮运行，如图 3-7 所示。

读者若对其他使用细节有兴趣，可以参考 Sypder 官方的指导手册[○]。

○　Spyder 官方指导手册：https://Pythonhosted.org/spyder/。

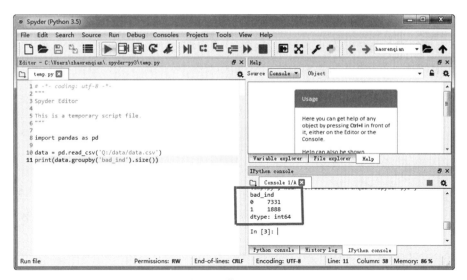

图 3-7　使用 Spyder

3.2.4　使用 Conda 管理第三方库

1. 添加 Conda 镜像

Anaconda 提供 Conda 工具来管理第三方库与模块。使用时，计算机需要连接互联网。同时，由于 Conda 默认使用境外的镜像，为了使用方便，我们可自行添加国内的 Conda 镜像。打开 CMD，分别输入下列命令，则可添加清华的 Conda 镜像：

```
>conda config --add channels https://mirrors.tuna.tsinghua.edu.cn/anaconda/pkgs/free/
>conda config --set show_channel_urls yes
```

要想看是否配置成功，可以将 Conda 的配置显示出来：

```
>conda config --show
```

如果配置包括下列文本，说明已经将清华的 Conda 镜像配置在默认镜像之前（注意结果中没有引号）：

```
Channels:
-https://mirrors.tuna.tsinghua.edu.cn/anaconda/pkgs/free/
-defaults
```

要移除镜像可以使用以下语句：

```
>conda config --remove channels https://mirrors.tuna.tsinghua.edu.cn/anaconda/pkgs/free/
```

此外，Anaconda 集成了 pip 工具，其在管理第三方库方面具有与 Conda 相类似的功能。本节主要介绍 Conda，pip 的使用方法与其类似。

2. 使用 Conda

具体到使用 Conda 安装第三方库时，我们可使用"conda install 模块名"格式命令。以 Scikit-learn 为例，进入系统后界面提示是否安装，键入 y 完成安装，示例如下：

```
>conda install scikit-learn
Fetching package metadata .......
Solving package specifications: ..........
Package plan for installation in environment …
…
Proceed ([y]/n)?
```

当需要安装指定版本的第三方库时，我们可使用"conda install 模块名=版本号"格式命令。以 Scikit-learn 为例，进入系统后界面提示是否安装，键入 y 完成安装，示例如下：

```
>conda install scikit-learn=0.18
Fetching package metadata .......
Solving package specifications: ..........
Package plan for installation in environment …
…
Proceed ([y]/n)?
```

同样，我们可以使用 update 命令更新现有的第三方库为最新版本或指定版本。下面演示使用 conda 命令更新 Scikit-learn 库。当界面提示是否更新时，键入 y 即可完成更新，示例如下：

```
>conda update scikit-learn
Fetching package metadata .......
Solving package specifications: ..........
Package plan for installation in environment …
…
Proceed ([y]/n)?

>conda update scikit-learn=0.18
Fetching package metadata .......
Solving package specifications: ..........
Package plan for installation in environment …
…
Proceed ([y]/n)?
```

若需要卸载第三方库，可以使用"conda remove 模块名"格式命令，进入后界面提示是否卸载，键入 y 完成卸载，示例如下：

```
>conda remove scikit-learn
Fetching package metadata .......
Solving package specifications: ..........
Package plan for installation in environment …
…
Proceed ([y]/n)?
```

3.3 Python 的基本数据类型

Python 的基本数据类型如表 3-2 所示。

表 3-2 Python 的基础数据类型

名 称	解 释	示 例
str	字符串	'a', "1"
float	浮点型	1.23,11.0
int	整型	3,4
bool	布尔类型	True,False
complex	复数	1+2j,2+0j

3.3.1 字符串

在 Python 中，单引号、双引号、三引号引起来的都是字符串，例如：

```
>'spam eggs'
'spam eggs'
>"spam eggs"
'spam eggs'
>'''spam eggs'''
'spam eggs'
>type('spam eggs')
str
```

此外，Python 支持一些字符串格式化输出，例如换行符"\n"和制表符"\t"，例如：

```
>print ('First line.\nSecond line.')
First line.
Second line.
>print('1\t2')
1   2
```

在 Python 中，字符串加运算表示字符串拼接，例如：

```
>'pyt'+'hon'
'Python'
```

3.3.2 浮点型和整型

Python 可以处理任意大小的整数，包括负整数。其在程序中的表示方法和在数学上的写法一样。

```
> 1+1
2
```

Python 支持数值的四则运算，例如：

```
> 1+1        #加法
2
> 1-1        #减法
0
> 1*1        #乘法
1
> 2**2       #2的2次方
4
> 2/3        #除法
0.6666666666666666
> 5//2       #除法（整除）
2
> 5%2        #余数
1
```

此外，我们还可以使用内置函数进行数值类型的转换，例如将字符转换为数值。

```
>float("1")
1.0
>int("1")
1
```

3.3.3　布尔类型

Python 中的布尔值一般由逻辑判断产生，且只有两个可能结果：True、False。

整型、浮点型的"0"和复数 0+0j 可以表示 False，其余整型、浮点型、复数数值都被判断为 True。以下代码通过逻辑表达式创建布尔逻辑。

```
>1 == 1
True
> 1 > 3
False
> 'a' is 'a'
True
```

当然，Python 还提供了逻辑值的运算，即且、或、非运算。

```
>True and False#且
False
>True or False #或
True
>not True #非
False
```

布尔逻辑值转换可以使用内置函数 bool。除数字 0 和空值外，其他类型用 bool 函数转换后结果都为 True。

```
>bool(1)
True
>bool("0")
```

```
True
>bool(0)
False
```

Python 中的数据类型转换如表 3-3 所示。

表 3-3　Python 中的数据类型转换

数据类型	中文含义	转换函数
Str	字符串	str()
Float	浮点类型	float()
Int	整数	Int()
Bool	逻辑	bool()
Complex	复数	complex()

3.3.4　其他数据类型

Python 中还有一些特殊的数据，例如无穷值、nan（非数值）、None 等。

下面是无穷值的一些运算。注意，正负无穷相加返回 nan，表示非数值。

```
>float('-inf')+1
-inf
>float('-inf')/-1
inf
>float('+inf')+1
inf
>float('+inf')/-1
-inf
>float('-inf')+float('+inf')
nan
```

在 Python 中，非数值与任何数值运算，结果都是 nan。nan 甚至不等于自身，如下所示。nan 可表示缺失值。

```
>float('nan') == float('nan')
False
```

此外，Python 提供 None 来表示空，如下所示。

```
>x = None
> x is None
True
```

3.4　Python 的基本数据结构

Python 的基本数据结构包括列表（List）、元组（Tuple）、集合（Set）、字典（Dict）这些数据结构表示数据在 Python 中的存储形式。在 Python 中，我们可以输入 type（对象）查看数据结构。

3.4.1 列表

1. 列表简介

列表是 Python 内置的数据类型，是一种有序的集合，用来存储一连串元素。列表用 [] 表示，其中的元素类型可不相同。例如：

```
>list1 = [1,'2',3,4]
>list1
[1,'2',3,4]
```

除了使用 [] 表示列表外，我们还可以使用 list 函数。

```
>list([1,2,3])
[1, 2, 3]
>list('abc')
['a', 'b', 'c']
```

可以通过索引访问或修改列表中相应位置的元素。使用索引时，通过 [] 来指定位置。在 Python 中，索引的起始位置为 0，例如取 list1 第 1 个位置的元素：

```
>list1[0]
1
```

可以通过 ":" 符号选取指定列表中相应位置的元素，例如取第 1 到第 3 个位置的元素。注意，这种索引取数是前包后不包的（包括 0 位置，但不包括 3 位置，即取 0、1、2 位置的元素）：

```
>list1[0:3]
[1, '2', 3]
```

此外，Python 中的负索引表示倒序位置，例如 -1 代表 list1 最后一个位置的元素：

```
>list1[-1]
4
```

列表支持加法运算，表示两个或多个列表合并为一个列表，如下所示：

```
>[1,2,3]+[4,5,6]
[1, 2, 3, 4, 5, 6]
```

2. 列表对象中内置的方法

在 Python 中，列表对象中内置了一些方法。这里介绍 append 方法和 extend 方法。append 方法表示在现有列表中添加一个元素。在循环控制语句中，append 方法使用较多，示例如下：

```
> list2 = [1,2]
> list2.append(3)
> list2
[1 ,2 ,3]
```

extend 方法类似于列表加法运算，表示合并两个列表为一个列表，示例如下：

```
> list2 = [1,2]
> list2.extend([3,4,5])
> list2
[1, 2, 3, 4,5]
```

3.4.2 元组

元组与列表类似，区别在于在列表中，任意元素可以通过索引进行修改。而在元组中，元素不可更改，只能读取。下面展示了元组和列表的区别。我们可以对列表进行赋值，而同样的操作应用于元组则会报错。

```
>list0 = [1,2,3]
> tuple0 = (1,2,3)
> list0[1] = 'a'
> list0
[1, 'a', 3]
> tuple0[1] = 'a'
TypeError        Traceback (most recent call last)
<iPython-input-35-2bfd4f0eedf9> in <module>()
----> 1 tuple0[1] = 'a'
TypeError: 'tuple' object does not support item assignment
```

这里通过"()"表示元组。在 Python 中，元组类对象一旦定义则无法修改，但支持加运算，即合并元组。

```
>(1,2,3)+(4,5,6)
(1, 2, 3, 4, 5, 6)
```

元组也支持像列表那样通过索引访问元素。

```
>t1 = (1,2,3)
> t1[0]
1
> t1[0:2]
(1,2)
```

3.4.3 集合

在 Python 中，集合是一组 key 的集合，且 key 不能重复。我们可以通过列表、字典或字符串等创建集合，或通过"{}"表示创建，示例如下：

```
>basket = {'apple', 'orange', 'apple', 'pear', 'orange', 'banana'}
```

```
>basket
{'apple', 'banana', 'orange', 'pear'}
>basket = set(['apple', 'orange', 'apple', 'pear', 'orange', 'banana'])
> basket
{'apple', 'banana', 'orange', 'pear'}
> basket = set(('apple', 'orange', 'apple', 'pear', 'orange', 'banana'))
> basket
{'apple', 'banana', 'orange', 'pear'}
```

Python 支持数学意义上的集合运算，比如差集、交集、补集、并集等，例如：

```
>A = {1,2,3}
>B = {3,4,5}
```

A、B 的差集，即去除集合 A 中集合 A、B 共有的元素：

```
>A - B
{1, 2}
```

A、B 的并集，即集合 A 与集合 B 的全部唯一元素：

```
>A | B
{1, 2, 3, 4, 5}
```

A、B 的交集，即集合 A 和集合 B 共有的元素：

```
>A & B
{3}
```

A、B 的对称差，即集合 A 与集合 B 的全部唯一元素去除集合 A 与集合 B 的共有元素：

```
>A ^ B
{1, 2, 4, 5}
```

需要注意，集合不支持通过索引访问指定元素。

3.4.4 字典

Python 中内置了字典（在其他语言中也称为 Map），其使用键 – 值 (key-value) 存储，以便提高查找速度。其格式是用大括号"{}"括起来，其中 key 和 value 用冒号":"进行分隔，示例如下：

```
>dict1 = {'Nick':28,'Lily':28,'Mark':24}
> dict1
{'Lily': 28, 'Mark': 24, 'Nick': 28}
```

字典本身是无序的，我们可以通过方法 keys 和 values 提取键 – 值对中的键和值，如下所示：

```
>dict1.keys()
['Nick', 'Lily', 'Mark']
> dict1.values()
[28, 28, 24]
```

字典支持按照键访问相应的值，如下所示：

```
>dict1['Lily']
28
```

这里需要注意定义字典时，键不能重复，否则重复的键值会替代原先的键值。如下示例中，键'Lily'重复，其值被替换。

```
>dict3 = {'Nick':28,'Lily':28,'Mark':24,'Lily':33}
{'Lily': 33, 'Mark': 24, 'Nick': 28}
```

3.5 Python 的编程结构

程序控制是编程语言的基础。Python 的编程结构有顺序结构、分支结构和循环结构。本节将对其做详细的讲解。

3.5.1 三种基本的编程结构简介

Python 的编程结构包括顺序结构、分支结构和循环结构，如图 3-8 所示。

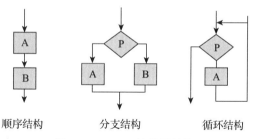

图 3-8　Python 的编程结构

- ❑ 顺序结构的特点是依照次序执行代码，并返回相应的结果。这种结构较为简单，易于理解。
- ❑ 分支结构的特点是有条件判断，即满足某种条件就继续执行，否则跳转到另外的条件上执行。
- ❑ 循环结构程序用于处理可以迭代的对象，比如元组、列表。

在这些结构中，分支结构往往需要条件判断语句进行控制，比如 if、else 等，而循环结构需要循环语句 for 进行控制。当然，分支结构与循环结构完全可以混合，这时就可以通过条件循环语句 while 进行控制。

3.5.2 顺序结构

1. 顺序结构简介

现在创建一个列表：

```
>a = [1,2,3,4,5]
```

如果要打印列表中的所有元素,可以使用如下写法:

```
> print (a[0])
> print (a[1])
> print (a[2])
> print (a[3])
> print (a[4])
1
2
3
4
5
```

这种顺序执行的编程结构就是顺序结构。

2. 逻辑行与物理行

在 Python 中,代码被逐行提交给解释器并进行编译。物理行是指编辑器里看到的一行,逻辑行是指代码经过编译后所在的行。Python 中,每个物理行对应着一个逻辑行。例如上述 print 代码的逻辑行和物理行是对应的。

但某些情况下,一个逻辑行的代码过长时,可以分拆为多个物理行,例如:

```
>tuple(set(list([1,2,3,4,5,6,7,8])))
(1, 2, 3, 4, 5, 6, 7, 8)
```

可以写成如下方式,

```
> tuple(set(list([1,2,3,\
    4,5,6,7,8])))
(1, 2, 3, 4, 5, 6, 7, 8)
```

符号"\"是换行的标识,此时代码是一个逻辑行,但有两个物理行。

当多个逻辑行代码过短时,如:

```
>x = 1
> y = 2
> z = 3
> print(x,y,z)
(1, 2, 3)
```

可以使用分号";"将多个逻辑行转化为一个物理行:

```
> x = 1;y = 2;z = 3;print(x,y,z)
(1, 2, 3)
```

3.5.3 分支结构

分支结构的分支用于进行条件判断。在 Python 中,我们使用 if、elif、else、冒号与缩进表达分支。以下是一个示例:

若数值 x 小于 0，令 x 等于 0，且打印信息 Negative changed to zero；
若第一个条件不成立，判断 x 是否为 0，若成立，打印 Zero；
若第一、第二个条件不成立，再判断 x 是否为 1，若成立，打印 single；
若第一、第二、第三个条件都不成立，打印 more。
我们将 x 赋初值 –2，并测试以上逻辑的输出结果。

```
>x = -2
>if x < 0:
>    x = 0
>    print('Negative changed to zero')
>elif x == 0:
>    print('Zero')
>elif x == 1:
>    print('Single')
>else:
>    print('More')
'Negative changed to zero'
```

这里，if、elif、else 组成的逻辑是一个完整的逻辑，即任何条件成立时，程序会停止后面的条件判断。这里需注意多个 if 语句存在时的条件判断结果：若把上述代码中的 elif 改为 if，程序执行的结果会发生变化，如下所示：

```
> x = -2
>if x < 0:
>    x = 0
>    print('Negative changed to zero')
>if x == 0:
>    print('Zero')
>if x == 1:
>    print('Single')
>else:
>    print('More')
'Negative changed to zero'
'Zero'
'More'
```

上述程序的多个 if 语句是串行的关系，即上一个 if 语句的判断结果即使成立，下一个 if 语句也不会跳过，仍然会进行条件判断。所以，x=-2 在第一个 if 语句处会被赋值为 0 并继续执行，在第二个 if 语句判断为真，第三个 if 语句判断为假时，再跳到 else 语句。

3.5.4　循环结构

这里介绍 Python 中的 for 循环结构和 while 循环结构。循环语句用于遍历可迭代对象的所有取值或元素，每一个被遍历到的取值或元素执行指定的程序并输出。这里，可迭代对象指可以被遍历的对象，比如列表、元组、字典等。

1. for 循环

下面是一个 for 循环例子，i 指代可迭代对象 a 中的一个元素。for 循环条件以冒号结束，并换行缩进。第二行是每次循环执行的语句，这里是打印列表 a 中的每一个元素。

```
> a = [1,2,3,4,5]
> for i in a:
>   print(i)
1
2
3
4
5
```

上述操作也可以通过遍历可迭代对象的索引来完成。列表 a 一共有 5 个元素，range(len(a)) 表示生成列表 a 的索引序列，这里打印索引并打印向量 a 索引下的取值。

```
> a = ['Mary', 'had', 'a', 'little', 'lamb']
> for i in range(len(a)):
>     print(i, a[i])
(0, 'Mary')
(1, 'had')
(2, 'a')
(3, 'little')
(4, 'lamb')
```

2. while 循环

while 循环一般会设定一个终止条件，中间输出值会随着程序运行而发生变化。当输出满足条件时，循环终止。while 循环可以通过条件制定循环次数，例如通过计数器来终止循环，如下所示。计数器 count 每循环一次自增 1，当 count 为 5 时，while 条件为假，终止循环。

```
>count = 1
>while count < 5:
>    count = count + 1
>    print(count)
2
3
4
5
```

下面是一个比较特殊的示例，演示如何按照指定条件循环而不考虑循环的次数，例如编写循环程序使 x 不断减少，当 x 小于 0.0001 时，终止循环，代码如下。

```
>x=10
>count = 0
>while True:
>    count = count + 1
>    x = x - 0.02*x
```

```
>    if x< 0.0001:
>        break
>print (x,count)
(9.973857171889038e-05, 570)
```

上例中，while 循环代码中使用了 break 语句，表示满足条件时终止循环。此外，我们也可通过 continue、pass 对循环进行控制。continue 表示继续进行循环，如下代码尝试使用 continue 和 break 语句打印 10 以内能够被 3 整除的整数。

1）使用 continue 语句，示例如下：

```
>count = 0
>while count < 10:
>    count = count + 1
>    if count % 3 == 0:
>        print(count)
>        continue
    3
    6
    9
```

2）使用 break 语句，示例如下：

```
>count = 0
>while count < 10:
>    count = count + 1
>if count % 3 == 0:
>        print(count)
>        break
    3
```

3）使用 pass 语句，示例如下：

```
>count = 0
>while count < 10:
>    count = count + 1
>    if count % 3 == 0:
>        pass
>else:
>        print(count)
    1
    2
    4
    5
    7
    8
    10
```

3. 表达式

在 Python 中，诸如列表、元组、集合、字典都是可迭代对象。Python 为这些对象的遍历提供了更加简洁的写法。例如对列表对象 x 的遍历，且每个元素除以 10：

```
>x = [1,2,3,4,5]
>[i/10 for i in x]
[0.1, 0.2, 0.3, 0.4, 0.5]
```

上述 [i/10 for i in x] 的写法称为列表表达式，这种写法比 for 循环更加简便。此外，对于元组对象、集合对象、字典对象，这种写法依旧适用，且最终会产生一个列表对象。

```
>x = (1,2,3,4,5)                #元组
>[i/10 for i in x]
[0.1, 0.2, 0.3, 0.4, 0.5]
>x = set((1,2,3,4,5))           #集合
>[i/10 for i in x]
[0.1, 0.2, 0.3, 0.4, 0.5]
>x = {'a':2,'b':2,'c':5}        #字典
>[i for i in x.keys()]
['a', 'c', 'b']
>[i for i in x.values()]
[1, 3, 2]
```

3.6 Python 的函数与模块

3.6.1 Python 的函数

函数是用来封装特定功能的实体，可以对不同类型和结构的数据进行操作，以达到预定目标。比如数据类型转换函数 str、float 等就属于内置函数。当然，除了 Python 的内置函数与第三方库函数外，我们还可以自定义函数，从而完成指定任务。

1. 函数示例

例如，求一个列表对象均值的函数 avg：

```
>def avg(x):
>    mean_x = sum(x)/len(x)
>    return(mean_x)
```

sum 函数与 len 函数是 Python 内置函数，分别表示求和与长度。

运行完毕后，调用 avg 函数进行运算：

```
>avg([23,34,12,34,56,23])
30
```

2. 函数参数

函数参数可以分为形式参数与实际参数。形式参数作用于函数的内部，不是一个实际存在的变量，当接收到一个具体值时（实际参数），将具体值传递到函数内部进行运算。例如对于上例中的函数 avg，其形式参数为 x（加粗部分）。

```
>def avg(x):
```

```
>     mean_x = sum(x)/len(x)
>     return(mean_x)
```

实际参数即具体值，通过形式参数传递到函数内部参与运算。上述例子中，实际参数为一个列表（加粗部分）。

```
>avg([23,34,12,34,56,23])
```

函数参数的传递有两种方式：按位置和按关键字。当函数的形式参数过多时，一般采用按关键字传递的方式，通过形式参数名 = 实际参数的方式传递参数，如下所示。函数 age 中的 4 个参数，我们可以通过指定名称的方式使用它们，也可按位置顺序进行匹配：

```
>def age(a,b,c,d):
>     print (a)
>     print (b)
>     print (c)
>     print (d)
>
>age(a = 'young',b = 'teenager',c = 'median',d = 'old') #按关键字指定名称
young
teenager
median
old
>age('young','teenager','median','old') #按位置顺序匹配
young
teenager
median
old
```

在函数参数中，我们也可以指定形式参数的默认值。此时，该参数称为可选参数，表示使用时可以不定义实际参数。例如，函数 f 中有两个参数，其中参数 L 指定了默认值 None：

```
>def f(a, L=None):
    if L is None:
        L = []
    L.append(a)
    return L
```

使用该函数时，只需指定参数 a 的值。该函数返回一个列表对象，若不给定初始列表 L，则创建一个列表，再将 a 加入列表：

```
>f(3)
[3]
```

3. 匿名函数 lambda

Python 提供了匿名函数 lambda，其简化了自定义函数定义的书写形式，使得代码更为简洁。例如通过 lambda 函数定义函数 g：

```
>g = lambda x:x+1
>g(1)
 2
```

该函数相当于如下自定义函数:

```
>def g(x):
>    return(x+1)
>g(1)
 2
```

3.6.2 Python 的模块

为了编写可维护的代码,我们可以把很多函数分组放到不同的文件里。这样,每个文件包含的代码相对较少。很多编程语言采用这种组织代码的方式。在 Python 中,一个 py 文件称为一个模块。其内容形式是文本,可以在 IDE 或者常用的文本编辑器中编辑。

下面介绍一下自定义模块。

使用文本编辑器创建一个 mod.py 文件,其中包含一个函数,如下所示:

```
# module
def mean(x):
    return(sum(x)/len(x))
```

使用自定义模块时,将 mod.py 文件放置在工作目录下,通过"import 文件名"命令载入,如下所示:

```
>import mod
```

在使用该模块中的函数时,需要加入模块名信息,如下所示:

```
>mod.mean([1,2,3])
 2
```

载入模块还有很多方式,如下所示(注意别名的使用):

```
>import mod as m  # as后表示别名
>m.mean([1,2,3])
 2

>from mod import mean
>mean([1,2,3])
 2

>from mod import *
>mean([1,2,3])
 2
```

import 命令还可以用于载入已经下载好的第三方库,使用方式与上面所展示的一致。例如,载入 numpy 模块:

```
>import numpy as np
```

此时，我们就可以使用 numpy 模块中的函数，例如基本统计函数：

```
>x = [1,2,3,4,5]
>np.mean(x)          #均值
3.0
>np.max(x)           #最大值
5
>np.min(x)           #最小值
1
>np.std(x)           #标准差
1.41421356237
>np.median(x)        #中位数
3.0
```

3.7 使用 Pandas 读写结构化数据

Numpy 中的多维数组、矩阵等对象具备极高的执行效率。但是在商业数据分析中，我们不仅需要数据，还需要了解各行、列的意义，同时会针对结构化数据进行相关计算。这些是 Numpy 库不具备的。为了方便分析，研究者们开发了 Pandas，以便简化对结构化数据的操作。

Pandas 是一个基于 Numpy 库开发的更高级的结构化数据分析工具，提供了 Series、DataFrame、Panel 等数据结构，可以很方便地对序列、截面数据（二维表）、面板数据进行处理。DataFrame 是我们常见的二维数据表，包含多个变量（列）和样本（行），通常被称为数据框。Series 是一个一维结构的序列，包含指定的索引信息，可以被视作 DataFrame 中的一列或一行。其操作方法与 DataFrame 十分相似。Panel 是包含序列及截面信息的三维结构，通常被称为面板数据。我们可通过限定时间 ID 和样本 ID 获得对应的 Series 和 DataFrame。

由于这些对象的常用操作方法十分相似，因此本节读/写数据以及后续章节对数据的操作主要使用 DataFrame 进行演示。

3.7.1 读数据

1. 读取文件

Pandas 库提供了便捷读取本地结构化数据的方法。这里主要以 csv 数据为例，read_csv 函数可以读取 csv 数据，代码如下：

```
>import pandas as pd
>csv = pd.read_csv('data/sample.csv')
>csv
id name    scores
0  1  小明    78.0
1  2  小红    87.0
```

```
2    3   小白      99.0
3    4   小青  99999.0
4    5   小兰       NaN
```

按照惯例，Pandas 会以 pd 为别名，以 read_csv 函数读取指定路径下的文件，然后返回一个 DataFrame 对象。如果在命令行中打印 DataFrame 对象，可读性可能会略差一些；如果在 Jupyter Notebook 中打印的话，可读性会大幅提升，如图 3-9 所示。

	id	name	scores
0	1	小明	78.0
1	2	小红	87.0
2	3	小白	99.0
3	4	小青	99999.0
4	5	小兰	NaN

图 3-9　Jupyter Notebook 中的 DataFrame 对象

打印出来的 DataFrame 包含索引（第一列），列名（第一行）及数据内容（除第一行和第一列之外的部分）。

此外，read_csv 函数有很多参数可以设置，如表 3-4 所示。

表 3-4　read_csv 参数一览

参　数	说　明
filepath_or_buffer	csv 文件的路径
sep = ‘,’	分隔符，默认为逗号
header = 0	int 类型，0 代表第一行为列名，若设定为 None 将使用数值列名
names = []	list，重新定义列名，默认为 None
usecols = []	list，定义读取的列，设定后将缩短读取数据的时间，并减小内存消耗，适合读取大量数据，默认为 None
dtype = {}	dict，定义读取列的数据类型，默认为 None
nrows = None	int 类型，指定读取数据的前 *n* 行，默认为 None
na_values = ...	str 类型，list 或 dict，指定缺失值的填充值
na_filter = True	bool 类型，自动发现数据中的缺失值，默认值为 True，若确定数据无缺失，可以设定值为 False，以提高数据载入的速度
chunksize = 1000	int 类型，分块读取，当数据量较大时，可以设定分块读取的行数，默认为 None
encoding = ‘utf-8’	str 类型，数据的编码，Python3 默认编码为 UTF-8，Python2 默认编码为 ASCII

Pandas 除了可以直接读取 csv、excel、json、html 等文件生成的 DataFrame，也可以在列表、元组、字典等数据结构中创建 DataFrame。

2. 读取指定行和指定列

使用参数 usecol 和 nrows 读取指定的列和前 *n* 行，这样可以加快数据读取速度。读取原数据的两列、两行示例如下。

```
>csv = pd.read_csv('data/sample.csv',\
                    usecols=['id','name'],\
                    nrows=2) #读取'id'和'name'两列，仅读取前两行
>csv
id name
```

```
0    1    小明
1    2    小红
```

3. 分块读取

参数 chunksize 可以指定分块读取的行数，并返回一个可迭代对象。这里，big.csv 是一个 4500 行、4 列的 csv 数据，设定 chunksize=900，分 5 块读取数据，每块 900 行，4 个变量，如下所示：

```
>csvs = pd.read_csv('data/big.csv',chunksize=900)
>for i in csvs:
>    print (i.shape)
(900, 4)
(900, 4)
(900, 4)
(900, 4)
(900, 4)
```

可以使用 pd.concat 函数读取全部数据：

```
>csvs = pd.read_csv('data/big.csv',chunksize=900)
>dat = pd.concat(csvs,ignore_index=True)
>dat.shape
(4500, 4)
```

4. 将不合理数据读取为缺失值

在数据 sample.csv 中，"小青"的分数中有的取值为 99999，这里令其读取为缺失值，操作如下：

```
>csv = pd.read_csv('data/sample.csv',
                na_values='99999')
>csv
id name  scores
0   1   小明    78.0
1   2   小红    87.0
2   3   小白    99.0
3   4   小青    NaN
4   5   小兰    NaN
```

5. 以指定编码方式读取

读取数据时，乱码情况经常出现。这里需要先弄清楚原始数据的编码形式，再以指定的编码形式读取[⊖]，例如 sample.csv 编码为 UTF-8，这里以指定编码（参数 encoding）方式读取。

```
>csv = pd.read_csv('data/sample.csv',
```

⊖ Python 编码格式参考 https://docs.Python.org/3/library/codecs.html#standard-encodings。

```
                    encoding='utf-8')
>csv
    id  name    scores
0   1   小明     78.0
1   2   小红     87.0
2   3   小白     99.0
3   4   小青     99999.0
4   5   小兰     NaN
```

3.7.2 写数据

Pandas 的 DateFrame 对象内置了很多方法，其中方法 to_csv 可以将 DateFrame 对象以 csv 格式写入本地。to_csv 方法的常见参数如表 3-5 所示。

表 3-5 to_csv 方法的常见参数

参 数	解 释
path_or_buf	写到本地 csv 文件的路径
sep = ','	分隔符，默认为逗号
na_rep = ''	缺失值写入代表符号，默认 ''
header = True	bool 类型，是否写入列名，默认为 True
cols = [...]	list，写入指定列，默认为 None
index = True	bool 类型，是否将行数写入指定列，默认为 true
encoding = str	str 类型，以指定编码方式写入

在以下代码中，data/write.csv 表示写入数据的路径，encoding = 'utf-8' 表示以 UTF-8 编码方式输出，index=False 表示不输出索引列。

```
>csv.to_csv('data/write.csv',encoding ='utf-8',index=False)
```

第 4 章 Chapter 4

在 SAS EG 中使用程序

掌握 SAS 编程工具，可以给数据分析工作带来很多便利。SAS 编程被业内人称为两步编程法，这是因为 SAS 程序主要由 DATA 步与 PROC 步构成。前者用于导入和加工数据，后者用于统计分析和报表制作。通过本章的学习，读者能够学会如何在 SAS EG 中使用程序，并了解 DATA 步与 PROC 步的常用功能。

4.1 如何在 SAS EG 中使用程序

SAS EG 本身包含程序编辑器。我们可以在 SAS EG 中直接完成代码的编写工作。SAS EG 的一些新功能可以帮助你快速、高效地编写程序，如图 4-1 所示。

❏ 自动完成
❏ 动态语句提示
❏ 自动格式化代码
❏ 分析程序流

程序工具栏用于保存程序、运行或停止程序、选择执行服务器、分析程序流或网络计算能力、导出或发送邮件、创建存储过程、修改程序属性，如图 4-2 所示。

下面具体介绍在 SAS EG 中使用程序的步骤。

图 4-1 SAS EG 的新功能

1）创建新的程序，依次单击菜单栏中的"文件→新建→程序"，则项目中出现程序节点。程序将一同保存到项目中。

图 4-2 程序工具栏

2）添加现有程序到项目，依次选择"文件→打开→程序"，如图 4-3 所示。

3）运行程序，如图 4-4 所示。

图 4-3 添加程序到项目

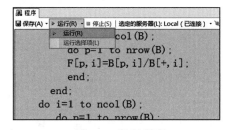

图 4-4 运行程序

程序可通过以下几种方法运行。

- 从工具栏选择"运行"或者"运行选择项"。
- 从菜单栏选择"运行"或者"运行选择项"。
- 右击程序选择"运行"或者"运行选择项"。
- 快捷键【F8】或【F3】。

代码、日志、输出数据都可以通过相应选择卡查看，如图 4-5 所示。

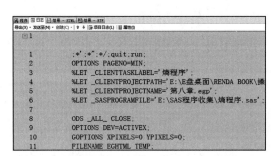

图 4-5 通过相应选择卡查看代码、日志、输出数据

大部分能在 SAS Windows 环境下运行的程序在 SAS EG 中也可以成功运行，但也有几个例外，具体如下。

- X 命令或者 SYSTASK 不能运行，除非管理员赋予权限。
- 一些需要调用其他窗口或者提示的语句在 SAS EG 中不能运行，例如 DEBUG、PROC FSLIST、AF。
- 终止 SAS 进程的语句不运行，如 ABORT、ENDSAS 可切断 SAS EG 和 SAS 服务器之间的联系。

4.2 SAS 程序

4.2.1 SAS 程序分析简介

SAS 程序由数据步（DATA 步）和过程步（PROC 步）构成。

SAS 程序将数据转化为报告的流程如图 4-6 所示。内部或外部的原始数据通过 DATA 步读入 SAS 分析环境，并且根据要求进行数据转换，成为 SAS 数据集。之后，通过 PROC 步进行数据分析，且输出分析报告。

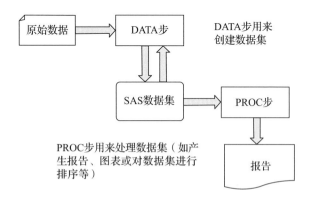

图 4-6　SAS 程序将数据转化为报告的流程

图 4-7 所示是一个数据分析示意图。首先使用 DATA 步读入 SASHELP 逻辑库中的 CLASS 数据集，同时仅保留年龄 (AGE) 大于 12 岁的记录，并将数据存入 A 数据集。之后使用 PROC FREQ 对 A 数据集进行分析，按照性别（SEX）进行频次统计。

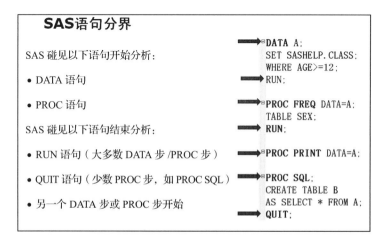

图 4-7　一个数据分析示意图

4.2.2 DATA 步

用于 DATA 步的 SAS 语句主要分为 4 类：文件操作语句、运行语句、文件控制语句和文件信息语句。

文件操作语句主要用于输入数据集或者指定对输入数据集的操作，如表 4-1 所示。

表 4-1 文件操作语句解析

文件操作语句	语句含义及作用
DATA	告诉 SAS 开始 DATA 步，并开始创建一个 SAS 数据集
Input	描述数据行和外部输入文件上的记录
Cards	标志数据行的开始
by	规定这个数据集被分组处理
Set	从一个或者多个数据集中读取观测
merge	对两个或者两个以上的数据集横向合并
Infile	识别外部文件，该文件包含 DATA 步读入的原始输入数据

运行语句如表 4-2 所示。

表 4-2 运行语句

文件运行语句	语句含义及作用
delete	从正被创建的数据集中删除观测
Stop	停止产生当前数据集
Where	在进入 DATA 步之前选择观测
Output	产生新的观测
Remove	从某个数据集中删除一个观测
Replace	在相同的位置上替代观测

控制语句可根据判断条件有选择地执行一些语句，实现从程序的一部分转移到另一部分，如表 4-3 所示。

表 4-3 文件控制语句解析

文件控制语句	语句含义及作用
Do	建立一组语句，它能够作为一个语句去执行
End	标记一个 DO 组或者 select 组结束
Select	有条件地执行 SAS 几个语句中的其中一个
Go to	使得 SAS 跳到本 PROC 步带有标号的语句，并从这里继续执行
If then/else	有条件地执行一个 SAS 语句

信息语句给出关于数据或者正被创建的数据集的附件信息，如表 4-4 所示。

表 4-4 文件信息语句解析

文件信息语句	语句含义及作用
Array	定义一组能够用相同方法处理的变量
Informat	输入格式
Format	输出格式
Length	规定用来存储 SAS 变量的字节数
Label	变量的标签
Drop	删除数据集中的变量
keep	保留数据集中的变量
rename	改变变量的名字

4.2.3 PROC 步

PROC 步总是以 PROC 语句开始，然后给出运行的 SAS 过程的名称。例如运行频数过程是以 PROC FREQ 来开始这个 PROC 步。

通过 SAS EG 任务列表中的"按名次排列的任务"，我们可以看到一些过程和菜单的对应关系，如图 4-8 所示。

图 4-8 SAS EG 的任务列表

数据处理篇

- 第 5 章　描述性统计分析与制图
- 第 6 章　表数据的行处理
- 第 7 章　表数据的列处理
- 第 8 章　数据集的操作
- 第 9 章　利用 Python 处理数据

第 5 章

描述性统计分析与制图

描述性统计分析是数据分析过程的第一步,与探索性数据分析有细微差别。描述性统计分析强调方法,即如何从现有的数据中获取主要的信息,比如人民的平均收入等;探索性数据分析强调过程,即通过数据描述方法对研究的客体有更深入的认识,比如人民的平均收入是多少,每年变化情况如何,受什么因素影响。

在数据科学模型开发过程中,探索性数据分析占整个模型开发 40% 的工作量[○]。本章系统地介绍了描述性统计分析以及绘图的相关技巧。

5.1 描述性统计分析

本节主要介绍数据描述性统计分析相关概念及方法并举例说明,以便在深入分析前对数据集的特征进行探索。

5.1.1 变量度量类型与分布类型

在进行数据分析之前,要先明确变量的度量类型(名义、等级、连续)。

1)名义变量(无序分类变量):包含类别信息的变量,且变量间没有大小、高低、次序之分。比如人口统计学中的"性别""民族""居住城市"指标以及银行风控中的违约率指标。

2)等级变量(有序分类变量):一种分类变量,但变量间有大小、高低、次序之分,比如问卷调查中的消费者满意度,人口统计学中的年龄段指标等。

○ 另外的 60% 工作量中,数据清洗与转换占 40%,建模占 20%。越是熟练的数据科学工作者,建模占用的时间越少。

3）连续变量：连续变量在规定范围内可以任意取值，比如人口统计学中的收入指标只要不低于 0，其他的数字都可能出现。类似的变量还有互联网领域的网站流量、宏观经济数据中的 GDP 等。

名义变量和等级变量又统称为分类变量。分类变量是相对于连续变量而言的。需要注意，变量的度量类型是统计学上的概念，与 Python 的基本数据类型（存储类型）是两回事。比如民族是名义变量，但是在数据存储时为了节约空间，并不会存储"汉族、回族"等汉字，而是存储其编码，比如"1、2"，其中 1 代表汉族，2 代表回族，等等。这时在做数据分析时要倍加小心，因为 Python 在统计功能上并不完善，如果不特别声明，其会把所有数值变量当作连续变量来处理。这个问题在后续使用 Statsmodels 和 Scikit-learn 建立统计和数据挖掘模型时会遇到。

变量的分布类型是对实际变量分布的概括和抽象。我们经常说某个变量服从某个分布，比如二项分布、正态分布、卡方分布、t 分布、f 分布、均匀分布和泊松分布等。这些分布都是从简化分析角度做的假设，并基于假设进行后续分析。这里探察变量分布的意义在于：只要知道某个变量服从某个分布，就可以很快地了解变量在相应取值时的概率，并且可结合相应的业务场景做出解释。

下面以正态分布为例对变量的分布形态进行解读，如图 5-1 所示。首先，正态分布是关于均值左右对称的；其次，正态分布的均值和标准差具有代表性，只要知道其均值和标准差，变量的分布情况就完全知道了；最后，在正态分布中，均值 = 中位数 = 众数。

而且正态分布的标准差和曲线下面积有一个比较好记忆的关系。比如，变量取值在距离均值两倍标准差内出现的概率为 95%。这表明该变量出现大于均值加两倍标准差的概率为 2.5%，小于均值减两倍标准差的概率也为 2.5%。

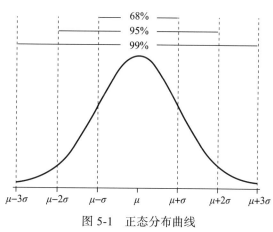

图 5-1　正态分布曲线

图 5-2 提供了其他常见的分布曲线。偏度由低到高排序依次是正态分布、伽玛分布和对数正态分布。这里需要提一下对数正态分布，其在统计分析中运用最为广泛。这种类型的分布在变量取对数之后服从正态分布。因此对于右偏较大的变量，在精确度要求并不严格的领域（营销、管理等领域），通常先对变量进行对数转换。而对于精确度要求较高的统计分析领域（金融、生物等领域），我们则采用有针对性的分析方式，比如伽玛分布。

一个变量包含有限个参数。只要明确这些参数的取值，该变量分布的具体形态和性质就可以确定。比如二项分布的参数为任意一个类别的概率；正态分布的参数有两个，分别是均值和方差。

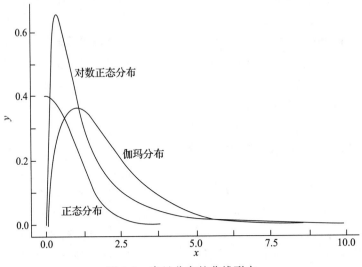

图 5-2　常见分布的曲线形态

5.1.2　变量的统计量

名义变量共有两类统计量，分别是频次、百分比。等级变量共有 4 类统计量，分别是频次、百分比、累积频次、累积百分比。名义变量的分布即相应类别下数据的频次。以"是否出险"变量为例，计算其在相应类别下的频次与百分比，如表 5-1 所示。

表 5-1　名义变量的统计量

是否出险	频次	百分比
否	3028	71.5
是	1205	28.5

"是否出险"变量的统计量柱形图如图 5-3 所示。柱形图以柱子的高度代表分类变量的统计量，既可以代表频次，也可以代表百分比。

在柱形图中，0 代表没有出险，1 代表出险。

5.1.3　连续变量的分布与集中趋势

连续变量的统计量主要有 4 类，分别用于描述数据的集中趋势、离中趋势、偏度与峰度，如图 5-4 所示。其中，第一类统计量常常作为整个变量统计的代表，因此非常重要。

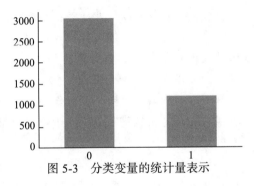

图 5-3　分类变量的统计量表示

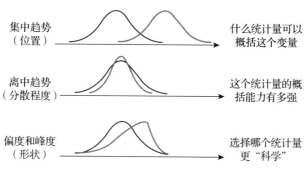

图 5-4　用统计量描述连续变量的数据形态

数据的集中趋势可以使用某个指标代表。常见的指标有均值、中位数与众数。

1）均值：用加总变量的取值除以变量的个数，反映了数据集中水平。例如使用人均 GDP 体现某国家或地区的人民生活水平。

2）中位数、四分位数和百分位数：首先将数据从小到大排列，再选取中间位置的数字作为数据的集中水平，这个数字就是中位数；当选取其他位置，比如四分之一与四分之三位置时，就变成了四分位数。与之类似的还有百分位数。

中位数使用了数据的次序信息而非取值，这是与均值的不同之处。有些时候中位数比均值更能反映数据的集中水平，后面会有详细说明。

上述两种指标对于连续变量都有实际意义，但对于分类变量毫无意义，例如性别的平均数或中位数难以展现数据集中水平，而众数能够很好地体现分类变量的数据集中水平。

3）众数：数据中出现次数最多的值，在分类变量中即出现次数最多的一类数据。当然，对于连续变量，我们也能够计算众数，只是不常用。

图 5-5 描述了不同分布情况下的均值、中位数、众数差异。

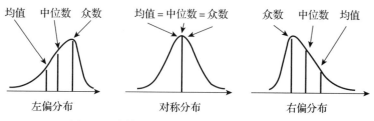

图 5-5　均值、中位数、众数与数据分布形态

可以看到，当数据分布对称时，三者数值大小是一致的。在这种情况下，三者都可以很好地反映数据的集中趋势。但是当数据不对称的时候，三者会有明显区别，描述数据集中趋势的能力也会有所差异。例如收入是一个典型的右偏分布的变量，高收入的人数量极少，但收入极高，这样就会影响数据的分布，均值会被极高收入的人拉高。此时，中位数更能反映数据的集中趋势。实际上，很多国家在描述收入的集中趋势时使用的是中位数，而非均值。

接下来演示如何在 Python 中计算变量的均值、中位数、四分位数以及输出变量分布的直方图，如图 5-6 所示。

sndHsPr 数据集是一份二手房房价数据，首先在 Pandas 中导入并去除缺失值：

```
>import pandas as pd
>data = pd.read_csv('sndHsPr.csv')
```

变量 price 表示单位面积房价，是一个连续变量。

然后，求 price 的均值：

```
> data.price.agg(['mean','median','std'])
mean       61151.810919
median     57473.000000
std        22293.358147
```

接着，求 price 的四分位数，忽略缺失值：

```
>data. price.quantile([0.25,0.5,0.75])
0.25    42812.25
0.50    57473.00
0.75    76099.75
Name: price, dtype: float64
```

最后，查看 price 变量的分布，这里 bins 参数表示直方图下的区间个数：

```
>data.price.hist(bins=20)
```

可以看出，单位面积房价略有一些右偏。

直方图是观察连续变量分布最直观的工具。它与柱形图类似，由于连续变量取任意一个值的概率都趋于零，因此需要将连续变量分段（称为分箱），然后统计每段数据中的频次，如图 5-7 所示。

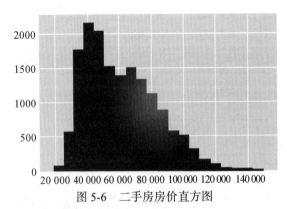

图 5-6　二手房房价直方图

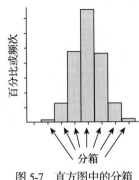

图 5-7　直方图中的分箱

5.1.4　连续变量的离散程度

只描述数据的集中水平是不够的，因为这样会忽视数据的差异情况。这里需要引入其他指标或统计量,以描述数据的离散程度。

描述数据离散程度的常见指标有极差、方差、标准差、平均绝对偏差。

极差是变量的最大值与最小值之差,差值越大,代表该变量的离散程度越高。

方差是衡量源数据和期望值相差的度量值,公式表示为:$s^2 = \frac{1}{n-1}\sum_{i=1}^{n}(x_i - \bar{x})^2$。

标准差是方差的算术平方根,公式表示为:$S = \sqrt{\frac{1}{n-1}\sum_{i=1}^{n}(x_i - \bar{x})^2}$。

平均绝对偏差是各测量值的绝对偏差取绝对值后的平均值,公式表示为:$\text{MAD} = \frac{1}{n}\sum_{i=1}^{n}|x_i - \bar{x}|$。

三种指标都能够反映数据的离散程度,但方差和标准差以其良好的数学性质(可求导)得到了广泛应用。

在 Python 中,我们可以使用以下方法求变量的极差、方差、标准差与平均绝对偏差。

这里以信用评分变量 price 为例进行介绍。price 的极差可以通过 max 与 min 函数得到:

```
>data.price.max()-data.price.min()
```

price 的方差与标准差的求解程序如下:

```
>data.price.var()#求方差
>data.price.std()#求标准差
```

5.1.5 数据分布的对称与高矮

在分析数据集中水平时,数据分布的对称性会影响到平均数是否能代表数据的集中水平。那么,数据分布的对称与高矮应使用什么指标描述呢?这里需要引入偏度和峰度的概念。

偏度描述数据分布的偏斜程度,峰度描述数据分布的高矮程度。对于标准正态分布(均值为 0,标准差为 1)的变量,其偏度与峰度都为 0,如图 5-8 所示。(由于样本量不足,图 5-8 的偏度/峰度不为 0。)

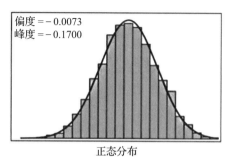

图 5-8 正态分布的偏度/峰度示意

偏度大小以及正负取决于分布偏移的方向及程度,如图 5-9 所示。

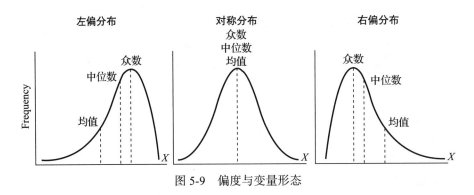

图 5-9 偏度与变量形态

左偏分布时,偏度小于 0;对称分布时,偏度等于 0;右偏分布时,偏度大于 0。

峰度大小与正负取决于分布相较标准正态分布的高矮,如图 5-10 所示。

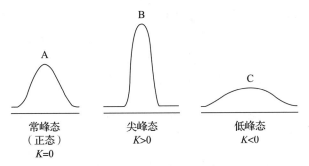

图 5-10 峰度与变量形态

峰度大于 0,说明变量的分布相比于标准正态分布要更加集中;峰度小于 0,则分布较为分散。

Pandas 提供了 skew 和 kurtosis 方法来计算数据的偏度与峰度。例如,1000 个标准正态分布的随机数如下所示:

```
>normal = pd.Series(np.random.randn(1000),name='normal')
```

使用 skew 方法计算数据的偏度,代码如下:

```
>normal.skew()
-0.0199338021561088845
```

使用 kurtosis 方法计算数据的峰度,代码如下:

```
>normal.kurtosis()
-0.014272384542110217
```

5.2 制作报表与统计图

报表可用于展现数据的主要信息,分为包含维度(分类变量)指标和度量(连续变量)

指标的报表。仅含有维度指标的报表称为频次表（单个分类变量）和交叉表（两个及以上分类变量），含有维度和度量两类指标的报表称为汇总表，其中度量指标总是以某个统计量的形式出现，最常出现的是均值、总和、频次。报表作为数据信息输出的一种方式，被广泛运用于数据展示、交流等工作中。条形图是一种运用非常广泛的数据展示图，便于分类变量之间的数据对比。条形图和报表有一一对应关系。如果有一个分类变量，条形图就是一维的；如果有两个分类变量，条形图就是二维的。条的长度对应频次或度量指标的某个统计量，如图 5-11 所示。

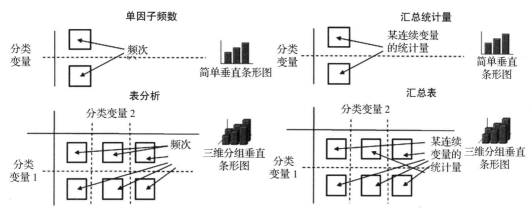

图 5-11　报表与统计图形

接下来使用一份二手房数据（sndHsPr.csv）演示如何制作报表，并进行可视化展现。对于二手房，我们不但关心其本身的统计特征（统计量），还关心影响这个变量的因素，如表 5-2 所示。

表 5-2　二手房数据

dist	roomnum	halls	AREA	floor	subway	school	price	district
城区（拼音）	卧室数	厅数	房屋面积	楼层	是否地铁房	是否学区房	单位面积房价	城区（中文）

制作报表就是根据数据类型选取合适的统计量并进行展现的过程。图 5-12 表现的是一个比较全面的二维表模板，三维表只不过是简单的叠加而已。水平轴和垂直轴分别是两个分类变量。单元格中存放的是某个变量的统计量。如果单元格中没有放入任何变量，其展现的是频次或百分比等指标。如果单元格中放入某个连续变量，其展现的就是这个连续变量的某个统计量，比如均值、总和等。

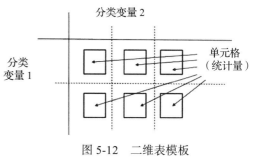

图 5-12　二维表模板

将二维表模板的内容进行缩减，可以得到单因子频数、表分析、汇总统计量，具体说明如下。

1）单因子频数：仅分析单个分类变量的分布情况，提供每个分类水平的频次、百分比和累积值，如图 5-13 所示。

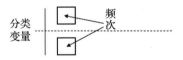

图 5-13　单因子频数统计示意

snd 为读入数据后的数据框名称，district 为该住房所在城区的中文名称，value_counts 函数用于获取每个城区出现的频次，完整的语句为 snd.district.value_counts()。用条形图展现频次统计的语句为 snd.district.value_counts().plot(kind = 'bar')，其中"kind ="为图表类型，bar 表示柱形图，如图 5-14 所示。

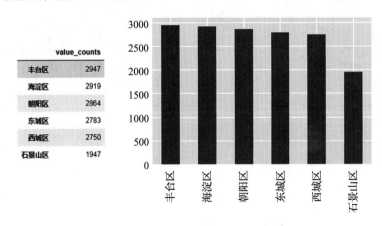

图 5-14　单因子统计图形示意

2）表分析：分析两个分类变量的联合分布情况，提供每个单元格中样本出现的频次、百分比和边沿分布情况，如图 5-15 所示。

表分析（也称交叉表）使用的函数为 pd.crosstab，比如分析是否有地铁与是否是学区房之间的关系，语句为 pd.crosstab(snd.subway,snd.school)。我们可以使用标准化堆叠柱形图对表分析的结果进行展现。其步骤是先获取交叉表的结果，然后使用 div(sub_sch.sum(1),axis = 0) 函数计算交叉表的行百分比，最后绘制柱形图，如图 5-16 所示。

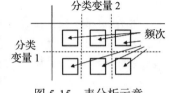

图 5-15　表分析示意

堆叠柱形图易于展现横轴变量的分布情况，标准化堆叠柱形图易于做比较，笔者推荐采用图 5-17 来展现全部交叉表信息。本书提供了 stack2dim 函数制作堆叠柱形图，其主要参数 raw 为 Pandas 的数据框，i、j 为两个分类变量的变量名称，要求带引号，比如 "school"。

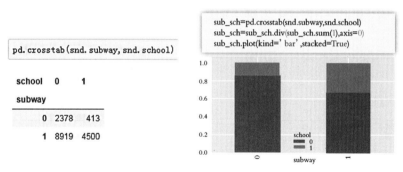

图 5-16　表分析统计图形

3）汇总统计量：按照某个分类变量分组，对连续变量进行描述性统计，如图 5-18 所示。

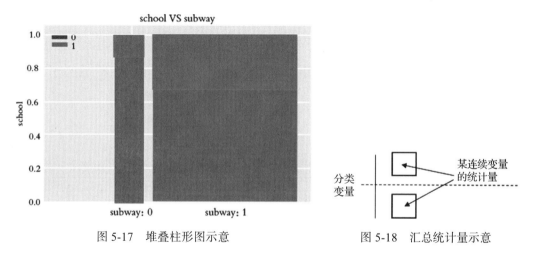

图 5-17　堆叠柱形图示意　　　　　图 5-18　汇总统计量示意

图 5-19 展现了每个城区单位面积房价的统计信息，我们可以使用 Pandas 提供的函数 snd.price.groupby(snd.district).agg(['mean', 'max', 'min']) 获取。该语句的含义为按照 district 变量分组，计算 price 的均值、最大值、最小值，其中 agg 函数的功能是归并若干个函数的结果。

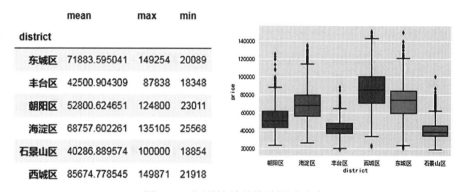

图 5-19　汇总统计量统计图形示意

5.3 制图步骤及统计图适用场景

通过数据可视化，我们可以很直观地了解数据的分布情况，并且可根据分布做出业务解释。首先详细讲解制图步骤，使读者能够更加规范地完成数据可视化。

1. 制图步骤

制图分为以下 4 步，如图 5-20 所示。

图 5-20　制图步骤

第一步，对初始数据进行预处理，以达到制图的目的。预处理环节包括对数据的分组汇总以及对不良、错误、缺失值的处理，如图 5-21 所示。

年份	销售员	市场	销售额	利润
2010	赵	东	267310	32117
2010	钱	南	295000	38171
2010	李	南	291520	35639
2010	周	南	316470	41241
2010	郑	南	296340	29595
2011	钱	西	275680	27857
2011	孙	西	298030	36228
2011	周	北	314990	38785
2011	吴	东	337040	44445
2011	郑	东	303160	24127

整理好的规整数据是做后续分析的基础

图 5-21　制图步骤——原始数据整理示意

第二步，确定表达的信息。数据中蕴含着很多信息。我们需要根据业务目标重点处理自己关注的信息。例如在图 5-22 中，初始数据可以表达两方面信息，即时间序列信息与区域比较信息。此时，我们可以根据需求对这些信息进行比较并为下一步的展示打好基础。

时间序列	年份	销售额（元）	
	2010	1466640	分析以往年份销售额的变化趋势，
	2011	1528900	并预测下一年的销售额
	2012	2420480	
	2013	2140000	

区域比较	区域	销售额（元）	
	东	35000	比较不同区域的销售情况，为绩效
	西	15000	考核提供依据
	南	52000	
	北	23000	

图 5-22　制图步骤——确定表达的信息

第三步，确定比较的类型。展示图形是为了比较各个维度的差异情况，例如对于时间序列，我们可以比较不同时间指标的差异；对于区域，我们可以比较不同地域指标的差异情况。除此之外，我们还可以比较很多维度，如图 5-23 所示。

比较维度	说明	例子
成分	各个部门占整体百分比	不同区域销售额占比
排序	不同部分指标的排序	区域销售额高低
频率分布	不同数值频数与百分比	哪个区域销售额达到目标
时间序列	时间的比较	近段时间销售额的变化
关联性	两变量之间的比较	销售额与 GDP 的变化

图 5-23　制图步骤——确定比较的类型

第四步，确定图表类型。图表类型多种多样，选择合适的图表表达特定的信息是必要的，如图 5-24 所示。

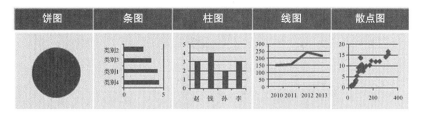

图 5-24　制图步骤——确定图表类型

2.统计图适用场景

特定的信息在表达时也是有讲究的，一般可参考图 5-25。

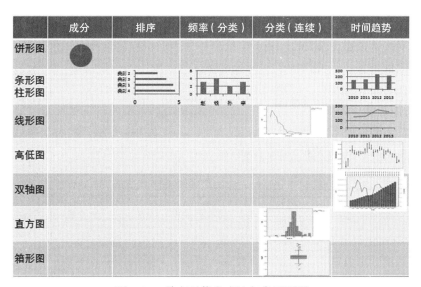

图 5-25　单变量信息表达与常用图形

这里需要说明的是，条形图与柱形图有细微的差异，使用时可参考以下依据进行区分：当按照因子排序展现数据时，可用柱状图（例如使用时间作为因子）；当因子是无序的，同时要求按照数据大小展示时，可用条形图（例如展示不同地区的房价，房价从高到低排序）。

统计图分为描述性统计图和检验性统计图。前者是对某些变量分布、趋势的描述，多出现在工作报告和统计报告中，比如饼图、条图。后者是对特定统计检验和统计量的形象展示，仅出现在特定统计报告中，一般不会出现在工作报告中，比如直方图、箱线图、P-P 图和 ROC 曲线。不过，这个界限有些模糊，比如箱线图一开始是检验性统计图，但后来人们觉得其可以很直观地表现连续函数和分类变量的关系，所以也被广泛应用于工作报告中。

图 5-26 为常用的展示两个变量之间关系的图形。

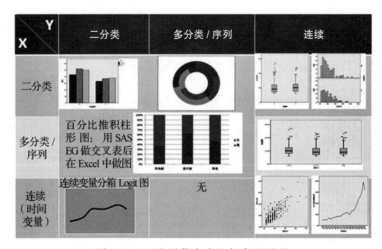

图 5-26　两变量信息表达与常用图形

以二手房房价数据（sndHsPr.csv）中的房屋使用面积和单位面积房价这两个变量为例，分析两变量之间的关系。使用的语句为 snd.plot.scatter(x = 'AREA', y = 'price')。其中，snd 是数据框，在函数的参数中，x 表示横轴，y 表示纵轴。两变量散点图如图 5-27 所示。

Logit 图用于分析连续变量对二分类变量的影响，因此被研究变量应是二分类变量。以下是一份车辆出险保险理赔数据（auto_ins.csv），Loss 为 0-1 变量，代表车辆是否出险，其他变量为车主特征、汽车特征。变量说明如下：

EngSize	Age	Gender	Marital	exp	Owner	vAge	Garage	AntiTFD	import	Loss
引擎大小	年龄	性别	婚姻	驾龄	是否所有者	车龄	固定车位	防盗	是否进口	是否出险

图 5-28 是司机的驾龄和是否出险的 Logit 图，线代表两变量之间的关系，柱代表司机驾龄的分布情况。可以看出，随着司机驾龄的增加，出险的概率在下降。这里使用 WoE 包进行计算，语句为 woe.fit(auto.exp,auto.Loss)。该函数中第一个参数为横轴变量，第二个参

数为被解释变量（纵轴变量）。

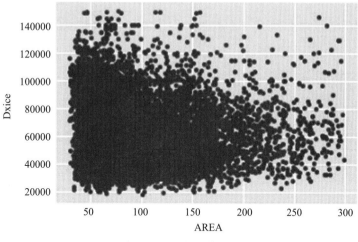

图 5-27　两变量散点图

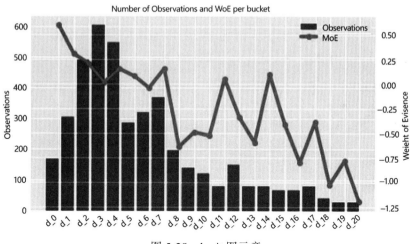

图 5-28　logit 图示意

5.4　利用 SAS EG 进行统计分析

5.4.1　连续变量描述性统计分析

PROFIT 表中存放着公司每笔订单的产品销售情况。下面分析产品的利润分布情况。

1）首先双击 PROFIT 表，打开"查询生成器"对话框，按照产品分别对产品利润进行加总，如图 5-29 所示。

图 5-29 "查询生成器"对话框

2)在新生成的表中,依次选择"描述→汇总统计量",然后将每个产品的利润(SUM_of_Profit)放入分析变量位置,如图 5-30 所示。该过程背后调用的是 MEANS 过程。

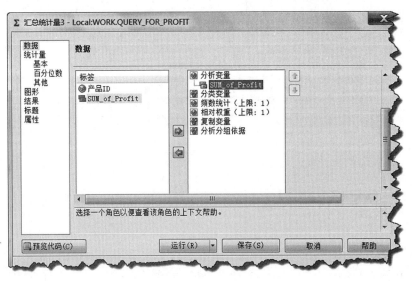

图 5-30 "汇总统计量"对话框

3)在"图形"页面选择需要的图形,如图 5-31 所示。

第 5 章 描述性统计分析与制图 ❖ 69

图 5-31 在"图形"页面选择需要的图形

4）如果需要检验该变量是否服从正态分布，需要依次选择"描述→分布分析"，如图 5-32 所示。"分布分析"对话框和"汇总统计量"对话框类似，但是背后调用的是 UNIVARIATE 过程。它的功能更强大，提供的统计量更丰富。

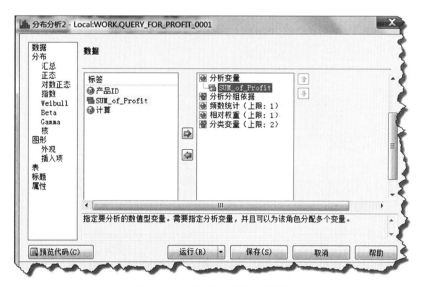

图 5-32 "分布分析"对话框

5.4.2 单因子频数统计分析

公司管理层想统计在售产品中，每个产品细类中不同的产品。其使用的数据为

PROFIT，如图 5-33 所示。

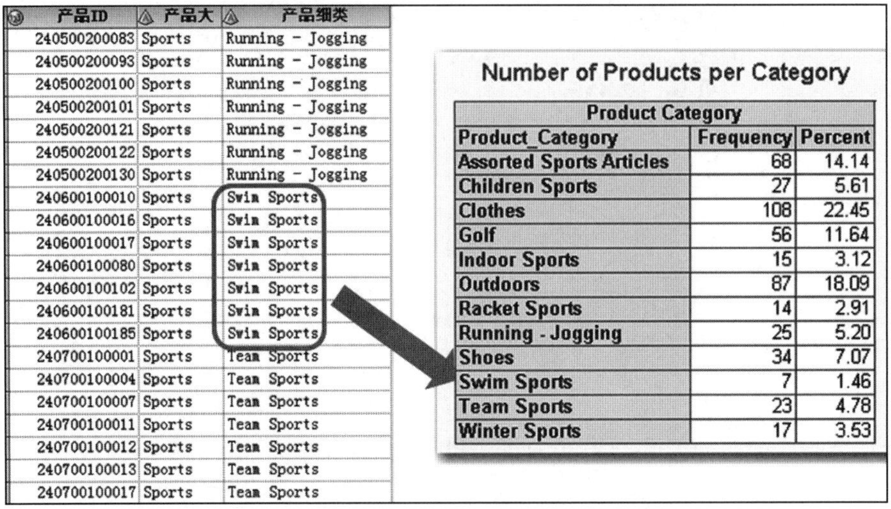

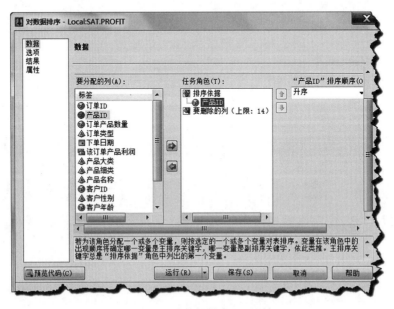

图 5-33　PROFIT 数据

1）本案例中不能直接使用"产品细类"变量进行单因子频数统计。由于该表的联合主键为"订单 ID"和"产品 ID"，同样的产品可能出现在不同的订单中，因此需要按照"产品 ID"进行剔重。我们可以在"对数据排序"对话框中完成该操作，如图 5-34 所示。

图 5-34　"对数据排序"对话框

2）在"选项"页面选择"只保留每个'排序依据'组的第一条记录"，如图 5-35 所示。

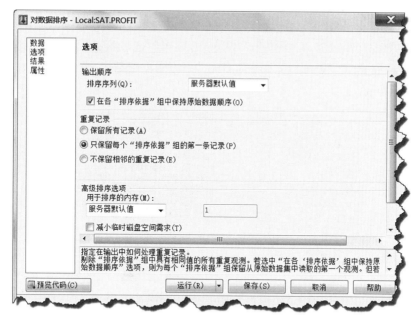

图 5-35 "选项"页面

3)使用"产品细类"变量进行单因子频数分析。销售的产品中每个产品细类中不同产品的基本信息如图 5-36 所示。

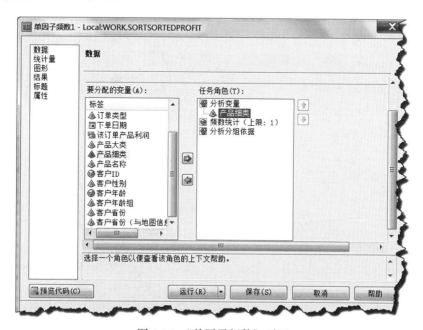

图 5-36 "单因子频数"页面

5.4.3 汇总统计分析

示例一：管理层想知道从 2005 年年初至 2009 年年底各类商品的销售利润。本案例使用的数据存储在 Profit 表中。管理层希望统计报表输出的结果包含的基本信息如图 5-37 所示。

分析变量：Profit 订单产品利润				
产品细类	观测的个数	均值	总和	N	中位数
Assorted Sports Articles	79	95.54	7547.35	79	66.90
Children Sports	29	30.93	896.90	29	24.10
Clothes	121	48.65	5886.99	121	32.35
Golf	74	131.39	9722.83	74	85.95
Indoor Sports	16	213.29	3412.65	16	41.93
Outdoors	147	107.99	15875.00	147	65.05
Racket Sports	23	90.04	2070.85	23	30.40
Running - Jogging	30	64.19	1925.55	30	44.05
Shoes	38	78.94	2999.85	38	66.82
Swim Sports	8	28.85	230.80	8	28.08
Team Sports	35	31.08	1087.93	35	29.48
Winter Sports	17	147.72	2511.28	17	102.05

图 5-37 分析变量：Profit 订单产品利润

管理层想要获得以上信息，只要对订单产品利润中的产品细类分组汇总即可。对于这类操作，SAS EG 提供了两种操作方式。

第一种是使用"汇总统计量向导"。打开"汇总统计量向导"对话框，运用汇总统计量向导为角色分配变量，将"该订单产品利润"作为分析变量的汇总统计量，"产品细类"作为分组变量，如图 5-38 所示。

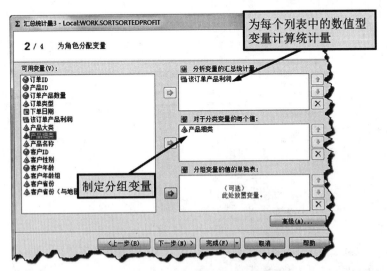

图 5-38 "产品细类"作为分组变量

第二种是使用"汇总统计量"。打开"汇总统计量"对话框，将"该订单产品利润"从要分配的变量框拖曳至任务角色框作为分析变量,"产品细类"作为分类变量,如图 5-39 所示。

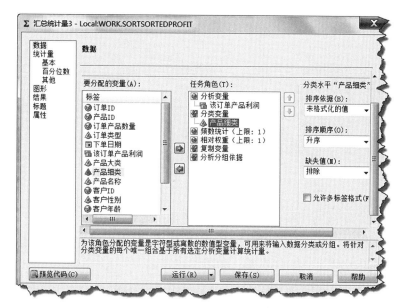

图 5-39 "产品细类"作为分类变量

另外,使用"汇总统计量向导"时,我们可以使用高级视图进行选项的修改和编辑,高级视图的打开操作如图 5-40 所示。

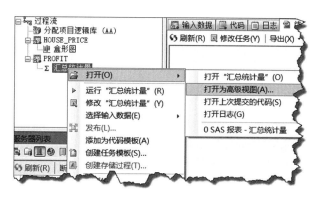

图 5-40 高级视图的打开操作

我们可使用"汇总统计量向导"和"汇总统计量"方法在任务角色选定后选择需要包含的统计量和结果,包括报表、图和输出数据集。

示例二:为了更好地了解产品的销售情况,公司市场管理人员想要一份汇总了各年龄层客户以及各类产品总利润的报表,如图 5-41 所示。

		客户年龄组				合计（全部）
		15-30 years	31-45 years	46-60 years	61-75 years	
Children	Children Sports	$419	$338	$115	$25	$897
	合计（全部）	$419	$338	$115	$25	$897
Clothes & Shoes	Clothes	$1,002	$2,463	$1,344	$1,078	$5,887
	Shoes	$578	$567	$964	$891	$3,000
	合计（全部）	$1,581	$3,030	$2,308	$1,969	$8,887
Outdoors	Outdoors	$3,385	$6,204	$1,111	$5,175	$15875
	合计（全部）	$3,385	$6,204	$1,111	$5,175	$15875
Sports	Assorted Sports Articles	$3,638	$2,153	$748	$1,008	$7,547
	Golf	$4,784	$3,150	$1,027	$762	$9,723
	Indoor Sports	$1,697	$750		$966	$3,413
	Racket Sports	$81	$627	$1,016	$347	$2,071
	Running - Jogging	$309	$1,216	$232	$168	$1,926
	Swim Sports	$20	$49	$162		$231
	Team Sports	$406	$191	$212	$279	$1,088
	Winter Sports	$319	$587	$1,416	$190	$2,511
	合计（全部）	$11254	$8,723	$4,813	$3,720	$28509
合计（全部）		$16638	$18294	$8,347	$10889	$54168

图 5-41 各年龄层客户及各类产品总利润报表

汇总表向导可用于生成表格式的汇总报表，具体操作如下。

1）打开"汇总表"对话框，将"该订单产品利润"作为分析变量，"产品大类""产品细类"和"客户年龄组"作为分类变量，如图 5-42 所示。

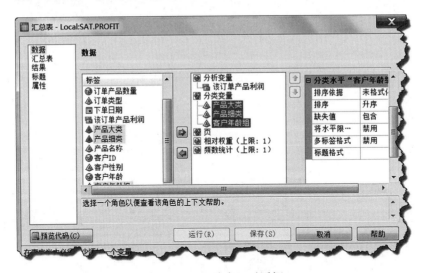

图 5-42 "汇总表"对话框

2）通过拖曳的方法，选择分析变量及其统计量，并制定分类变量的排列规则。已定义汇总表的行、列和指定合计量如图 5-43 所示。

3）对输出效果进行微调。右键单击表格中的统计量区域，选择"表属性"，对表格输出格式、字体等进行调整。例如，将单元格中数字的输出格式改为用美元表示，并且去除小数位，如图 5-44 所示。

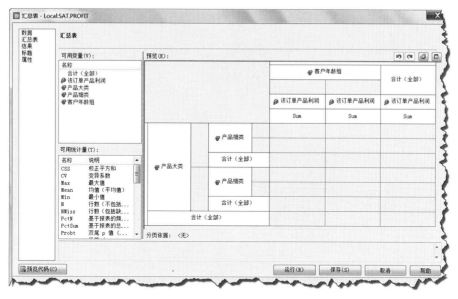

图 5-43　已定义汇总表的行、列和指定合计量

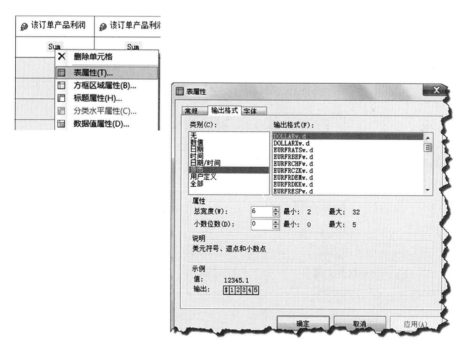

图 5-44　对输出效果进行微调

4）如果产品细类、产品大类、该订单产品利润和 SUM 这些标签并不需要出现在报表中，我们可以依次右键单击标题区域，选择"标题属性"，删除标签内容，并勾选掉"标签文本换行"选择框，如图 5-45 所示。

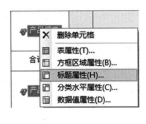

图 5-45　标签属性

5.4.4　绘制条形图进行统计分析

管理层希望比较不同产品细类的利润情况，并且按照利润总额由高到低排序。数据输出结果以条形图形式展示，如图 5-46 所示。

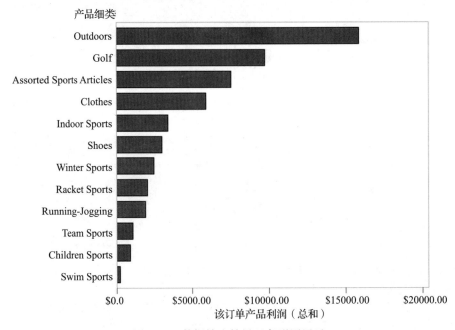

图 5-46　数据输出结果以条形图展示

1）打开"图形"下拉列表框，选择"条形图向导"或者"条形图"，如图 5-47 所示。

图 5-47　条形图向导

①条形图向导页面如图 5-48 所示。条形图向导能够实现为角色分配变量、制定图形外观、定义标题以及脚注等操作。该模块中常用的选项安排紧凑，方便绘制图，但是不能执行添加辅助线等操作。

图 5-48　条形图向导

②条形图示例如图 5-49 所示。为了进一步加强做图功能，条形图任务中包含条形图向导所不具备的高级视图选项。条形图任务的高级视图中有图形处理的附加选项，例如改变条形图形状、格式化数据以及修改参考线。

2）确定绘图的基本数据。如果不指定变量总和，条形图的条长度为变量的频次，如图 5-50 所示。

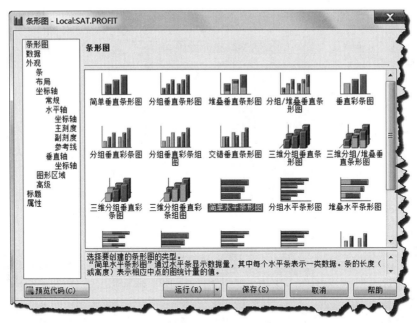

图 5-49　条形图示例

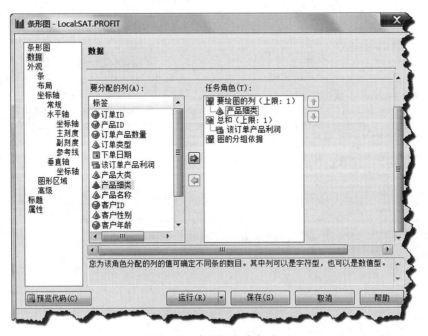

图 5-50　条形图的条长度

3）如果想修改数据排列顺序，可以在"外观→布局"选项中修改数据排列顺序，如按条高度降序排列，如图 5-51 所示。

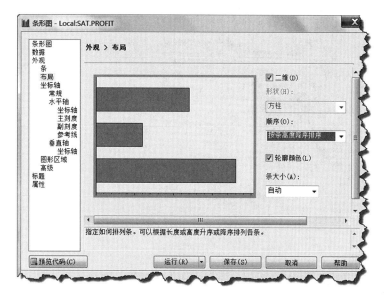

图 5-51　按条高度降序排列

4）在"外观→高级"选项中指定用于计算条的统计量，如图 5-52 所示。

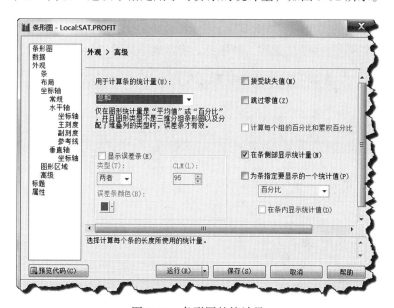

图 5-52　条形图的统计量

5.4.5　绘制地图进行统计分析

公司管理人员希望展现公司产品在每个省的盈利情况。所需业务数据来自 PROFIT 表，地理信息数据存放在 CHINA_NEW1 中。

1)利用查询生成器,按照省份对产品利润进行汇总,如图 5-53 所示。

图 5-53 查询生成器

2)将得到的汇总信息与地理信息相结合,并绘制地图。在"任务→绘图→地图"选项下可以选择绘制地图的类型、布局等。

3)通过"数据"选项下的地图"数据源"指定地图数据,如图 5-54 所示。

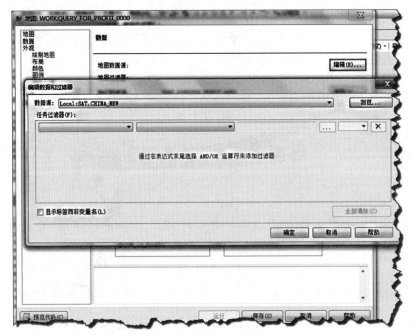

图 5-54 指定地图数据

4）在 ID 变量角色中指定数据文件和地图文件的关联字段，在其他角色中指定汇总变量，如图 5-55 所示。

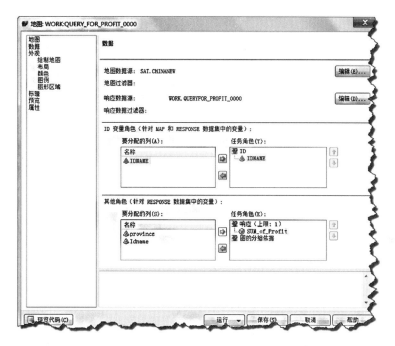

图 5-55　ID 变量角色和其他角色

在绘制地图过程中，我们需要 CHINA_NEW1 这种存放地理信息数据的表。该表中主要的变量是经度、纬度和区域名称或 ID。SAS 自带的 Maps 逻辑库提供了洲和国家级别的地理信息数据。如果需要做省级或市级地图，要么到专业的公司购买信息，要么根据 Google 或 Baidu 地图，利用 CAD 或 ArcGIS 等软件收集地理信息。这里的经度和纬度并不是真正的经度和纬度，只是做图使用的，实际上只是在画布上描点用的。因此，只有相对量有意义，绝对值没有意义。

Chapter 6 第 6 章

表数据的行处理

我们一般处理的是关系型数据库中的表,即一个二维关系(数据)表由行(记录)和列(字段)构成。但是,不同的书对表的称呼可能不一样,初步归纳如表 6-1 所示。

表 6-1 关系型数据库中的表

SAS	DATABASE	SQL	中文
dataset	relation	table	表、关系表、数据集
observation	tuple	row	观测、行、元组、个案
variable	attribute	column	变量、属性、列

在表数据行处理时,我们经常需要进行数据筛选、排序与求秩、抽样和分类汇总。本章将详细介绍如何通过 SAS EG 和 SAS 程序实现表数据的行处理。(本书将数据分为行处理和列处理,是为了便于初学者理解。)

6.1 数据筛选

例如,表中有 10 个分店的所有客户数据,而你仅需要分析其中位于上海的两个分店、年龄在 18~30 岁之间的会员的消费行为数据,这时就要用到筛选功能。

下面分别用 SAS EG 和 SAS 程序实现数据筛选。

6.1.1 SAS EG 实现方式

1)打开 SAS EG,选择"新建→项目"选项,将 BANKDATA 数据库中的数据集 CREDITCARD_RAW 拖到过程流界面,并双击打开数据集,如图 6-1 所示。

图 6-1 双击打开数据集

2）在左上角的菜单中单击"过滤和排序"按钮，在"变量"选项卡下将需要保留的变量全部移到右侧。本例中没有需要删除的变量。查看变量标签而不是变量名称时，请选中"显示标签而非变量名"复选框，如图 6-2 所示。

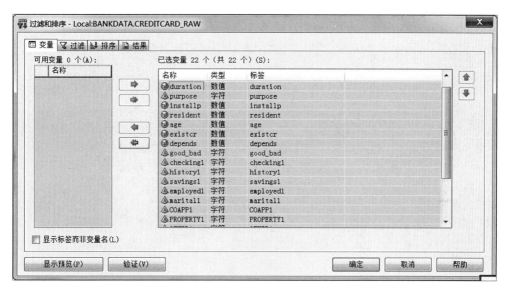

图 6-2 过滤和排序

3）在"过滤"选项卡下选择过滤条件，在第一个下拉列表中选择变量"amount"，在第二个下拉列表中选择筛选条件为"非缺失"，若有两个以上的筛选条件，可以在第三个下拉列表中选择"and"或者"or"条件，继续输入筛选条件。筛选条件为"等于""不等于""在列表中""不在列表中"等。我们也可以单击右下方的"高级编辑"按钮设定较为复杂的筛选条件，如图 6-3 所示。

4）在"排序"选项卡下选择排序变量"good_bad"，并选择"升序"或是"降序"。若有多个排序变量，则继续在"下一依据"选项下选择即可，如图 6-4 所示。

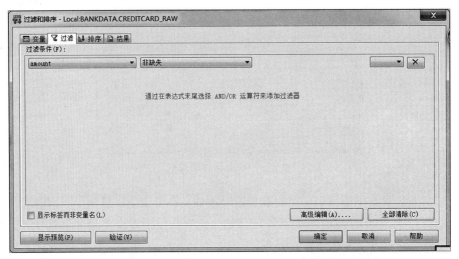

图 6-3 "高级编辑"下设定复杂的筛选条件

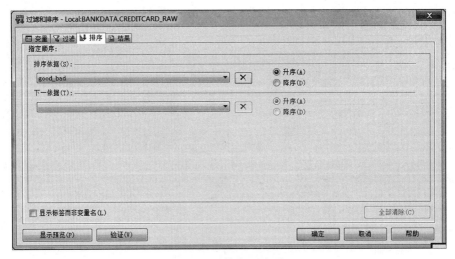

图 6-4 "排序"选项

5）在"结果"选项卡下设置"任务名"，并选择输出名称。注意"显示预览"和"验证"按钮，点击"显示预览"按钮可以看到结果数据集的样子，点击"验证"按钮可以看到设置是否符合规则，并能看到对应代码，如图 6-5 所示。

6.1.2　SAS 程序实现方式

SQL 全称是 Structured Query Language，是一种结构化查询语言，主要用于关系型数据库的查询。SAS 将 SQL 引入，并保留了基本的语法结构。基本语法如下：

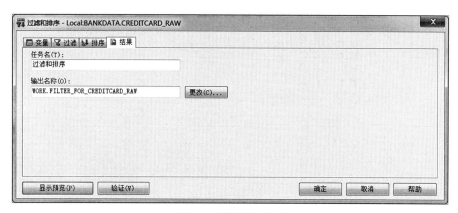

图 6-5 "结果"选项

```
PROC SQL
SELECT<DISTINCT> object-item <, ...object-item>
FROM  from-list
<WHERE sql-expression>
<GROUP BY group-by-item >
<HAVING sql-expression>
ORDER BYorder-by-item<ASC|DESC><, …order-by-item<ASC|DESC>>;
 Quit;
```

1. 语法解读

- SELECT：选择哪些列。
- FROM：从哪张表中选择。
- WHERE：选择的列应满足什么条件。
- GROUP BY：按照什么规则进行分组。
- HAVING：也是指选择条件，与 WHERE 的主要区别是，WHERE 是在 GROUP BY 之前对观测起作用的，即先要符合 WHERE 条件，再进行分组（GROUP BY）；HAVING 是在分组（GROUP BY）之后对分组变量起作用的。
- ORDER BY：按照什么规则排序。

2. 注意事项

- SAS 中的 SQL 步必须按照以上所示的关键词顺序执行。
- 其中，PROC SQL、SELECT、FROM 是必需的，其他是可选项。
- 只有一个分号，无论读者怎么组合上述关键词，每个 SELECT 语句只需在最后一个关键词语句后面加一个分号。
- 以 Quit 语句为结尾，或者遇到其他的过程步结束。

为了方便读者理解，我们以 SASHELP 数据库中的学生表 CLASS 为例，介绍如何通过 SAS 程序实现数据筛选。该表共有 5 列、19 个观测，如图 6-6 所示。

	Name	Sex	Age	Height	Weight
1	阿尔弗雷德	男	14	69	112.5
2	爱丽丝	女	13	56.5	84
3	芭芭拉	女	13	65.3	98
4	凯露	女	14	62.8	102.5
5	亨利	女	14	63.5	102.5
6	詹姆斯	男	12	57.3	83
7	简	女	12	59.8	84.5
8	雅妮特	女	15	62.5	112.5
9	杰弗瑞	男	13	62.5	84
10	约翰	男	12	59	99.5
11	乔伊斯	女	11	51.3	50.5
12	茱迪	女	14	64.3	90
13	罗伊斯	女	12	56.3	77
14	玛丽	女	15	66.5	112
15	菲利普	男	16	72	150
16	罗伯特	男	12	64.8	128
17	罗纳德	男	15	67	133
18	托马斯	男	11	57.5	85
19	威廉	男	15	66.5	112

图 6-6　数据库中的学生表

1）选择体重在 80～100 磅（1 磅≈0.45 千克）之间的学生的姓名和年龄，如下所示：

```
proc sql;
select name,age from sashelp.class
where weight between 80 and 100;
quit;
```

2）选择名字中包含"斯"字的学生，如下所示：

```
proc sql;
select * from sashelp.class
where name ? "斯";
quit;
```

运行结果如图 6-7 所示。

姓名	性别	年龄	身高（英寸）	体重（磅）
詹姆斯	男	12	57.3	83
乔伊斯	女	11	51.3	50.5
罗伊斯	女	12	56.3	77
托马斯	男	11	57.5	85

图 6-7　包含"斯"字的学生信息

3）选择不同年龄的学生的平均身高，如下所示：

```
proc sql;
select distinct age,avg(height) as avg_hei from sashelp.class
group by age;
quit;
```

运行结果如图 6-8 所示。

4）在上例基础上，筛选 avg_hei 值大于 65 的年龄组，如下所示：

```
proc sql;
select distinct age,avg(height) as avg_hei from sashelp.class
group by age
having avg_hei>165;
quit;
```

运行结果如图 6-9 所示。

SAS 系统

年龄	avg_hei
11	54.4
12	59.44
13	61.43333
14	64.9
15	65.625
16	72

图 6-8　不同年龄的学生身高

SAS 系统

年龄	avg_hei
15	65.625
16	72

图 6-9　运行结果

6.2　排序与求秩

6.2.1　SAS EG 实现方式

1. 排序

SAS EG 中的排序方法主要有查询生成器、“对数据排序”任务、“筛选和排序”任务，如图 6-10 所示。

		查询生成器	“对数据排序”任务	“筛选和排序”任务
选择列包含进输出表		是	是	是
指定输出表存储位置和名称		是	是	是
消除重复行		是（只能剔除全部都重复的行）	是	否
生成新列加入表格		是	否	否
过滤数据	简单	是	是	是
	复杂	是	否	是

图 6-10　SAS EG 中的排序方法比较

下面以 CREDITCARD_RAW 为例讲解排序步骤。

1）打开 SAS EG，将 CREDITCARD_RAW 拖到过程流界面，双击打开数据集，在"数据"菜单下选择"对数据排序"，如图 6-11 所示。

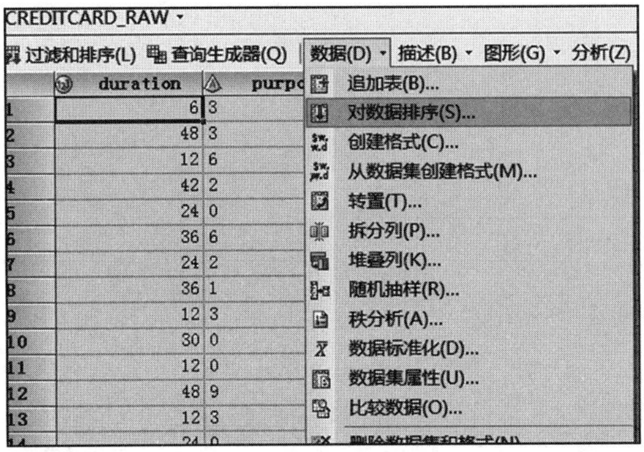

图 6-11 选择对数据排序

2）在"数据"选项卡下，从左边的待选变量框将"amount"拖到右边的"排序依据"项下，若有要删除的变量则拖到右边的"要删除的列"项下，最后的输出不包含指定变量。我们可以为该角色最多分配（$n-1$）个变量，其中 n 是所排序的数据集中的总变量数。

"排序依据"角色中放入需要排序的变量，如图 6-12 所示。

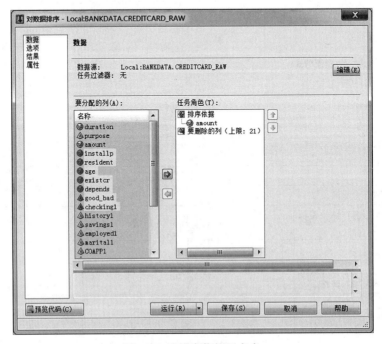

图 6-12 "排序依据"角色

3)"选项"选项卡下主要有三类选项设置,如图 6-13 所示。
- 确定输出顺序。选中"在各'排序依据'组中保持原始数据顺序"复选框,则系统根据步骤 2 中分析角色设置的顺序对数据分组。本例采用"服务器默认值"。
- 重复记录的处理方式。本例选择"对于各条完全重复的记录,仅保留其中的一条"。
- 高级排序选项。①指定可用于"数据排序"任务的最大内存数量。②"减小临时磁盘空间需求"复选框作用是在数据排序过程中,仅在临时文件内存储排序依据变量和观测号,以减少执行排序所需的存储空间。对变量较多的数据集排序时,设置此选项能显著提高效率。③对于"对索引数据强制排序"复选框,由于系统默认不对在排序变量中建立索引的变量进行排序,但选择此项可以强制排序。

由于本例数据较少,对"高级排序选项"不做设置,如图 6-13 所示。

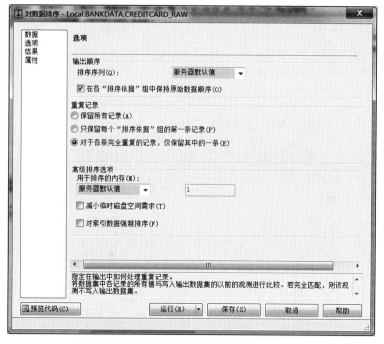

图 6-13 高级排序选项

4)在"结果"选项卡下选择结果数据的存放位置。若选中重复记录处理方式中的第二种和第三种方式,可以勾选"将重复记录保存至数据集"复选框。本例中排序结果的存放位置为 WORK.creditsort,重复记录的存放位置命名为 WORK.creditDup,如图 6-14 所示。

5)单击"运行"按钮,可以看到在 WORK 中生成两个数据集。在排序结果数据集中,缺失值都被作为最小值,重复数据集有 2 条,如图 6-15 所示。

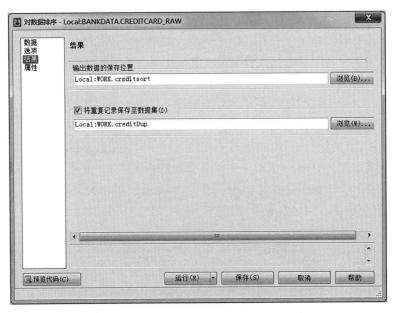

图6-14 对数据排序结果

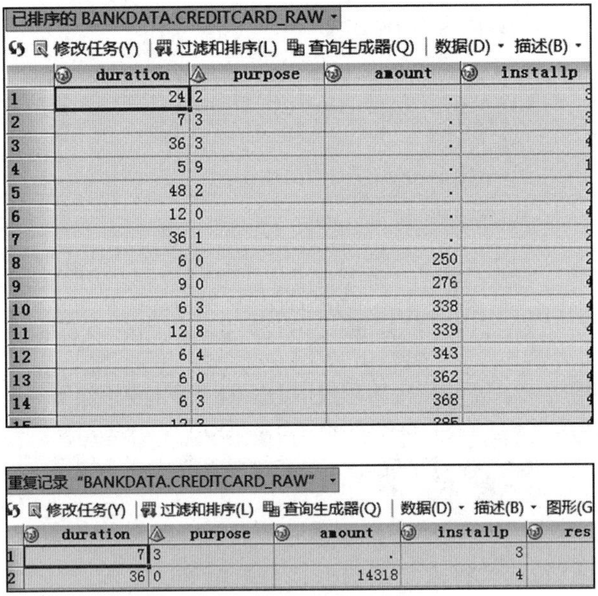

图6-15 排序结果数据集

2. 求秩

下面以CLASS数据集为例讲解求秩步骤。

1)双击打开数据集SASHELP.CLASS,在"数据"菜单下选择"秩分析",如图6-16所示。

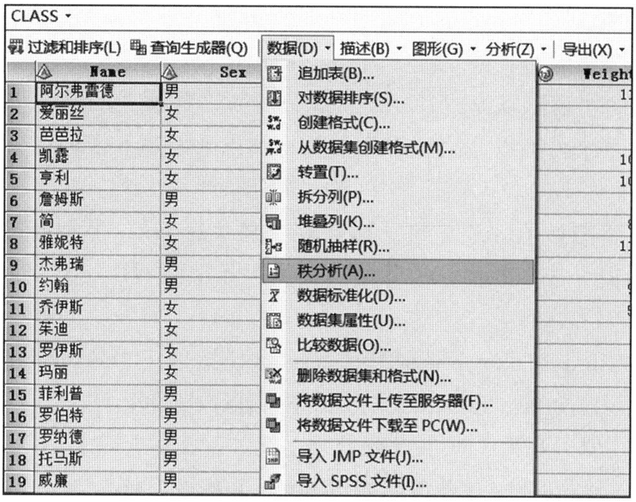

图 6-16 数据集选择秩分析

2)在"数据"选项卡下将变量 Height 拖入任务角色"求秩的列",同时输入秩列名 rank_Height;将 Sex 变量拖入"求秩依据"角色,并选择"升序",则系统将按照两个组分别求秩,如图 6-17 所示。

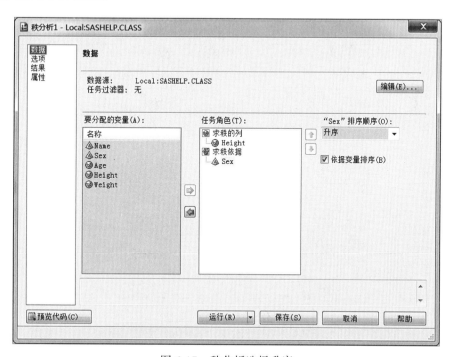

图 6-17 秩分析选择升序

3)设定求秩方法及节点处理方式。如图 6-18 所示,在"选项"选项卡下,求秩的方法共有 12 种，可以分为 5 类。

- 简单方法：按照原始数据从最小到最大排序。
- 分数秩：用每个秩除以 n 或者 $n+1$ 计算分数秩。其中，n 是秩变量。
- 百分数：用每个秩除以非缺失观测数并将结果乘以 100 得到百分数，是分数秩的一种特殊情况。
- 分位数秩：将原始值分成 n 组，其中最小值设置为 0，最大值设置为 $n-1$。百分位秩即将原始值分成 100 组，十分位秩即将原始值分成 10 组，四分位秩即将原始值分成 4 组。
- 分布求秩：Blom、Tukey、van der Waerden 是按照正态分布计算秩的，结果中的秩变量将呈现正态分布。Savage 评分是指按照指数分布计算秩。

节点可以按照均值、高秩、低秩进行处理。比如对于原始数据 5、6、8、8、11，因为 8 出现了 2 次，秩分别为 3 和 4，若按照均值处理，8 的秩应该为 3.5；若按照高秩处理，8 的秩应该为 4；若按照低秩处理，8 的秩应该为 3。

在本例中，我们选择"从最小到最大"的求秩方法。对于节点的处理方式，本例选择按照"低秩"处理。

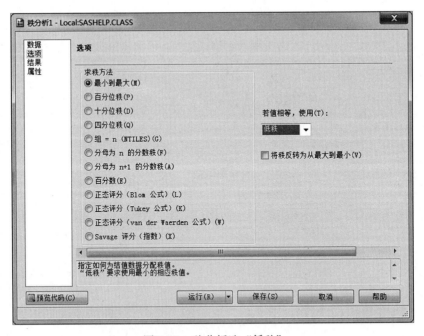

图 6-18 秩分析选"低秩"

4）设置结果数据集的存放位置及命名。在本例中，结果数据集存放在 WORK 库下，命名为 CLASS_RANK。"包括秩值"复选框表示是否用秩值列代替求秩列，本例保留求秩列。选中"包括秩值"，单击"运行"按钮，如图 6-19 所示。

第 6 章 表数据的行处理 ❖ 93

图 6-19 秩分析保存位置

5）运行结果如图 6-20 所示。我们看到数据集中生成了新列 rank_Height，并且按照性别进行了求秩，这样就可以方便地借助筛选功能提取比如男女性别中身高最小的任意多少个。

借助步骤 3 中的"将秩反转为从最大到最小"方法，我们可以抽取男女性别中身高最高的任意多少个。

借助步骤 3 中的"百分数"或"分数秩"等方法，我们可以抽取男女身高中最高或最低的一定百分比样本。

	Name	Sex	Age	Weight	Height	rank_Height
1	阿尔弗雷德	男	14	112.5	69	8
2	詹姆斯	男	12	83	57.3	1
3	杰弗瑞	男	13	84	62.5	4
4	约翰	男	12	99.5	59	3
5	菲利普	男	16	150	72	9
6	罗伯特	男	12	128	64.8	5
7	罗纳德	男	15	133	67	7
8	托马斯	男	11	85	57.5	2
9	威廉	男	15	112	66.5	6
10	爱丽丝	女	13	84	56.5	3
11	芭芭拉	女	13	98	65.3	9
12	凯露	女	14	102.5	62.8	6
13	亨利	女	14	102.5	63.5	7
14	简	女	12	84.5	59.8	4
15	雅妮特	女	15	112.5	62.5	5
16	乔伊斯	女	11	50.5	51.3	1
17	茱迪	女	14	90	64.3	8
18	罗伊斯	女	12	77	56.3	2
19	玛丽	女	15	112	66.5	10

图 6-20 抽取男女身高最高或最低的一定百分比样本

6.2.2　SAS 程序实现方式

1. 排序

（1）基本语法

```
PROC SORT options;
By variable;
RUN;
```

（2）语法解读

语法解读如表 6-2 所示。

表 6-2　语法解读

选项	具体细项	含义
options	DATA=	说明排序数据集
	OUT=	设定和命名结果数据集
	DUPOUT=	设定和命名存放重复记录的数据集
	NODUPKEY	剔除 By 值相同的变量
	NODUPRECS/NODUPS	剔除整行完全相同的变量
	SORTSIZE=	最大内存数量
	FORCE	强制排序
	TAGSORT	减小临时磁盘空间需求
By		设定排序变量

（3）举例

```
proc sort data=bankdata.creditcard_raw
          out=creditsort
          dupout=creditdup;
    by amount;
run;
```

2. 求秩

（1）基本语法

```
PROC RANK DATA = <options>
    OUT=;
    VAR amount;
    By variable;
RANKS new_variable ;
RUN;
```

（2）语法解读

❑ VAR 指定按照哪个变量进行排名。

- By 指定按照哪个变量分组求秩，需要事先依据该变量对数据集进行排序。
- RANKS new_variable 指定秩变量的名字。

<options> 的具体设置如下。

<descending> 指定按降序（默认是升序）对秩进行排序。Ties 表示节点的处理方式，通过指定 Ties= 选项值让 SAS 知道如何处理相同值的秩。Ties=low 表示取最小的秩，Ties=high 表示取最大的秩。

计算分数秩采用 FRACTION，计算分组求秩采用 groups=，计算分布求秩采用 normal=。

（3）举例

```
Proc sort data=sashelp.class out=class;
By sex;
Run;
Proc rank data=class tie=low out=class_rank;
Var height;
By sex;
Ranks ranks_height;
Run;
```

运行结果同 6.2.1 节步骤 5 的操作结果。

6.3 抽样

6.3.1 抽样理论介绍

1. 抽样调查方法介绍

抽样调查（Sampling Survey）即从总体中随机抽取一部分作为样本进行调查，并根据样本调查结果推断总体特征的数据收集方法。

抽样调查主要分为 4 类，如图 6-21 所示。

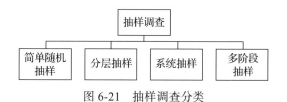

图 6-21 抽样调查分类

（1）简单随机抽样

总体中不加任何分组、划类、排队等，完全随机地抽取调查单位。

特点：每个样本单位被抽中的概率相等，样本彼此之间完全独立，无关联性和排斥性。简单随机抽样是其他抽样形式的基础。通常是在总体之间差异程度较小且数目较少时，我们才采用这种方法。

局限性：当总体单位量很大时，简单随机抽样难以实现，且抽样误差较大。

（2）分层抽样

分层抽样也称类型抽样，先将总体分成不同的层，然后在每一层进行抽样。分层抽样有两种方法：等数分配法、等比分配法。如，企业分为大、中、小、微型企业，家庭分为高收入、中等收入、低收入等家庭。

（3）系统抽样

系统抽样也称等距抽样，抽样步骤如下。

1）按某一变量对总体单位进行排队并按顺序编号。

2）根据确定的抽样比例确定抽样间距。

3）随机确定第一个样本单位。

4）按顺序等间距地抽取其余样本单位。

系统抽样的随机性主要体现在第一个样本单位的选取上，因此一定要保证第一个样本单位抽取的随机性。

该方法适用于总体情况复杂，各样本单位之间差异较大，样本单位较多的情况。

（4）多阶段抽样

多阶段抽样是将调查样本分成两个或两个以上阶段进行抽样，第一阶段先将总体按照一定的规范分成若干抽样单位（一级抽样单位），再把抽中的一级抽样单位分成若干二级抽样单位，将抽中的二级抽样单位再分三级抽样单位，等等，这样抽样可分成若干个阶段逐步进行。如从某省抽取100人组成样本单位，划分阶段为省→市→县。

2. 放回抽样和不放回抽样

从样本是否被重复选择的角度分，抽样可分为放回抽样和不放回抽样。

（1）放回抽样

放回抽样又称重复抽样，每次从总体中随机抽取一个样本单位，观察并记录其标准值后放入总体，如此进行n次。

特点：在重复抽样过程中，被抽取的总体单位总数始终保持不变，每一次抽样中各单位被抽到的机会都相同，每次抽样结果相互独立。每一个单位都有被重复抽取的可能。

（2）不放回抽样

不放回抽样也称不重复抽样，指被抽到的单位不再放回总体，每次仅在余下的总体单位中抽取下一个样本。

任意单位都不会被重复抽到，可以一次抽取所需要的样本单位。在实际应用中，我们通常采用的是不放回抽样方法。

3. 抽样调查中的误差来源

误差就是调查结果与实际结果之间的偏差。按照形成原因的不同，误差分为抽样误差和非抽样误差两大类。

抽样误差是用样本调查量推断总体参数时的误差，属于一种代表性误差。抽样误差通常会随样本量的大小而增减。抽样误差可以计算，并且可以被控制在任意小的范围内。

非抽样误差不是由抽样引起的，包括登记性误差、测量偏差、响应偏差（不正确或不真实的响应）等。非抽样误差不会随着样本量的增加而减小的。

4. 样本量的确定

最小抽样量的计算：抽样量需要大于 30 才算足够多，计算公式为：

$$n \approx \frac{(Za/2)^2 \sigma^2}{E^2}$$

n：样本量

σ^2：方差，抽样个体值和整体均值之间的偏离程度。抽样数值分布越分散方差越大，需要的采样量越大。

E：抽样误差（可以根据均值的百分比设定）。由于二者是倒数平方关系，则抽样误差减小 1/2 时，抽样量增加为原来的 4 倍。

$Za/2$：可靠性系数，即置信度。置信度为 95% 时，其值为 1.96；置信度为 90% 时，其值为 1.645。置信度越高，需要的样本量越多。95% 置信度比 90% 置信度需要的采样量多 40%。

6.3.2 SAS EG 实现方式

本节主要实现随机抽样。

1）将数据集 CREDITCARD_RAW 拖到过程流界面，并双击打开，点击"数据"菜单，选择"随机抽样"功能，如图 6-22 所示。

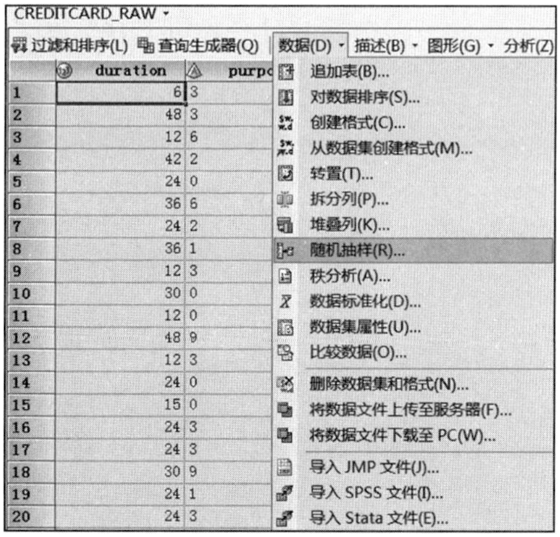

图 6-22 选择"随机抽样"功能

2）设定相关选项，如图 6-23 所示。

- 在"标签"框中输入任务的名称。
- 通过设置"任务过滤器"选项,实现在抽样之前对数据的过滤。本例不做设置。
- "输出变量"默认为"全部",操作时可以根据需要选择。本例输出全部变量。
- "样本大小"可以通过两种方式设置,一种是直接设定抽取多少行,另一种是设定抽取的比例。
- "抽样方法"分为无重复和允许重复。无重复是指在抽样过程中某个观测最多被抽中一次或者没抽中。"在输出中显示所有观测(含重复项)"是指选中 n 次的行将在样本中出现 n 次,"在输出中显示每个观测一次(不含重复项)"是指任务会自动生成 NumberHits 变量,以记录某个样本被选中的次数。本例设置为"简单(无重复项)",如图 6-24 所示。
- "层变量"是指用于分割初始数据集的变量,比如客户分为普卡、金卡、白金卡三类,在抽样时将按照各层的总量占比确定抽样的多少,若层的样本数量小于设定值,则该层样本全部被选择。本例选择 good_bad 作为层变量。good_bad 有两种取值,即"好客户"和"差客户",如图 6-25 所示。
- "将样本数据集保存至"选项用于设定结果数据的存放位置及名字,这可以通过"浏览"按钮设定。本例将结果数据存放在 WORK 下,命名为 credit_sample。
- 随机数种子指定用于生成随机数的初始种子。若不指定随机种子数,则使用基于系统时钟的种子生成样本。如果指定随机数种子,后续每次运行过程中抽取的样本都将是相同的。本例不做设定。
- 选择"生成样本选择汇总"选项生成一个汇总表,其中包含用于生成样本的基本信息、基本设置等。

3)单击"运行"按钮,同时生成样本数据集及抽样相关的信息。因为总体为 1002 行,抽样比例为 20%,所以一共抽样 201 个。运行时根据系统时钟产生的种子为 1236 个,如图 6-26 所示。

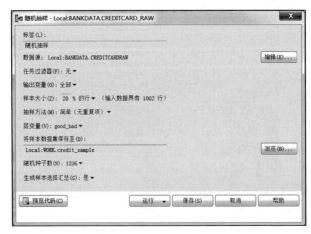

图 6-23 设定相关选项

图 6-24 "简单(无重复项)"选项

图 6-25 选择层变量

图 6-26 SURVEYSELECT 过程

6.3.3 SAS 程序实现方式

抽样可以通过 SURVEYSELECT 过程、DATA 步和 SQL 过程三种方法实现。

1. 使用 SURVEYSELECT 过程实现抽样

基本语法

```
PROC SURVEYSELECT options ;
ID variables ;
STRATA variables </ options> ;
Run;
```

语法解读

1) options 的主要选项说明如下。

❑ "data=" 表示要抽样的数据集。

❑ "Out=" 表示抽样结果存放的数据集。

❑ "Method=" 用来指定随机抽样方法。srs (simple random sampling) 表示简单随机抽样，urs (unrestricted random sampling) 表示非重复简单随机抽样，sys (systematic random sampling) 表示系统随机抽样。

- "sampsize=" 或者 "samprate=" 用来设定样本的大小或者抽样比例。
- " seed=" 用来指定随机种子数，为非负整数。其取 0 时，每次抽取的样本不同；取大于 0 的整数时，下次抽样时输入相同的值即可得到相同的样本。

2）ID 是指定的从源数据集复制到样本数据集的变量，若为默认设置，则复制所有变量。

3）STRATA 代表分层变量。

2. 使用 DATA 步实现简单无随机抽样

基本语法

```
data credit_sample;
set bankdata.creditcard_raw;
where ranuni(1236) le 0.2;
run;
```

3. 使用 SQL 过程实现简单无随机抽样

基本语法

```
proc sql;
create table credit_sample as
select * from bankdata.creditcard_raw
where ranuni(1236) le 0.2;
run;
```

6.4 数据分组和汇总

6.4.1 SAS EG 实现方式

本例实现的是多条记录转成一条记录，是一种聚合。此功能类似于计算新列中的 "汇总列" 功能。

以 ORDER 数据集为例，我们需要按照转账交易对手所在银行进行汇总。

1）将数据集 ORDER 拖到过程流界面，双击打开数据集，单击数据集上方的 "查询生成器"（如图 6-27 所示），选择 "选择数据" 选项卡，将 bank_to（收款银行）从左方的框中拖入。

2）将 amount 从变量列表拖入 "选择数据" 选项卡，在汇总列选择 " SUM"，再将 amount 拖入 "选择数据" 选项卡，在汇总列选择 " N"；勾选 "自动选择组" 复选框（如图 6-28 所示），也可以单击 "编辑组" 手动选择分组依据。"仅选择非重复行" 用于将重复的行自动删除。

图 6-27　查询生成器

图 6-28　勾选"自动选择组"

3）运行结果如图 6-29 所示。每行观测为银行代码、转账金额及转账数量。

	bank_to	SUM_of_amount	N_of_amount
1	AB	1707390	519
2	CD	1498209	458
3	EF	1698275	483
4	GH	1603265	487
5	IJ	1626195	496
6	KL	1685397	500
7	MN	1461548	466
8	OP	1486419	485
9	QR	1728170	531
10	ST	1690663	511
11	UV	1675704	499
12	WX	1730776	515
13	YZ	1636983	521

图 6-29 运行结果

6.4.2 SAS 程序实现方式

本例以 ORDER 数据集为例，代码如下：

```
PROC SQL;
    CREATE TABLE WORK.QUERY_FOR_ORDER AS
    SELECT t1.bank_to,
        (SUM(t1.amount)) FORMAT=BEST8. AS SUM_of_amount,
        (N(t1.amount)) AS N_of_amount
    FROM BANKDATA.ORDER  ast1
    GROUP BY t1.bank_to;
QUIT;
```

第 7 章 Chapter 7

表数据的列处理

在对表数据的列进行处理时,我们可通过公式或函数构造列变量,或者通过转置等方式创建列,或者将列变量标准化。本章将详细介绍如何通过 SAS EG 或 SAS 程序实现上述操作。

7.1 构造列变量

本节通过 SAS EG 构造列变量。

1)打开"工具"菜单,选择"选项"功能,选中"以非保护(读/写)模式使用数据表"复选框,如图 7-1 所示。

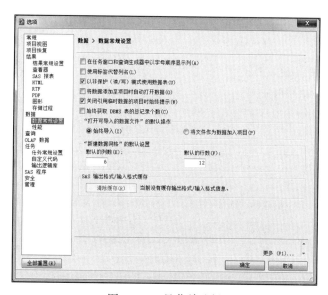

图 7-1 工具菜单选择

2）将数据集KUANBIAO拖入过程流界面并双击打开。右键单击"month6",在弹出的菜单中选择"插入列",如图7-2所示。

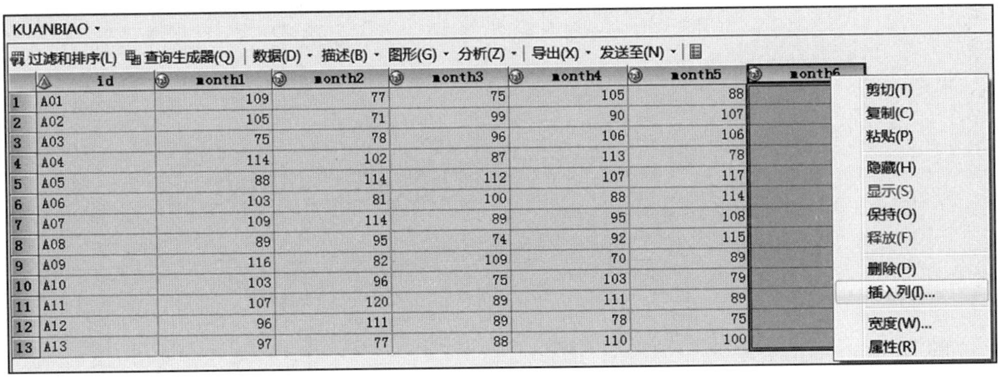

图7-2 在弹出的菜单中选择"插入列"

3）设置新列的属性及计算方式。

"插入新列"选项选择"右侧",名称设置为"sum_6",命名规则可参照第2章。标签设置为"1-6 month sum",类型设置为"数值",如图7-3所示。

简单的表达式可以直接输入。我们也可以单击表达式输入框后面的 按钮,借助高级表达式生成器构建,如图7-4所示。

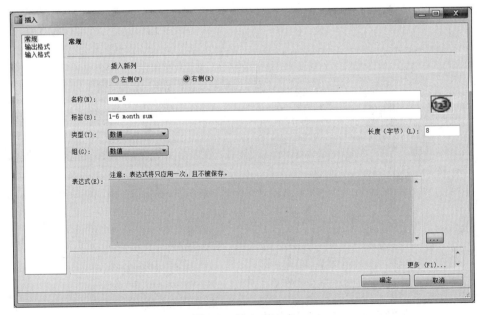

图7-3 输入表达式

4）运行结果如图7-5所示。我们看到新增了sum_6列（前6个月的月销售额汇总）。

图 7-4 高级表达式生成器　　　　图 7-5 运行结果展示

除了上述方式外，读者可以利用查询生成器创建新列，步骤如下。

在菜单栏打开"查询生成器"，然后单击"查询生成器"左上方的"计算列"，最后选择"新建"按钮，如图 7-6 所示。

图 7-6 查询生成器左上方的"计算列"

7.2 拆分列

假如你现在有每个销售员 6 个月的销售数据，但是这些月份的数据全部放在一列，不适合展示和按月对比，如何才能转换成图 7-7 所示的形式？

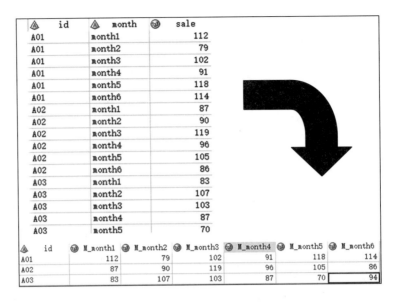

图 7-7 转换后的表

本例可实现将一列分成多列、将行转换成列。

1）将数据集 ZHAIBIAO 拖入过程流界面，双击打开，数据如图 7-8 所示，id 代表销售人员编号，month 代表相应的月份，sale 代表销量。

2）设置拆分列任务，如图 7-9 所示。

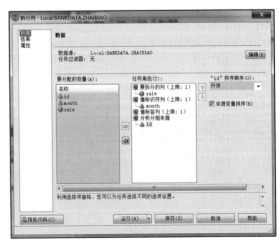

图 7-8 将数据集 ZHAIBIAO 拖入过程流界面　　　图 7-9 拆分列任务

在设置拆分列任务之前，我们需要问以下 3 个问题。

① 拆分哪列？在本例中，sale 包含几列的值，是需要拆分的列，因此将 sale 拖到 "要拆分的列"角色下。

②哪一列是拆分依据？month 列是拆分为几列的依据，将 month 拖到"值标识符列"角色下。此角色不同的值决定了新生成列的命名和数量。

③依据哪一列对数据分组？id 包含用于将数据分成几行的值，每行数据具有唯一的 id 取值。将 id 拖到"分析分组依据"角色下，并选择排列顺序为"升序"。

3）设定结果选项。在"结果"选项下设定输出数据集存放的位置并将"使用前缀"设置为"M_"，则所有生成的新变量中以此为前缀，如图 7-10 所示。

图 7-10　所有生成的新变量前缀

4）单击"运行"按钮，结果如图 7-11 所示。可以看到，数据已经由一个"窄表"变成了"宽表"，原来表中的一列拆分成多列。

id	M_month1	M_month2	M_month3	M_month4	M_month5	M_month6
A01	112	79	102	91	118	114
A02	87	90	119	96	105	86
A03	83	107	103	87	70	94

图 7-11　运行结果

7.3　堆叠列

假设你有每个销售员 6 个月的销售数据，每个月数据占一列，如何将所有月份的销售数据都合在一列（如图 7-12 所示）？

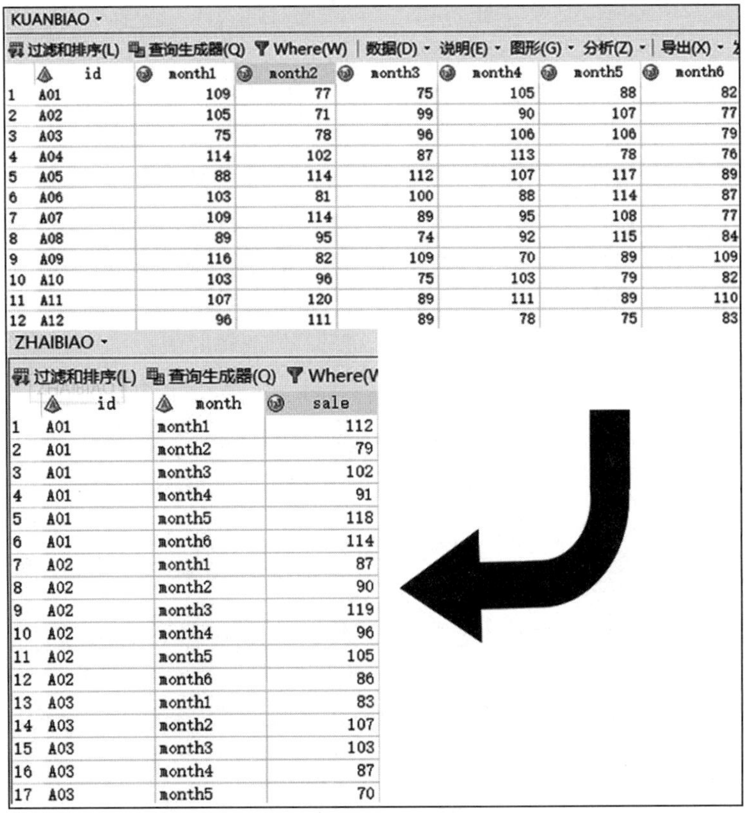
KUANBIAO

	id	month1	month2	month3	month4	month5	month6
1	A01	109	77	75	105	88	82
2	A02	105	71	99	90	107	77
3	A03	75	78	96	106	106	79
4	A04	114	102	87	113	78	76
5	A05	88	114	112	107	117	89
6	A06	103	81	100	88	114	87
7	A07	109	114	89	95	108	77
8	A08	89	95	74	92	115	84
9	A09	116	82	109	70	89	109
10	A10	103	96	75	103	79	82
11	A11	107	120	89	111	89	110
12	A12	96	111	89	78	75	83

ZHAIBIAO

	id	month	sale
1	A01	month1	112
2	A01	month2	79
3	A01	month3	102
4	A01	month4	91
5	A01	month5	118
6	A01	month6	114
7	A02	month1	87
8	A02	month2	90
9	A02	month3	119
10	A02	month4	96
11	A02	month5	105
12	A02	month6	86
13	A03	month1	83
14	A03	month2	107
15	A03	month3	103
16	A03	month4	87
17	A03	month5	70

图 7-12　数据转换

本例将多个列堆叠成一个列，即按某标识分组进行行列转换。

1）双击打开 KUANBIAO 数据集（如图 7-13 所示），依次单击“数据→堆叠列”选项。

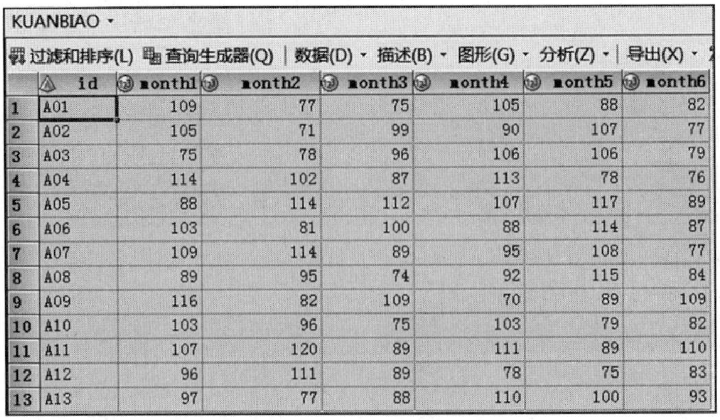
KUANBIAO

	id	month1	month2	month3	month4	month5	month6
1	A01	109	77	75	105	88	82
2	A02	105	71	99	90	107	77
3	A03	75	78	96	106	106	79
4	A04	114	102	87	113	78	76
5	A05	88	114	112	107	117	89
6	A06	103	81	100	88	114	87
7	A07	109	114	89	95	108	77
8	A08	89	95	74	92	115	84
9	A09	116	82	109	70	89	109
10	A10	103	96	75	103	79	82
11	A11	107	120	89	111	89	110
12	A12	96	111	89	78	75	83
13	A13	97	77	88	110	100	93

图 7-13　打开数据集

2）设置堆叠列任务，如图 7-14 所示。

在设置堆叠列任务之前，讨论以下两个问题是很有必要的。

①哪几列将被堆叠？month1～month6 共 6 列将被堆叠，因此将 month1～month6 列拖到"要堆叠的列"角色下。此角色代表用此处的列构建一行或多行。

②哪一列包含分组信息？id 列包含分组信息。将 id 列拖到"分组分析"角色下，并选择顺序为"升序"。此角色代表以此处的列为基础堆叠成子组。

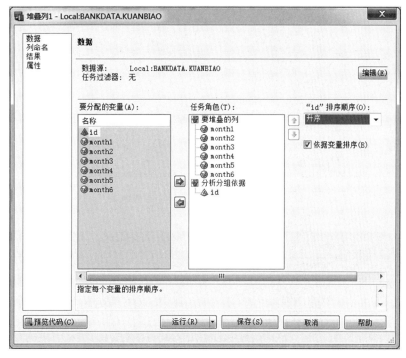

图 7-14 堆叠列任务

3）选择要添加至输出数据集的新列的名称和标签，如图 7-15 所示。

❑ "新值列"为存放堆叠变量值的列，在名称中输入"sale"，在标签中输入"销售额"。

❑ "来自源列名的派生列"为存放堆叠变量名称的列，在名称中输入"month"，在标签中输入"月份"。

❑ "来自源列标签的说明列"中采用默认设置，不做修改。

4）单击"结果"选项卡，选择结果数据集存放的位置和命名。

5）单击"运行"按钮，结果如图 7-16 所示。可以看到，多个列堆叠成了一个列，实现了"宽表"变"窄表"。通过筛选过滤器过滤掉 ValueDescription 列，我们即可得到商业情景中的数据。

关于本例的程序实现，请查看 7.4 节。

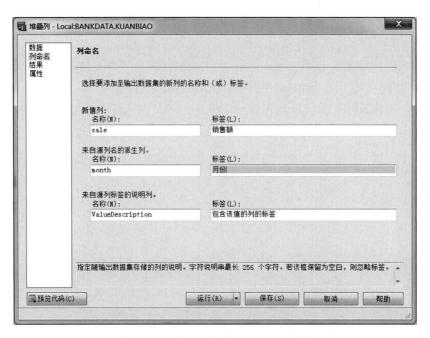

图 7-15　数据集的新列的名称和标签

	id	month	ValueDescription	sale
1	A01	month1	month1	109
2	A01	month2	month2	77
3	A01	month3	month3	75
4	A01	month4	month4	105
5	A01	month5	month5	88
6	A01	month6	month6	82
7	A02	month1	month1	105
8	A02	month2	month2	71
9	A02	month3	month3	99
10	A02	month4	month4	90
11	A02	month5	month5	107
12	A02	month6	month6	77
13	A03	month1	month1	75
14	A03	month2	month2	78
15	A03	month3	month3	96

图 7-16　运行结果

7.4　转置列

为了便于分析每种产品的年度销售情况，你需要将数据的行和列转置（如图 7-17 所示），如何才能实现？

本节将介绍转置列的实现方式。

图 7-17　行和列直接转置

7.4.1　SAS EG 实现方式

本节以 PRODUCT_LINE_SALES 数据集为例。

1）将数据集 PRODUCT_LINE_SALES 拖入过程流界面，并双击打开。在"数据"菜单栏下选择"转置"功能，如图 7-18 所示。

图 7-18　"数据"菜单栏下选择"转置"

2）设置数据选项。"数据"选项卡中共有 4 个角色：转置变量、复制变量、分析分组依据、新建列名。若为"新建列名"角色分配输入列，则可用列中的值作为输出数据集中数据列标题的后缀，如图 7-19 所示。

3）在"选项"选项卡下指明转置后包含的列名和标签。这里设置列名为 source，标签为 quarter。本例对列名前缀不做设置，如图 7-20 所示。

4）在"结果"选项卡下指定输出数据集的名称及存放位置。本例将数据存放在 WORK 数据库下，命名为 PLS_tran，如图 7-21 所示。

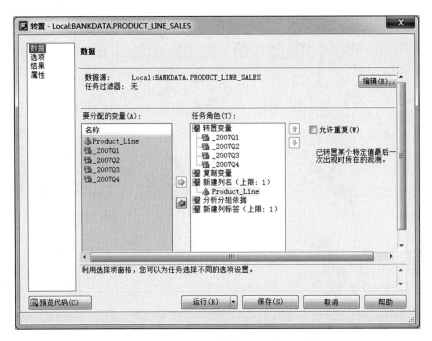

图 7-19 "新建列名"选项

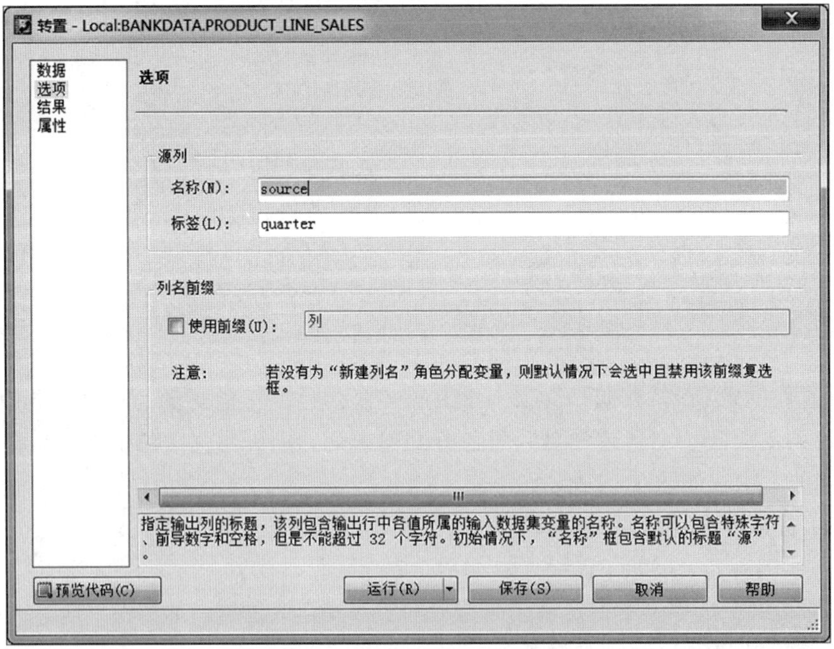

图 7-20 转置后包含的列名和标签

图 7-21 指定输出数据集的名称及存放位置

5)单击"运行"按钮,结果如图 7-22 所示。

图 7-22 运行结果

7.4.2 SAS 程序实现方式

(1)基本语法

```
PROC TRANSPOSE
<DATA=input-data-set><NAME=name><OUT=output-data-set><PREFIX=prefix>;
    BY <DESCENDING> variable-1 <...<DESCENDING> variable-n><NOTSORTED>;
    COPY variable(s);
    ID variable;
    IDLABEL variable;
    VAR variable(s);
```

(2)语法解读

1)TRANSPOSE 包含的选项说明如下。

❏ "DATA=" 指定要转置的数据集名称,默认为最新建立的数据集。

❏ "OUT=" 指定转置后的新数据集名称,默认 SAS 输出一个名为 DATAn 的数据集。

❑ "NAME="将转置后 VAR 变量中的列名定义为一个变量名，默认为 _NAME_。
❑ "PREFIX="指定转置后数据变量名的前缀。

2）BY 语句使输入数据集分组转置，分组变量包含在输出数据集中。

3）COPY 语句将没有转置的变量复制到新的数据集中。

4）ID 语句用来指定转置后的变量名。

5）VAR 语句中应列出要被转置的变量名，否则原数据集中未在其他语句列出的所有数值型变量都将被转置。字符型变量必须在 VAR 语句中列出才能被转置，未被转置的变量不进入新的数据集，除非自己已列入 COPY 或 BY 语句。

（3）举例

上一节使用 SAS EG 实现列的转置，下面通过 SAS 程序实现。

```
PROC TRANSPOSE DATA= BANKDATA.PRODUCT_LINE_SALES
OUT=WORK.PLS_tran
NAME=source
LABEL=quarter
;
ID Product_Line;
VAR _2007Q1 _2007Q2 _2007Q3 _2007Q4;
```

运行结果如 7.4.1 节步骤 5 展示的结果。

7.5 对列重编码

场景 1：为进一步分析每个订单的利润，管理人员想对每个订单在以下范围内分类。
❑ $0～$100
❑ $100～$500
❑ $500 以上

场景 2：你有一列关于会员家庭收入的数据，但部分会员没有填写，现在想用其他会员的平均收入代替缺失值？

此时，我们需要对列进行重编码。

7.5.1 SAS EG 实现方式

下面利用 SAS EG 在新的列中重新编码变量或划分区间。

1）将 CREDITCARD_RAW 数据集拖入过程流界面，双击打开。单击菜单栏中的"查询生成器"，并在打开的对话框中单击左上方的"计算列"按钮或者选择数据框右侧的 ■ 按钮，打开计算列窗口，如图 7-23 所示。

2）单击"新建"按钮，在打开的页面中选择"重编码列"，单击"下一步"按钮，如图 7-24 所示。

图 7-23 "查询生成器"列选择

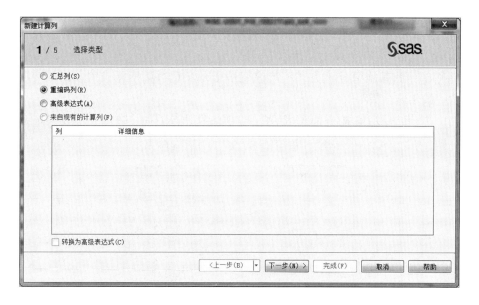

图 7-24 新建计算列

3）在"选择列"窗口选择"amount"，表示我们要对该变量进行重编码，然后单击"下一步"按钮，如图 7-25 所示。

4）打开"编辑计算的列"窗口，如图 7-26 所示。可以看到，该窗口中主要有三个区域。

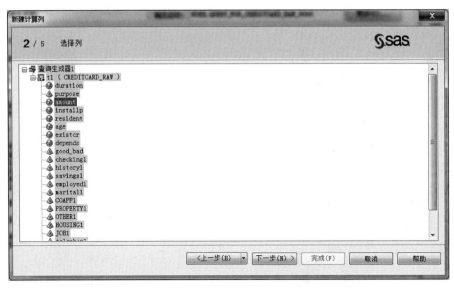

图 7-25　对变量进行重编码

- 左边的替换框，主要负责将符合条件的某些值替换，比如可以将 amount 缺失值替换为非缺失值的平均值。为了使数据一目了然，我们可以将 F 统一替换成"女"，将 M 统一替换成"男"；也可以将数学成绩中 0~59 分替换为"不及格"，60~90 分替换为"良好"，90 分以上替换为"优秀"。
- 右上部分的其他值处理方式。其他值是指未在左边替换框中列出的值，包括当前值、缺失值、指定值。
- 右下部分的设定重编码后的列类型。本例选择列类型为"数值"，将其他值都替换为当前值。

图 7-26　编辑计算的列

5)单击替换框下的"添加"按钮,出现指定替换对话框,此时可以选择替换值、替换范围、替换条件。

若选择"替换值"选项卡,可以在"使用此值"框中直接输入想要的值。本例采用表达式编辑器,单击"使用此值"框后方的 按钮,打开"高级表达式生成器",通过鼠标单击方式输入"MEAN(t1.amount)",单击"确定"按钮,如图 7-27 所示。

图 7-27 高级表达式生成器

6)重编列属性设置。在属性界面,输入列名"amount_nmiss"、标签"amount no miss",然后选择"格式"后方的 按钮,选择数据输出格式为 w.d 并调整小数位数为 0,单击"确定"按钮,如图 7-28 所示。

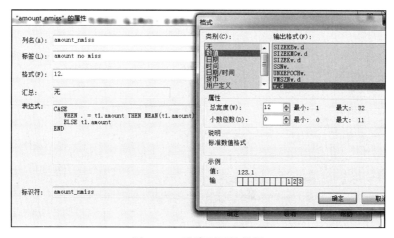

图 7-28 重编列属性设置

7）在属性界面，我们可以看到刚才的设置，若有修改，可以单击"上一步"按钮返回重新修改。确定后，单击"完成"按钮，如图 7-29 所示。

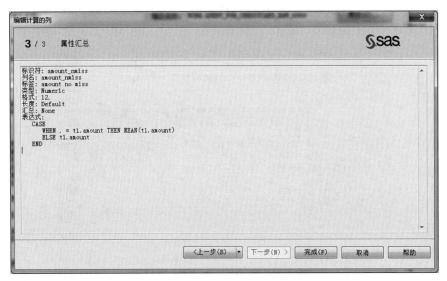

图 7-29　属性界面重新修改

8）若需要增加列，还可以继续单击"新建"按钮，重复上述步骤，创建新列，如图 7-30 所示。本例不做其他创建，关闭"计算列"窗口。然后将 amount_nmiss 拖到"选择数据"选项卡下，将 amount 拖到"数据排序"选项卡下，并选择"升序"，单击"运行"按钮。

图 7-30　创建新列

9）运行结果如图 7-31 所示。我们看到 amount 中的 8 个缺失值都被替换成了均值。

	amount_nmiss	amount
1	3280	
2	3280	
3	3280	
4	3280	
5	3280	
6	3280	
7	3280	
8	3280	
9	250	250
10	276	276
11	338	338
12	339	339
13	343	343

图 7-31　运行结果

7.5.2　SAS 程序实现方式

本例中要用到 SQL 中的 CASE WHEN 语法。

（1）基本语法

```
CASE
    WHEN <A> THEN <somethingA>
    WHEN <B> THEN <somethingB>
    ELSE <somethingE>
END
```

（2）语法解读

在上述语法中，CASE、WHEN、THEN、ELSE、END 为关键词。<A><B> 表示条件。

（3）举例

例 1：上一小节中利用 SAS EG 实现的对列重编码可以用以下代码实现。

```
PROC SQL;
SELECT (CASE WHEN . = amount THEN MEAN(amount)
ELSE amount
END) AS amount_nmiss,
amount
FROM BANKDATA.CREDITCARD_RAW;
QUIT;
```

例 2：以下是根据金额（amount）的取值生成分组变量的示例。

```
PROC SQL;
SELECT  (CASE
WHEN 0 le amount lt 3000 THEN "A"
WHEN 3000 le amount lt 5000 THEN "B"
ELSE "C"
END) AS amount_group,
amount
FROM BANKDATA.CREDITCARD_RAW;
QUIT;
```

运行结果如图 7-32 所示。

amount_group	amount
C	5951
B	4870
C	5234
A	1295
B	4308
A	1199
A	1282

图 7-32　代码运行结果

7.6　变量标准化

用到距离的模型很容易受到量纲的影响，比如 A 的身高为 185cm，B 的身高为 160cm，若用厘米作单位，两人身高差异为 25cm；若用米作单位，两人身高差异是 0.25m，但 0.25 小于 25，可见单位不同影响了比较结果。为了消除量纲、变量自身变异和数值大小的影响，我们经常将数据标准化。

常见的标准化方式有如下 3 种。

最小/最大标准化：$x'_i = \dfrac{x_i - \min(x)}{\max(x) - \min(x)}$

Z-score 标准化：$x'_i = \dfrac{x_i - \text{mean}(x)}{\text{std}(x)}$

小数定标标准化：$x'_i = \dfrac{x_i}{10^j}$，j 指使 x'_i 的绝对值小于等于 1 的最小整数。

7.6.1　SAS EG 实现方式

1）将数据集 CREDIT_RAW 拖入过程流界面，并双击打开，依次单击"数据→数据标准化"按钮，如图 7-33 所示。

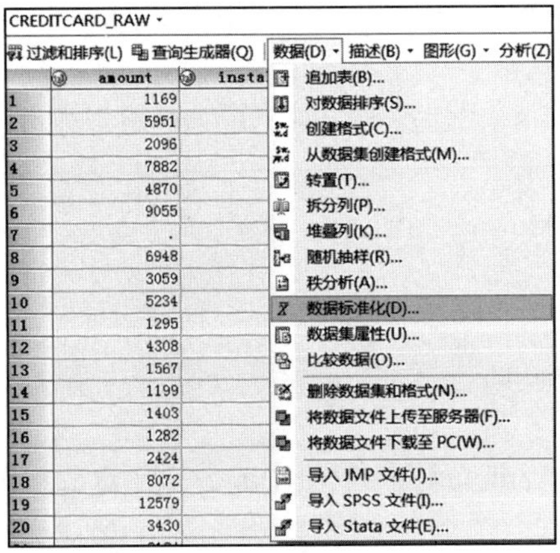

图 7-33　数据标准化

2）在"数据"选项卡将 amount 变量拖到分析变量角色下，如图 7-34 所示。

图 7-34　分析变量角色

❑ 频数统计值 n 代表相应的分析变量取 n 个观测值。
❑ 相对权重变量值可用来计算分析变量中变量的加权均值和加权方差。
❑ 分析分组依据代表按照每个取值进行标准化。

3）这里在"标准化"选项卡下设定"新均值"为 1800，设定"新标准差"为 500，并选择"用列均值替换缺失值"复选框，如图 7-35 所示。

图 7-35　数据标准化选项

4）在"结果"选项卡下选择"添加新的标准化变量"，并选择数据的存放位置为 WORK 库，数据集为 amount_stand，如图 7-36 所示。

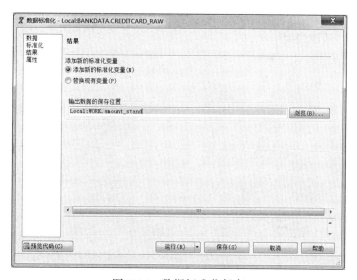

图 7-36　数据标准化保存

5）单击"运行"按钮，看到数据集中新增了一列 stnd_amount，如图 7-37 所示。该列就是 amount 表转化后的列。

HOUSING1	JOB1	telephon1	FOREIGN1	id	stnd_amount
2	3	1	1	2	2271.0444666
3	3	1	1	5	2080.4152323
2	4	1	1	10	2144.6049097
1	3	1	1	11	1449.9809003
1	3	1	1	12	1981.3091918
2	2	1	1	14	1433.0517546
2	2	1	1	16	1447.6884118
3	4	2	1	19	3439.8609008
2	3	2	1	30	2427.1100285
2	2	1	1	36	2058.5484191
2	3	1	1	38	1591.9388408
3	2	1	1	45	2304.902758
3	3	2	1	55	1613.9819992
2	4	2	1	57	2362.21497

图 7-37　运行结果

7.6.2　SAS 程序实现方式

数据的标准化主要用到 STANDARD 过程步，也可以用 PROC STDILE 过程步。

（1）基本语法

```
PROC STANDARD <option(s)>;
BY <DESCENDING> variable-1 <...<DESCENDING> variable-n>
<NOTSORTED>;
FREQ variable;
VAR variable(s);
WEIGHT variable;
```

（2）option(s) 语法说明

- "Data=" 表示输入数据集。
- "Out=" 表示输出数据集。
- "Mean=" 表示均值，std 表示方差，表示以此均值 M 和方差 S 进行标准化。

标准化公式为 $x_i' = \dfrac{S(x_i - \bar{x})}{S_x} + M$，其中 x_i、$\bar{x}$、S_x 分别指原始观测值、样本均值及标准差，j x_i' 指标准化后的变量。

- Replace 表示是否用均值替代缺失值。

（3）举例

上一节用 SAS EG 实现的变量标准化也可以用如下代码实现。

```
PROC STANDARD
DATA=bankdata.creditcard_raw
OUT=WORK.amount_stand
```

```
MEAN=1800
STD=500
REPLACE
;
VAR stnd_amount;

RUN;
```

运行结果如 7.6.1 节中的步骤 5 所示结果。

第 8 章

数据集的操作

在分析数据时,我们经常会遇到合并多个数据集和比较多个数据集的情况。本章将利用 SAS EG 和 SAS 程序实现数据集纵向连接、横向连接、删除、比较、创建格式等操作。

8.1 纵向连接

你现在有公司各个分店会员客户的基本信息。但由于每家分店的会员客户信息是手工填写的,散布在不同的表中,你需要将这些信息整合到一张表。这就需要用到纵向连接。

数据集的纵向连接从最终结果数据集的数据构成上可分成 5 种类型。我们以 A、B 两个数据集为例讲解纵向连接类型,如图 8-1 所示。

- ❑ 包含 A、B 中所有的观测(含重复)。
- ❑ 包含 A、B 中所有的观测(不含重复)。
- ❑ 包含 A 中所有不在 B 中的观测。
- ❑ 包含 A、B 共有的观测。
- ❑ 包含 B 中所有不在 A 中的观测。

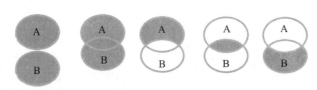

图 8-1　A、B 两个数据集的连接

对于数据集纵向连接，SAS EG 是通过菜单中的"追加表"任务实现的。"追加表"任务可以纵向连接两个或多个数据集，运行之后可以形成数据集或 SQL 视图，最多可连接 256 个表。结果数据集包含输入表中的每行和每个变量。

连接时要注意的问题如下。

- 一是纵向连接表中的变量不一致。若某个变量仅存在于部分数据集中，结果数据集中会包含此变量，并将不包含此变量的相关观测置为空缺值。
- 二是纵向连接表中的变量名称、类型不一致。这时，我们要在连接表中直接进行变量修改。
- 三是纵向连接表中的变量顺序不一致。这时，我们可以通过调整合并参数来实现表的连接。

8.1.1 SAS EG 实现方式

本例要实现两个表的纵向连接。

1）新建一个项目，将数据集拖到过程流界面，如图 8-2 所示。

2）修改变量名称及相关属性。打开数据集 TWO，选中 b 列，右键选择"属性"，出现图 8-3 所示对话框，直接在名称栏将变量 b 修改为变量 a，并单击"确定"按钮。如果提示不能修改，请参考第 5 章对相关数据保护选项进行调整。若需要同时修改变量类型及输入、输出格式，我们也可以在此对话框中进行修改。

图 8-2　将数据集拖到过程流界面

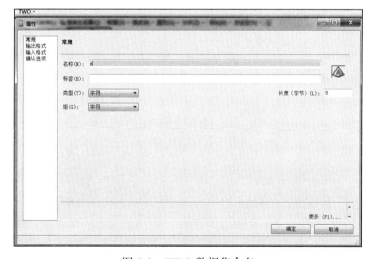

图 8-3　TWO 数据集命名

3）在过程流界面，双击打开数据集 ONE，单击"数据"菜单栏下的"追加表"选项，如图 8-4 所示。

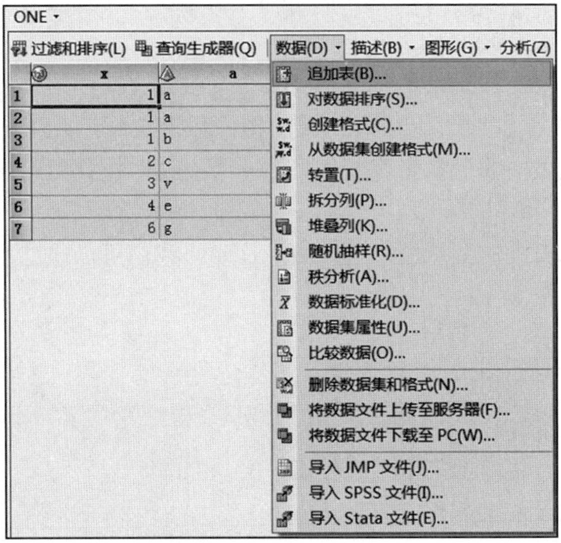

图 8-4　追加 ONE 数据集

4）在"追加表"界面可以看到数据集 ONE 在"要添加的表"栏中，然后选择添加数据集 TWO，并单击"打开"按钮，如图 8-5 所示。也可以通过选择左边的选项来选择数据库或者计算机文件夹中的 SAS 数据集进行添加。若要选择多个表，请在按住【Ctrl】键的同时选择要添加的表。

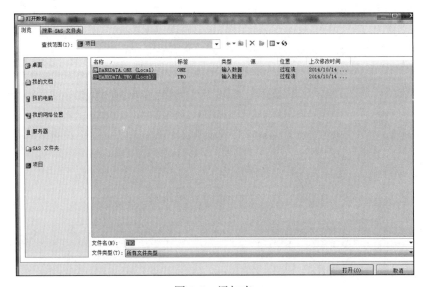

图 8-5　添加表

5）在要追加的表区域右侧选中工作表 ⬆ 来调整表追加的顺序。该顺序直接决定各数据集在结果数据集中的排列顺序。

合并结果可以是 SAS 数据集或 SQL 视图。在"结果"选项下选择生成的数据集样式，选择"数据表"单选框（如图 8-6 所示），并手动输入或者通过"浏览"按钮确定结果集存储的位置和名称。

6）单击"运行"按钮，查看生成的合并数据集。生成的数据集如图 8-7 所示。可以看到，合并数据集共有 12 条记录，上半部分来自 ONE 数据集，下半部分来自 TWO 数据集。

图 8-6　追加表保存的位置

图 8-7　生成的数据集

8.1.2　SAS 程序实现方式

我们主要讲解如何通过 PROC SQL 和 DATA SET 实现表的纵向连接。

1. 利用 PROC SQL

（1）基本语法

```
PROC SQL;
CREATE TABLE newtable AS
SELECT columns FROM table1
Set operator
SELECT columns FROM table2
…
;
Quit;
```

（2）语法解读

CREATE TABLE 表示创建新表，newtable 为新表的表名。运算符说明如表 8-1 所示。

表 8-1 运算符说明

运算符	说 明
UNION	从多个查询中产生所有的非重复观测
except	产生只属于第一个查询的观测，和第二个查询公共的部分会被删掉
intersect	产生两个查询中公共部分的观测
OUTER UNION	对查询结果直接连接

运算符选项 all 表示连接时不剔除第一个查询中的重复观测。corr 表示按照列名连接，若无此选项则按照两个查询中变量的位置连接。

（3）举例

基本数据集 One、Two 如图 8-8 所示。

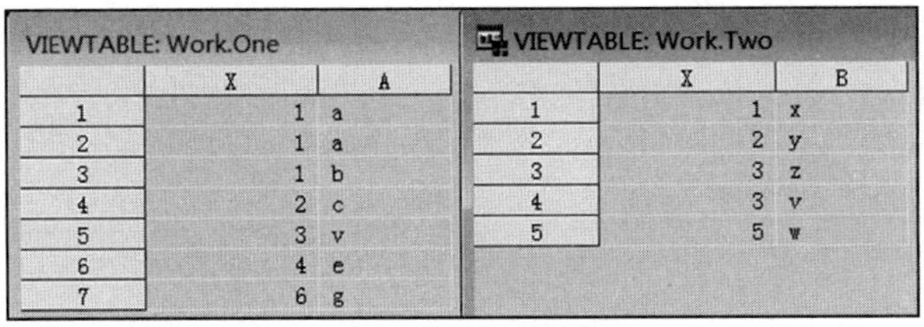

图 8-8 基本数据集 One、Two

例 1：OUTER UNION 的使用如表 8-2 所示。

表 8-2 OUTER UNION 的使用

```
PROC SQL;
CREATE TABLE WORK.Append_Table AS
SELECT * FROM    BANKDATA.ONE
 OUTER UNION CORR
SELECT * FROM    BANKDATA.TWO
;
Quit;
```

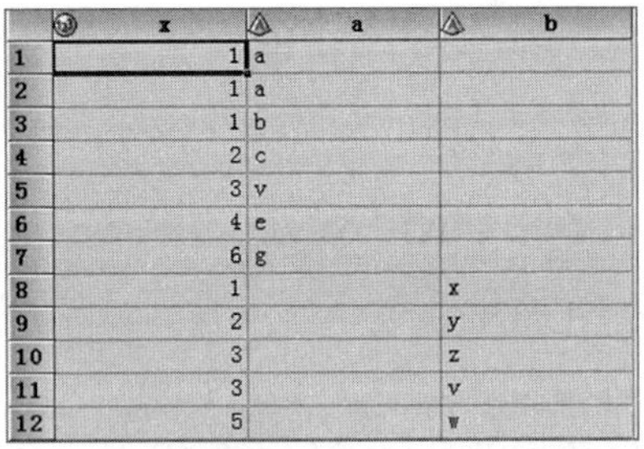

```
PROC SQL;
CREATE TABLE WORK.Append_Table AS
SELECT * FROM    BANKDATA.ONE
 OUTER UNION
SELECT * FROM    BANKDATA.TWO
;
Quit;
```

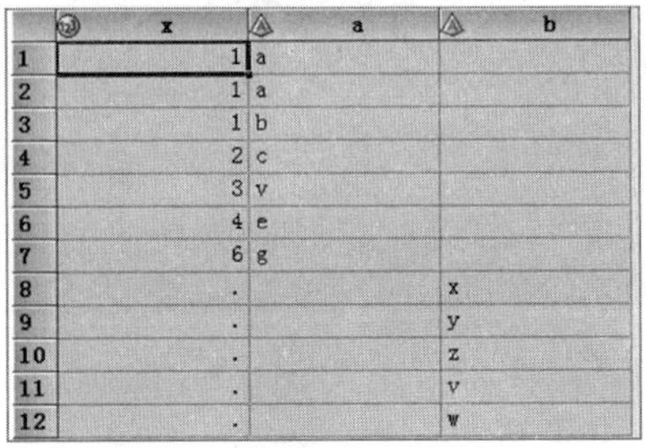

例 2：UNION 的使用如表 8-3 所示。

表 8-3　UNION 的使用

代码	结果
PROC SQL; CREATE　TABLE　WORK.Append_Table AS SELECT * FROM BANKDATA.ONE UNION SELECT * FROM BANKDATA.TWO ; Quit;	x a 1　1 a 2　1 b 3　1 x 4　2 c 5　2 y 6　3 v 7　3 z 8　4 e 9　5 w 10　6 g
PROC SQL; CREATE　TABLE　WORK.Append_Table AS SELECT * FROM BANKDATA.ONE UNION　all SELECT * FROM BANKDATA.TWO ; Quit;	x a 1　1 a 2　1 a 3　1 b 4　2 c 5　3 v 6　4 e 7　6 g 8　1 x 9　2 y 10　3 z 11　3 v 12　5 w
PROC SQL; CREATE　TABLE　WORK.Append_Table AS SELECT * FROM BANKDATA.ONE UNION　corr SELECT * FROM BANKDATA.TWO ; Quit;	x 1　1 2　2 3　3 4　4 5　5 6　6

例 3：except 的使用如表 8-4 所示。

表 8-4　except 的使用

代码	结果
PROC SQL; CREATE　TABLE WORK.Append_Table AS SELECT * FROM BANKDATA.ONE except SELECT * FROM BANKDATA.TWO ; Quit;	x a 1　1 a 2　1 a 3　1 b 4　2 c 5　4 e 6　6 g
PROC SQL; CREATE　TABLE WORK.Append_Table AS SELECT * FROM BANKDATA.ONE except corr SELECT * FROM BANKDATA.TWO ; Quit;	x a 1　1 a 2　1 a 3　1 b 4　2 c 5　4 e 6　6 g

PROC SQL; CREATE TABLE WORK.Append_Table AS SELECT * FROM BANKDATA.ONE except all SELECT * FROM BANKDATA.TWO ; Quit;		x	a
---	---	---
1	1	a
2	1	a
3	1	b
4	2	c
5	4	e
6	6	g	

例4：intersect 的使用如表 8-5 所示。

表 8-5　intersect 的使用

PROC SQL; CREATE TABLE WORK.Append_Table AS SELECT * FROM BANKDATA.ONE intersect SELECT * FROM BANKDATA.TWO ; Quit;		x
1	1
2	2
3	3	
PROC SQL; CREATE TABLE WORK.Append_Table AS SELECT * FROM BANKDATA.ONE intersect corr SELECT * FROM BANKDATA.TWO ; Quit;		x
1	1
2	2
3	3	

2. 利用 DATA SET

DATA SET 语句可以从一个或多个 SAS 数据集中读取观测值并实现纵向连接。

（1）基本语法

```
Data newdata;
SET<SAS-data-set(s)<(data-set-options(s) )>>
Run;`
```

（2）语法解读

SAS-data-set（s）：选择一个或多个 SAS 数据集。

data-set-options（s）：指定需保留的变量（组）或变量值等。

keep= 变量（组）：保留指定的变量（组）。

drop= 变量（组）：去掉指定的变量（组）。

rename= 表达式：更换变量的名字。

where= 表达式：选择满足条件的变量值。

in= 变量：创建一个标识变量，如果当前观测数据来自某数据集，标识为 1，否则为 0。

firstobs= 常数：如常数 =2，表示从第 2 个观测开始读取数据集。

obs= 常数：如常数 =20，表示读到的最后一个数据是第 20 个观测。

（3）举例

```
data three;
set one two;
run;

data three;
set one two(rename=(b=a));
run;
```

运行结果如 8.1.3 节中步骤 6 的结果。

8.2 横向连接

假如你现在要建立客户评分卡，需要使用客户的属性信息、购买行为信息等。但这些信息分属于不同的表。每个表都有一个共同的主键客户 ID，如何将这些来自不同表的信息整合到同一张表呢？这时就要用到横向连接。

两个表的横向连接可以分为 4 种类型，如图 8-9 所示。

❏ 左连接（Left Join）：返回左表中的所有记录和右表中连接字段相等的记录。
❏ 右连接（Right Join）：返回右表中的所有记录和左表中连接字段相等的记录。
❏ 内连接（Inner Join）：只返回两个表中连接字段相等的行。
❏ 全连接（Full Join）：返回两个表中所有的字段。

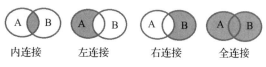

图 8-9　两个表之间的横向连接

8.2.1　SAS EG 实现方式

1）数据集 JM1 和 JM2 分别来自不同的数据库，如图 8-10 和图 8-11 所示。id 与 sid 代表客户的编号，意义一样。将这两个数据集分别拖入过程流界面。

图 8-10　JM1 数据集　　　图 8-11　JM2 数据集

2）双击打开 JM1，单击"查询生成器"，数据集的名字变成了 t1（JM1），这是 SAS EG 的默认设置，t1 为 JM1 的别名，方便后续的调用，如图 8-12 所示。

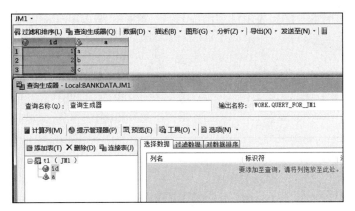

图 8-12　t1 为 JM1 的别名

3）单击数据集框右上方的"连接表"按钮，在打开的"表和连接"界面选择"添加表"，（这里选择 JM2），弹出图 8-13 所示的对话框"无法确定新表的合适连接，你需要手动连接表"。（这是由于两种表中没有相同的列名，SAS EG 无法自动识别。）之后单击"确定"按钮。

图 8-13　表和连接

4）选择 JM1，右键点击"连接 [t1.id]"，继续选择，直至选择到"sid"。系统自动调整 t2 为 JM2 的别名，如图 8-14 所示。我们可以通过右键删除表、对某一列排序或者按标签显示列，也可以查看数据集的属性信息。

5）上步选中 t2 表的 sid 之后，弹出图 8-15 所示的对话框，显示共有 9 种连接类型。此处，我们选择"内连接"，并选择

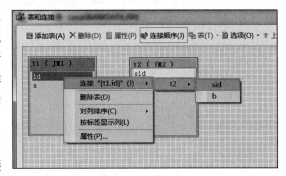

图 8-14　连接 [t1.id]

连接条件（t1.id 与 t2.sid 进行等值关联），也可以单击右下方的"编辑"按钮设置过滤器，即在两表连接之前排除相关的设置，如表 8-6 所示。

表 8-6　两表连接之前排除相关设置

连接类型	输出结果
内连接	输出的行包括第一个表中的列与第二个表中的列的连接条件相匹配的行，连接默认设置为内连接
左连接	输出的行包括第一个表中所有的行和第二个表中满足连接条件的行
右连接	输出的行包括第二个表中所有的行和第一个表中满足连接条件的行
全外连接	输出的行包括两个表中满足连接条件的所有行
交叉连接	输出的行包括第一个表中各行与第二个表中各行的组合。输出行总数等于各表行数的乘积。例如，若表 A 包含 9 行，表 B 包含 13 行，将它们进行组合后，输出的行的总数为 117
自然内连接	输出的行包括两表的通用列所含值相等的所有行。通用列是名称和数据类型相同的列
自然左连接	输出的行包括第一个表中所有行和第二个表中两表的通用列所含值相等的行
自然右连接	输出的行包括第二个表中所有行和第一个表中两表的通用列所含值相等的行
自然完全外连接	输出的行包括两个表中的所有行。没有匹配项的行将用缺失值填充

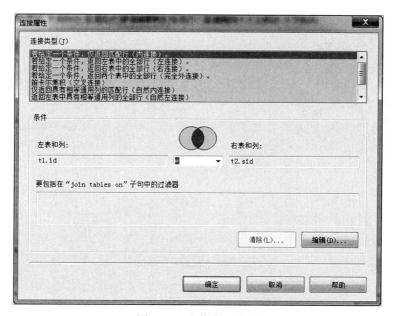

图 8-15　连接类型选项

6）可以看到，t1（JM1）和 t2（JM2）通过两个交叉圆连接起来了，两个圆的交叉部分是灰色，上方有"="表示内连接。单击上方的"连接顺序"按钮，界面的中下部出现对话框，以显示连接顺序，如图 8-16 所示。

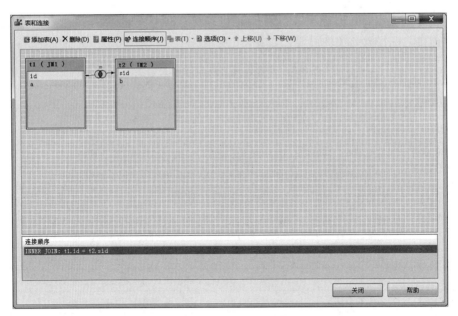

图 8-16　显示连接顺序

7）将 t1（JM1）和 t2（JM2）的所有列拖到"选择数据"选项框中，并单击"运行"按钮，如图 8-17 所示。

图 8-17　选择数据

8）运行结果如图 8-18 所示。

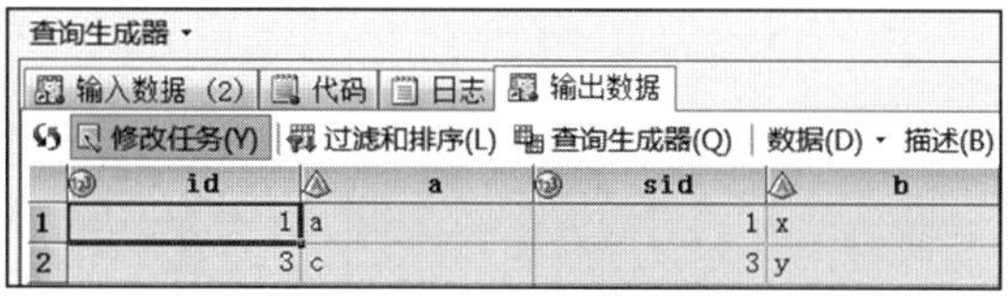

图 8-18　运行结果

8.2.2　SAS 程序实现方式

下面使用 SQL 过程中的 left 选项或者 merge 语句实现表的横向连接。

1. 使用 SQL 过程中的 left 选项

（1）基本语法

```
Proc sql;
Select columns from table1 opterator  table2
On condition;
Quit;
```

（2）语法解读

- opterator 指运算符，包括左连接、右连接、内连接、全连接。
- condition 表示横向连接的条件。

（3）举例

例 1：左连接

```
proc sql;
create table jm_left AS
select * from bankdata.jm1 as t  left join  bankdata.jm2 as s
on t.id=s.sid;
quit;
```

运行结果如图 8-19 所示。

	id	a	sid	b
1	1	a	1	x
2	2	b	.	
3	3	c	3	y

图 8-19　运行结果 1

例 2：右连接

```
proc sql;
create table jm_right AS
select * from bankdata.jm1 as t  right join  bankdata.jm2 as s
on t.id=s.sid;
quit;
```

运行结果如图 8-20 所示。

图 8-20　运行结果 2

例 3：内连接

```
proc sql;
create table jm_inner AS
select * from bankdata.jm1 as t  inner join  bankdata.jm2 as s
on t.id=s.sid;
quit;
```

运行结果如图 8-21 所示。

图 8-21　运行结果 3

例 4：全连接

```
proc sql;
create table jm_full AS
select * from bankdata.jm1 as t  full join  bankdata.jm2 as s
on t.id=s.sid;
quit;
```

运行结果如图 8-22 所示。

图 8-22　运行结果 4

2. 利用 merge 语句

merge 语句可以实现多表的横向合并。

（1）基本语法

```
DATA
MERGE SAS-data-set-1<(data-set-options)>SAS-data-set-2<(data-set-options) >;
BY VARIABLE;
RUN;
```

(2) 语法解读

使用 merge 语句之前要先按照 id 或者 sid 进行排序。

(3) 举例

例1: 全连接

```
data r;
merge bankdata.jm1(rename=(id=sid)) bankdata.jm2;
by sid;
run;
```

运行结果如图 8-23 所示。

sid	a	b
1	a	x
2	b	
3	c	y
5		z

图 8-23 运行结果 1

例2: 左连接

```
data r;
merge bankdata.jm1(rename=(id=sid) in=x) bankdata.jm2(in=y);
by sid;
if x;
run;
```

运行结果如图 8-24 所示。

sid	a	b
1	a	x
2	b	
3	c	y

图 8-24 运行结果 2

例3: 右连接

```
data r;
merge bankdata.jm1(rename=(id=sid) in=x) bankdata.jm2(in=y);
by sid;
if y;
run;
```

运行结果如图 8-25 所示。

sid	a	b
1	a	x
3	c	y
5		z

图 8-25 运行结果 3

例 4：内连接

```
data r;
merge bankdata.jm1(rename=(id=sid) in=x) bankdata.jm2(in=y);
by sid;
if x and y;
run;
```

运行结果如图 8-26 所示。

sid	a	b
1	a	x
3	c	y

图 8-26　运行结果 4

8.3　数据集的比较

你有一份几年前的客户数据，最近市场部又重新设计表格更新了部分收集字段，并让老客户重新填写，形成了一个新数据集。你现在需要快速了解前后两个数据集修改了哪些字段，同一个客户的哪些信息已变更（比如住址、电话、收入、教育信息）等，这时就需要比较数据集。

数据集比较任务能够便捷地比较不同版本的数据集。数据差异包含缺失值、变量的增减、格式的变化、数据值的变化、观测的增加或删除。

8.3.1　SAS EG 实现方式

我们可以利用 SAS EG 菜单栏下的"比较数据"选项来实现数据的比较。

1）将数据集 ONE 拖入过程流界面并双击打开，选择数据集中"数据"菜单栏中的"比较数据"选项，如图 8-27 所示。

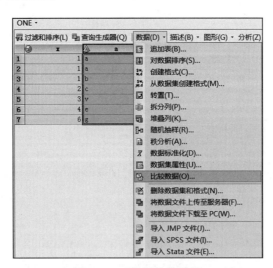

图 8-27　"数据"菜单栏

2）指定是比较两个数据集中的变量，还是比较同一数据集中的变量。本例选择"比较'基准'数据集和'比较'数据集中的变量"选项。单击"'比较'数据"栏后面的"浏览"

按钮,添加数据集 TWO,如图 8-28 所示。

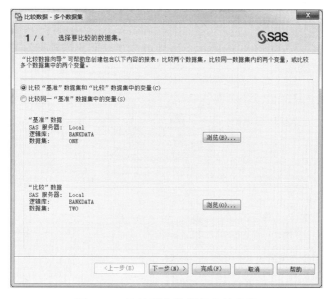

图 8-28　比较两个数据集中的变量

3)从"匹配数据依据"下拉列表中,选择匹配的依据,包括观测和 ID。若选择依据"观测"变量来匹配数据,系统逐行比较两个数据集。若选择依据"ID"变量来匹配数据,变量必须同时存在于"基准"数据集和"比较"数据集中。若是比较同一数据集中的变量,系统只依据观测匹配数据,如图 8-29 所示。

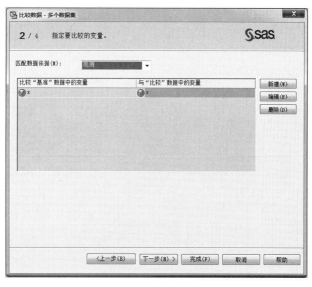

图 8-29　指定要比较的变量

4)指定比较准则。由于 SAS EG 对变量长度和存储精度的限制,我们可以在比较相同数值时设定一定的容差,如选择容差为 0.00001。从"等价判断方法"下拉列表中选择等价的确定方法,包括绝对、精确、百分比和相对,具体含义可以参看帮助。本例中的"等价判断方法"选择"相对",如图 8-30 所示。另外可设定基准数据集和比较数据集中缺失值的处理方式,本例未做选择。

图 8-30　指定比较准则

5)指定输出选项。你还可以选择创建包含带观测的输出数据集以及包括汇总统计量的输出数据集,如图 8-31 所示。

图 8-31　选择输出选项

6)单击"完成"按钮,运行结果主要有 3 方面信息,如图 8-32 所示。
- 数据集汇总:主要描述两个数据集创建及修改时间、变量数和观测数。
- 变量汇总:描述比较的变量中共同的变量数。
- 观测汇总:描述共有的观测数、部分存在差异的观测以及差异比例等。

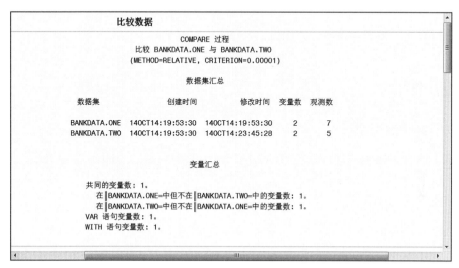

图 8-32　部分运行结果展示

8.3.2　SAS 程序实现方式

利用 SAS 程序实现数据比较任务时,我们需要调用 COMPARE 过程步。

(1)基本语法

```
PROC COMPARE BASE= COMPARE=
OUT=
OUTSTATS=
    VAR x;
    WITH x;
    ID ;
RUN;
```

(2)语法解读

- "BASE="指定基本数据集。
- "COMPARE="指定比较数据集。
- "OUT="指定输出数据集,把匹配变量的差值结果输出到指定数据集中。
- "OUTSTATS="把匹配变量的概括统计量输出到指定数据集中。
- "VAR"指要比较的变量。
- "WITH"当两个数据集对应的变量名不一致时,列出它们的名字。
- "ID"可作为不同数据集之间匹配的标准。

(3) 举例

```
PROC COMPARE BASE=BANKDATA.ONE COMPARE=BANKDATA.TWO
OUT=WORK.COMPCompareONEAndTWO
OUTSTATS=WORK.STATCompareSumStatsONEAndTWO
    VAR x;
        WITH x;
```

运行结果与图 8-32 类似。

8.4 创建格式

8.4.1 相关理论介绍

格式可以通俗地理解为数据集的不同形式，不影响数据的内部存储。格式可以分为输入格式和输出格式，一般形式为：

<$>format<w>.<d>

语法解读如表 8-7 所示。

表 8-7 语法解读

选 项	功能说明
$	表示一个字符格式
format	给 SAS 格式或用户定义的格式命名
w	指定总的格式宽度，包含小数位数和特殊字符
.	一个必要的分隔符
d	指定数值中小数点的位数

常用数值变量输出格式如表 8-8 所示。

表 8-8 常用数值变量输出格式

输出格式	描 述	宽度范围	默认范围	示 例
w.d	输出标准数值数据	1～32		1235.67
COMMAw.d	用含有逗号、小数点的格式输出数据，d 的值只能为 0 或 2	2～32	6	1,235.67
DOLLARw.d	用含有美元符号、逗号和小数点的格式来输出数据，d 的值只能为 0 或 2	1～32	1	$1,235.67
Ew.	用科学 E 表示法输出值	7～32	12	1.23567E+03

常用的字符变量输出格式如表 8-9 所示。

表 8-9 常用的字符变量输出格式

输出格式	描述	宽度范围	默认范围	示例
$w.	输出标准字符数据	1~200	1 或变量长度	aBc
$charw.	输出标准字符数据，输出值保留开头的空格	1~200	1 或变量长度	aBc
$upcasew.	用大写字母输出所有字符	1~200	8 或变量长度	ABC

常用的日期/时间输出格式如表 8-10 所示。

表 8-10 常用的日期/时间输出格式

输出格式	描述	宽度范围	默认范围	示例
DATEw.	ddmmmyy	5~9	7	01MAR201301MAR13
DDMMYYw.	ddmmyy	2~10	8	01/03/201301/03/13010313
MMDDYYw.	mmddyy	2~10	8	03/01/13030113
YYMMDDw.	yymmdd	2~10	8	2013-03-0113-03-01
DATETIMEw.d	ddmmyy:hh:mm:ss.ss	7~40	16	01MAR13:13:05:17:0001MAR13:13:05:17
WORDDATEw.	mmddyyyy	1~32	18	March 01，2013Mar 01，2013
YEARw.	输出日期中的年份	2~32	4	2013
MONYYw.	输出月和年	5~7	7	FRI2013
WEEKDATEw.	输出星期和日期值	3~37	29	Fri，Mar 01，2013FridayFri
WEEKDAYw.	输出星期几	1~32	1	6
TIMEw.d	hh:mm:ss.ss	2~20	8	13:05:17:00

8.4.2 SAS EG 实现方式

在 SAS EG 中，我们可以通过"数据"选项创建格式，具体分为手动设置和通过数据集创建两种方式。

1. 通过手动设置的方式创建格式

1）打开菜单，单击"任务→数据→创建格式"选项，如图 8-33 所示。

2）设置格式名称、类型、宽度及存储位置。

❑ 设置格式名称。在格式名称框中输入要创建的格式的名称。每次应用格式时，将使用其名称来引用相应的格式。格式命名必须遵守以下规则：仅包含字母、数字和下划线，

图 8-33 打开菜单选择创建格式

不能以数字开始或结束。名称最大长度取决于格式类型。对于 SAS9 以上的版本来说，字符型格式名称不可超过 31 个字符长度。数值型格式名称不可超过 32 个字符长度。
- ❏ 设置格式类型。格式类型分为字符型和数值型。考虑到计算机实际存储的影响，对数值型格式可以设置模糊因子。
- ❏ 设置格式宽度。默认情况下，格式宽度为最长的格式化值的长度。
- ❏ 设置格式的存储位置。其用于存储新格式的服务器和逻辑。若选择永久数据库存储，则后续可以调用；若选择将格式存储在 WORK 逻辑库中，则退出时会删除格式。

例如：格式名称为 sexf，格式类型为字符型，存储在本地服务器的 BANKDATA 逻辑库中，其他不做设定，如图 8-34 所示。

3）定义格式。

格式定义包含两部分：标签列指定数据的显示值，范围列指定数据原始值。

我们在定义时应该做到原始值或者原始范围不重叠。单击"格式定义框"旁边的"新建"按钮，之后新行会添加到格式定义和范围定义框中，如图 8-35 所示。在标签列中，输入要显示的内容。在范围定义框中，指定要映射到标签列的原数据的单个值或者范围。

对于数值型格式，我们将原数据中的"m""M"定义为"male"，将"f""F"定义为"female"。

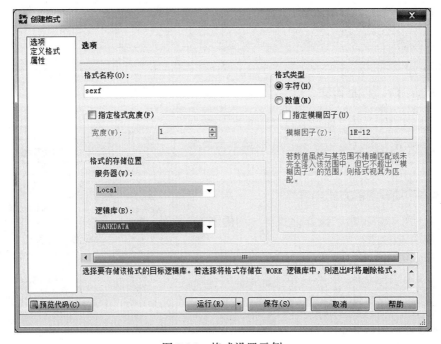

图 8-34　格式设置示例

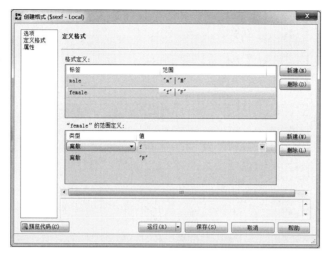

图 8-35　格式定义和范围定义

对于数值型格式 agef，我们定义的格式如图 8-36 所示。

- 少年：下限～18（包含边界）。
- 青年：18（不含边界）～45（包含边界）。
- 中年：45（不含边界）～60（包含边界）。
- 老年：60（不含边界）～上限。

2. 通过数据集创建格式

本例通过数据集创建格式，基本过程与上述类似。

1）打开菜单，单击"任务→数据→从数据集创建格式"选项，选择数据集 MALE。数据共有两列，原始列为 sex，标签列为 label1，如图 8-37 所示。

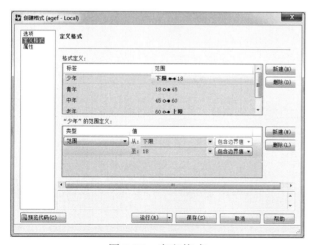

图 8-36　定义格式

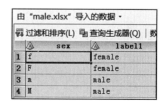

图 8-37　导入的数据

2)选项设置。输入格式名称 fw,选择"格式类型"为"字符",选择"输出逻辑库"为"WORK",选择"值类型"为"离散",选择"sex"作为"离散值"、label1 列作为标签列。选中"为其他值指定标签"复选框,如图 8-38 所示。本选项可以为数据源中没有格式的任何值创建唯一标签。

图 8-38 从数据集创建格式

3)单击"运行"按钮,可见创建的 fw 格式与上例中的 sexf 格式完全一致。

8.4.3 SAS 程序实现方式

利用 SAS 程序创建格式时,我们主要用到 FORMAT 过程。

(1)基本语法

```
PROC FORMAT LIBRARY = libref.catalog;
    VALUE $charfmt 'value1' = 'formatted-value-1'
                   'value2' = 'formatted-value-2'
                   ...
                   'valuen' = 'formatted-value-n';
    VALUE numfmt value1 = 'formatted-value-1'
                 value2 = 'formatted-value-2'
                 ...
                 valuen = 'formatted-value-n';
RUN;
```

(2)语法解读

❏ LIBRARY 代表格式的存放位置。若存放在 WORK 中,关闭软件后格式将被删除。
❏ VALUE 后为格式名,$charfmt 表示创建字符型格式。

(3)举例

```
PROC FORMAT
```

```
    LIB=BANKDATA
;
    VALUE $sexf
        "男" = "male"
        "女" = "female";
RUN;

PROC FORMAT
LIB=BANKDATA
;
    VALUE agef
        LOW - 18 = "少年"
        18<- 45 = "青年"
        45<- 60 = "中年"
        60<- HIGH = "老年";
RUN;
```

运行代码即可创建与软件操作相同的格式。

 注意 "-"表示包含左右边界；"<-"表示不包含左边界，包含左边界；"<"表示既不包含左边界又不包含右边界。

8.5 删除数据集、格式和视图

8.5.1 SAS EG 实现方式

1）选择"任务→数据→删除数据集和格式"选项，如图 8-39 所示。

图 8-39 选择删除数据集和格式选项

2)在打开的对话框中,选中要删除的对象后,单击"运行"按钮即可删除数据集、格式、视图等,如图 8-40 所示。

图 8-40　删除数据集、视图、格式

8.5.2　SAS 程序实现方式

利用 SAS 程序删除数据集、视图和格式时,我们主要用到 PROC SQL 过程的 DROP 语句。

语法示例

```
PROC SQL;
     DROP TABLE BANKDATA.CARD1, BANKDATA.CARD2;
QUIT;
RUN; QUIT;
```

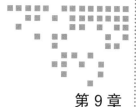

第 9 章 Chapter 9

利用 Python 处理数据

在处理数据时，操作人员很多时候会面对多张数据表，并需要对多张表的字段进行合并与提取。例如在贷款申请时，操作人员需要结合客户的基本信息进行信用评估，这就要将客户基本信息表和贷款信息表合并。

贷款信息表示例如图 9-1 所示。

u_id	credit_record	work_city	house_hold	year_born	house_type	car_type	gender
3,350	2	310,100	350,700	1,987	1	1	
10,208	2	330,100	420,600	1,985	2	2	
12,084	3	510,100	510,800	1,985	1	1	
14,642	2	410,100	410,100	1,963	6	1	
15,054	2	320,500	320,500	1,986	2	2	
15,092	2	440,100	440,100	1,981	2	3	
16,084	2	350,200	350,200	1,978	1	1	

图 9-1　客户贷款信息

客户基本信息表示例如图 9-2 所示。

id	gsd_zone_id	zone_id	c_time	remark	mo
1,679,735	350,100	350,100	3788736:08:13	出生日期:1984年10月 工作所在地:福州<br	
1,679,792	500,100	500,100	3788736:35:06	名下是否有车产:无 是否有两年内信用记录:	
1,679,798	370,200	370,200	3788736:40:07	名下是否有车产:有 是否有两年内信用记录:	
1,679,841	310,100	310,100	3788737:03:02	出生日期:1978年5月 工作所在地:上海<br /	
1,679,849	130,200	130,200	3788737:08:58	出生日期:1982年3月 工作所在地:唐山<br /	
1,679,869	320,200	320,200	3788737:15:09	名下是否有车产:无 是否有两年内信用记录:	
1,679,955	321,100	321,100	3788738:26:54	出生日期:1980年8月 工作所在地:镇江<br /	

图 9-2　客户基本信息

这里涉及表的横向连接，是一个典型的数据整合问题。为了整合数据，我们还需要掌握对数据进行列选择、创建、删除等基本操作。

整合好的数据很可能存在错误和异常，比如非正常的交易时间、未开通业务地区的交易记录，因此需要进行数据清洗。本章将对这些内容逐一介绍。

9.1 数据整合

在 Pandas 中，数据整合既可以通过 SQL 语句实现，也可以通过 Pandas 自带函数实现。本节主要介绍 Pandas 数据整合方法，可能涉及 NumPy 库的操作。关于使用 SQL 进行数据整合的方法，读者可参考 SQLite3 的 API 相关文档[⊖]。

9.1.1 行操作和列操作

Pandas 数据框可以方便地选择指定列、指定行，例如创建数据框 np.random.randn(4, 5)，表示产生一组 4 行 5 列的正态分布随机数，columns 参数表示定义相应的列名。

```
>import pandas as pd
>import numpy as np
>sample = pd.DataFrame(np.random.randn(4, 5),
                columns=['a','b','c','d','e'])
>sample
          a         b         c         d         e
0  2.598999  0.365733 -0.131883  1.243394 -0.080329
1  0.770296  1.702117 -0.898848  0.665486 -0.788601
2  1.153423  0.200933 -1.991247  1.467254  0.475288
3 -0.769613 -0.076843 -0.741360  1.388260  0.945460
```

1. 选择单列

选择单列有很多方法，最直接的方法是以列名选择列。以下方法可以按照列名选择列。

```
>sample['a']
0   -1.753756
1    1.972577
2    0.542489
3   -2.021418
Name: a, dtype: float64
```

数据框中的 ix、iloc、loc 方法都可以选择行、列。iloc 方法只能通过数值索引来选择行、列，loc 方法可以通过字符索引来选择行、列，ix 方法则可以使用两种索引来选择行、列。以下是使用 ix 方法选择列 'a'。

```
>sample.ix[:,'a']
0   -1.753756
1    1.972577
2    0.542489
```

⊖ https://docs.Python.org/3.5/library/sqlite3.html。

```
3   -2.021418
Name: a, dtype: float64
```

注意,以上方法在选择单列时返回的是 Pandas 序列结构的类。我们也可使用以下方法在选择单列时返回 Pandas 数据框类。

```
>sample[['a']]
      a
0  -1.753756
1   1.972577
2   0.542489
3  -2.021418
```

2. 选择多行和多列

使用数据框选择行时,可以直接使用行索引进行选择,示例如下。注意,使用 ix 或 loc 方法选择时,行索引是前后都包括的,这与列表索引不太一样。

```
>sample.ix[0:2,0:2]
      a         b
0  2.598999  0.365733
1  0.770296  1.702117
2  1.153423  0.200933
```

若习惯使用列表索引的前包后不包,可以使用 iloc 方法,示例如下。

```
>sample.iloc[0:2,0:2]
      a         b
0  2.598999  0.365733
1  0.770296  1.702117
```

3. 创建和删除列

创建新列有两种方法,一种是直接通过列赋值实现。以下示例为新建列 new_col1,取值由原先两列计算得出:

```
>sample['new_col1'] = sample['a'] - sample['b']
>sample
      a         b         c         d         e        new_col1
0  2.598999  0.365733 -0.131883  1.243394 -0.080329  2.233267
1  0.770296  1.702117 -0.898848  0.665486 -0.788601 -0.931821
2  1.153423  0.200933 -1.991247  1.467254  0.475288  0.952490
3 -0.769613 -0.076843 -0.741360  1.388260  0.945460 -0.692770
```

另一种是使用数据框中的 assign 方法实现。不过,这种方法生成的新变量并不会保留在原始表中,需要赋值给新表,示例如下。

```
>sample.assign(new_col2 = sample['a'] - sample['b'],
               new_col3 = sample['a'] + sample['b'])
      a         b         c         d         e        new_col1  new_col2
0  2.598999  0.365733 -0.131883  1.243394 -0.080329  2.233267  2.233267
```

```
1  0.770296  1.702117 -0.898848  0.665486 -0.788601 -0.931821 -0.931821
2  1.153423  0.200933 -1.991247  1.467254  0.475288  0.952490  0.952490
3 -0.769613 -0.076843 -0.741360  1.388260  0.945460 -0.692770 -0.692770

   new_col3
0  2.964732
1  2.472413
2  1.354355
3 -0.846455
```

删除列时，可以使用数据框中的 drop 方法，示例如下。

```
>sample.drop('a',axis=1)
          b         c         d         e
0  0.365733 -0.131883  1.243394 -0.080329
1  1.702117 -0.898848  0.665486 -0.788601
2  0.200933 -1.991247  1.467254  0.475288
3 -0.076843 -0.741360  1.388260  0.945460
```

删除多列时，可以使用如下方法：

```
>sample.drop(['a','b'],axis=1)
          c         d         e
0 -0.131883  1.243394 -0.080329
1 -0.898848  0.665486 -0.788601
2 -1.991247  1.467254  0.475288
3 -0.741360  1.388260  0.945460
```

9.1.2 条件查询

首先生成示例数据框，示例如下：

```
>sample =pd.DataFrame({'name':['Bob','Lindy','Mark',
                               'Miki','Sully','Rose'],
                       'score':[98,78,87,77,65,67],
                       'group':[1,1,1,2,1,2],})
>sample
   group   name  score
0      1    Bob     98
1      1  Lindy     78
2      1   Mark     87
3      2   Miki     77
4      1  Sully     65
5      2   Rose     67
```

1. 单条件查询

条件查询时，一般会使用一些比较运算符，例如 ">" "==" "<" ">=" "<="。bool 类型的索引可用于条件查询，例如 sample 数据框在查询 score 大于 70 的记录时，首先生成 bool 类型的索引，如下所示：

```
>sample.score > 70
0    True
1    True
2    True
3    True
4    False
5    False
Name: score, dtype: bool
```

再通过指定索引进行条件查询，返回 bool 值为 True 的数据：

```
>sample[sample.score > 70]
group    name    score
0    1    Bob      98
1    1    Lindy    78
2    1    Mark     87
3    2    Miki     77
```

Pandas 支持的比较运算符如表 9-1 所示。

表 9-1 Pandas 支持的比较运算符

运算符	意义	示例	返回值
==	相等	1==2	False
>	大于	1>2	False
<	小于	1<2	True
>=	大于等于	1>=2	False
<=	小于等于	1<=2	True
!=	不等于	1!=2	True

2. 多条件查询

多条件查询涉及 bool 运算符。Pandas 支持 bool 运算符"&""~""|"，分别代表逻辑运算"与""非""或"。

当进行多条件查询时，可以使用 bool 运算符生成完整的逻辑，例如查询组 1 且分数高于 70 的所有记录：

```
>sample[(sample.score > 70) & (sample.group ==1)] #与
group    name    score
0    1    Bob      98
1    1    Lindy    78
2    1    Mark     87
```

再例如，筛选非组 1 的所有记录：

```
>sample[~(sample.group ==1)] #非
group    name    score
3    2    Miki     77
5    2    Rose     67
```

筛选组 1 或组 2 的所有记录：

```
>sample[(sample.group ==2) | (sample.group ==1)]
    group  name  score
0     1    Bob    98
1     1    Lindy  78
2     1    Mark   87
3     2    Miki   77
4     1    Sully  65
5     2    Rose   67
```

3. query 方法

Pandas 数据框提供了 query 方法，其可以完成指定的条件查询，例如查询数据框 sample 中分数大于 90 的记录：

```
>sample.query('score > 90')
group  name  score
0    1   Bob    98
```

使用 query 方法进行多条件查询的代码如下：

```
>sample.query('(group ==2) |(group == 1)')
group  name  score
0    1   Bob    98
1    1   Lindy  78
2    1   Mark   87
3    2   Miki   77
4    1   Sully  65
5    2   Rose   67
```

4. 其他

Pandas 还提供了一些常用的条件查询方法，利用它们可以更加简便地完成查询任务，如表 9-2 所示。

表 9-2　Pandas 提供的常用的条件查询方法

方法	示例	对象	解释
between	Df [Df.col.between(10,20)]	pandas.Series	col 在 10 到 20 之间的记录
isin	Df [Df.col.isin(10,20)]	pandas.Series	col 等于 10 或 20 的记录
str.contains	Df [Df.col.str.contains('[M]+')]	pandas.Series	col 匹配以 M 开头的记录

between 方法类似于 SQL 中的 between and，例如查询 sample 中分数在 70 到 80 之间的记录，这里 70 与 80 的边界包含在内，若不希望包含在内，可以将 inclusive 参数设定为 False：

```
>sample[sample['score'].between(70,80,inclusive=True)]
group  name  score
1    1   Lindy  78
3    2   Miki   77
```

对于字符串列来说，可以使用 isin 方法进行查询，例如筛选姓名为 Bob、Lindy 的记录：

```
> sample[sample['name'].isin(['Bob','Lindy'])]
  group name  score
0   1    Bob   98
1   1    Lindy 78
```

此外，还可以使用正则表达式匹配进行查询，例如查询姓名以 M 开头的记录：

```
> sample[sample['name'].str.contains('[M]+')]
  group name  score
2   1    Mark  87
3   2    Miki  77
```

9.1.3 横向连接

Pandas 数据框提供了 merge 方法，以完成表的横向连接。这种连接操作与 SQL 语句的连接操作是类似的，包括内连接、外连接。此外，Pandas 提供了按照行索引进行横向连接的方法。

1. 内连接

内连接（Inner Join）：查询结果只包括两张表中匹配的观测，用法简单，但是在数据分析中应谨慎使用，否则容易造成样本的缺失，如图 9-3 所示。

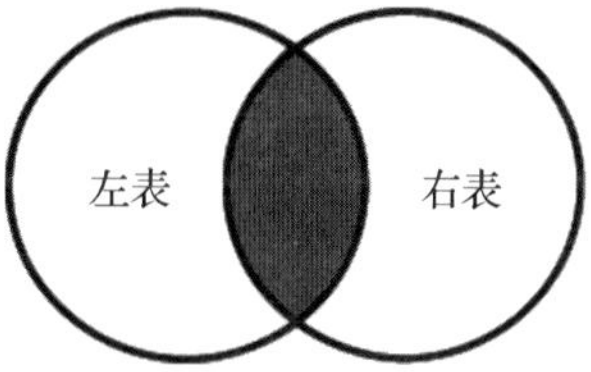

以两个数据框 df1 和 df2 为例：

```
> df1 = pd.DataFrame({'id':[1,2,3],
                      'col1':['a','b','c']})
> df2 = pd.DataFrame({'id':[4,3],
                      'col2':['d','e']})
> df1
  col1 id
0  a   1
1  b   2
2  c   3
> df2
  col2 id
0  d   4
1  e   3
```

图 9-3 内连接示意图

内连接是根据公共字段保留两表共有的信息。merge 函数中的 how = 'inner' 参数表示使用内连接，on 表示两表连接的公共字段，若公共字段在两表中的名称不一致，可以通过 left_on 和 right_on 指定，具体如下。

```
>df1.merge(df2,how='inner',on='id')
  col1 id col2
0  c   3   e
>df1.merge(df2,how='inner',left_on='id',right_on='id')
```

```
col1 id col2
0   c  3   e
```

2. 外连接

外连接（Outer Join）：包括左连接、右连接和全连接三种连接，如图 9-4 所示。

图 9-4　外连接示意图

左连接是以左表为基础根据参数 on 后给出的条件将两表连接起来。右表在左表中缺失的信息以 NaN 补全，具体可通过 merge 函数中的参数 how = 'left' 来实现，依旧以 df1 和 df2 为例：

```
> df1.merge(df2,how='left',on='id')
  col1 id col2
0   a  1  NaN
1   b  2  NaN
2   c  3  e
```

右连接和左连接相对。右连接是以右表为基础，根据参数 on 后给出的条件将两表连接起来。左表在右表中缺失的信息以 NaN 补全，具体操作通过 merge 函数中的参数 how = 'right' 实现，依旧以 df1 和 df2 为例：

```
> df1.merge(df2,how='right',on='id')
  col1   id  col2
0   c   3.0   e
1  NaN  4.0   d
```

全连接通过公共字段保留两表的全部信息。两表互相缺失的信息以 NaN 补全，具体操作通过 merge 函数中的参数 how = 'outer' 实现，依旧以 df1 和 df2 为例：

```
> df1.merge(df2,how='outer',on='id')
  col1   id  col2
0   a   1.0  NaN
1   b   2.0  NaN
2   c   3.0   e
3  NaN  4.0   d
```

3. 行索引连接

除了类 SQL 连接外，Pandas 也提供了直接按照行索引进行连接的方法，示例如下：

```
>df1 = pd.DataFrame({'id1':[1,2,3],
                     'col1':['a','b','c']},
                    index = [1,2,3])
```

```
>df2 = pd.DataFrame({'id2':[1,2,3],
                     'col2':['aa','bb','cc']},
                    index = [1,3,2])
>df1
  col1 id1
1  a   1
2  b   2
3  c   3
>df2
  col2 id2
1  aa  1
3  bb  2
2  cc  3
```

上述两表中,df1 行索引为 1、2、3,df2 行索引为 1、3、2。按照索引连接后,索引行会一一对应。pd.concat 可以完成横向和纵向合并,这可以通过参数"axis="来控制。参数 axis 为 1 时,表示进行横向合并,结果如下:

```
>pd.concat([df1,df2],axis=1)
   col1 id1 col2 id2
1   a   1   aa   1
2   b   2   cc   3
3   c   3   bb   2
>df1.join(df2)
   col1 id1 col2 id2
1   a   1   aa   1
2   b   2   cc   3
3   c   3   bb   2
```

9.1.4 纵向合并

某公司 4 个季度的销售数据分散于 4 张表中,4 张表的字段名及其含义完全相同。如果需要汇总全年的数据,那么需要拼接 4 张表,此时便涉及数据的纵向合并。

数据的纵向合并指将两张或多张表纵向拼接起来,使得原先两张或多张表的数据整合到一张表中,如图 9-5 所示。

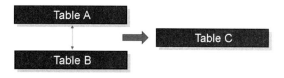

图 9-5 纵向合并数据示例

以 df1 和 df2 两个数据框为例,且列变量名称相同,合并代码如下:

```
> df1 = pd.DataFrame({'id':[1,1,1,2,3,4,6],
                      'col':['a','a','b','c','v','e','q']})
```

```
> df2 = pd.DataFrame({'id':[1,2,3,3,5],
                      'col':['x','y','z','v','w']})
> df1
  col  id
0   a   1
1   a   1
2   b   1
3   c   2
4   v   3
5   e   4
6   q   6
> df2
  col  id
0   x   1
1   y   2
2   z   3
3   v   3
4   w   5
```

Pandas 提供了 pd.concat 方法来完成表的纵向合并。当参数 axis 为 0 时，操作类似于 SQL 中的 UNION ALL 操作。ignore_index=True 表示忽略 df1 与 df2 原先的行索引进行合并，并重新排列索引，使用方法如下：

```
>pd.concat([df1,df2],ignore_index=True,axis=0)
   col  id
0    a   1
1    a   1
2    b   1
3    c   2
4    v   3
5    e   4
6    q   6
7    x   1
8    y   2
9    z   3
10   v   3
11   w   5
```

注意，这种纵向合并不去除完全重复的行。若希望纵向合并时去除重复的行，可直接调用数据框中的 drop_duplicates 方法。以下示例将重复的第一行去除。

```
>pd.concat([df1,df2],ignore_index=True).drop_duplicates()
  col  id
0   a   1
2   b   1
3   c   2
4   v   3
5   e   4
6   q   6
7   x   1
```

```
8    y    2
9    z    3
11   w    5
```

此外，在纵向合并时，若连接的表的列名或列数不一致，不一致的位置会产生缺失值。首先将 df1 的列 col 重新命名为 new_col：

```
>df3 = df1.rename(columns = {'col':'new_col'})
>df3
  new_col  id
0    a    1
1    a    1
2    b    1
3    c    2
4    v    3
5    e    4
6    q    6
```

再进行纵向合并，并在缺失值处填补 NaN：

```
>pd.concat([df1,df3],ignore_index=True).drop_duplicates()
    col  id  new_col
0    a    1   NaN
2    b    1   NaN
3    c    2   NaN
4    v    3   NaN
5    e    4   NaN
6    q    6   NaN
7   NaN   1    a
9   NaN   1    b
10  NaN   2    c
11  NaN   3    v
12  NaN   4    e
13  NaN   6    q
```

9.1.5 排序

在很多分析任务中，我们需要按照某个或某些指标对数据进行排序。根据排序的对象不同，排序可细分为 sort_values、sort_index、sortlevel，即对值进行排序、对索引进行排序以及对多维索引的级别进行排序。最常见的是按照值进行排序，示例如下：

```
>sample=pd.DataFrame({'name':['Bob','Lindy','Mark','Miki','Sully','Rose'],
'score':[98,78,87,77,77,np.nan],
'group':[1,1,1,2,1,2],})
>sample
  group  name   score
0   1    Bob    98.0
1   1    Lindy  78.0
2   1    Mark   87.0
```

```
3        2     Miki    77.0
4        1     Sully   77.0
5        2     Rose    NaN
```

以下代码实现降序排列学生成绩，第一个参数表示排序的依据列，此处设为 score。ascending=False 代表降序排列，设定为 True 时表示升序排列（默认）。na_position='last' 表示缺失值数据排在最后面（默认值），示例如下。该参数还可以设定为 'first'，表示缺失值数据排列在最前面：

```
>sample.sort_values('score',ascending=False,na_position='last')
group    name    score
0        1     Bob     98.0
2        1     Mark    87.0
1        1     Lindy   78.0
3        2     Miki    77.0
4        1     Sully   77.0
5        2     Rose    NaN
```

当然，排序的依据变量也可以是多个，例如按班级 (group)、成绩 (score) 升序排列：

```
>sample.sort_values(['group','score'])
group    name    score
4        1     Sully   77.0
1        1     Lindy   78.0
2        1     Mark    87.0
0        1     Bob     98.0
3        2     Miki    77.0
5        2     Rose    NaN
```

9.1.6 分组汇总

你希望找到每个销售区域最高销售量记录，这就涉及分组汇总。分组汇总操作中会涉及分组变量、度量变量和汇总统计量。Pandas 提供了 groupby 方法进行分组汇总。数据示例如下：

```
>sample = pd.read_csv('sample.csv', encoding='gbk')
>sample
   chinese  class  grade  math   name
0       88      1      1   98.0   Bob
1       78      1      1   78.0   Lindy
2       86      1      1   87.0   Mark
3       56      2      2   77.0   Miki
4       77      1      2   77.0   Sully
5       54      2      2   NaN    Rose
```

在数据框中，年级（grade）为分组变量，数学成绩（math）为度量变量，现需要查询一年级和二年级中数学最高成绩。groupby 中的参数 grade 表示数据中的分组变量，max 表示汇总统计量为最大，代码如下：

```
>sample.groupby('grade')[['math']].max()
         math
grade
198.0
277.0
```

1. 分组变量

在分组汇总时，分组变量可以有多个。例如，按照年级、班级顺序查询数学成绩平均值，此时在 groupby 后接多个分组变量，并以列表形式写出。结果中会产生多重索引，指代相应组的情况，如下所示：

```
>sample.groupby(['grade','class'])[['math']].mean()
              math
grade class
1     1      87.666667
2     1      77.000000
2            77.000000
```

2. 汇总变量

在分组汇总时，汇总变量也可以有多个，例如按照年级汇总数学、语文成绩，汇总统计量为均值。以下示例在 groupby 后直接使用中括号指定筛选的列，再接汇总统计量：

```
>sample.groupby(['grade'])['math','chinese'].mean()
         math        chinese
grade
1        87.666667   84.000000
2        77.000000   62.333333
```

3. 汇总统计量

groupby 后可接的汇总统计量如表 9-3 所示。

表 9-3 groupby 后可接的汇总统计量

统计量	解释
mean	均值
max	最大值
min	最小值
median	中位数
std	标准差
mad	平均绝对偏差
count	计数
skew	偏度
quantile	分位数

此外，agg 方法可以一次汇总多个统计量，例如，汇总各个班级数学成绩的均值、最大值、最小值，示例如下：

```
>sample.groupby('class')['math'].agg(['mean','min','max'])
       mean   min   max
class
1      85.0  77.0  98.0
2      77.0  77.0  77.0
```

注意，在分组汇总时，产生的结果并不是常见的二维表数据框，而是具有多重索引的数据框。下面简单介绍一下 Pandas 数据框的多重索引功能，以分组汇总数据框为例：

```
>df = sample.groupby(['grade','class'])['math','chinese']./
agg(['min','max'])
>df
              math         chinese
              min   max    min  max
grade class
1     1       78.0  98.0   78   88
2     1       77.0  77.0   77   77
      2       77.0  77.0   54   56
```

上述代码按照年级、班级对学生的数学、语文成绩进行分组汇总，汇总统计量为均值。此时，df 数据框中有两个行索引和两个列索引。

当需要筛选列时，第一个中括号表示筛选第一重列索引，第二个中括号表示筛选第二重列索引，例如查询各个年级、班级中数学成绩的最小值。

```
>df['math']['min']
grade  class
1      1      78.0
2      1      77.0
       2      77.0
```

此外，我们也可以使用 ix 方法查询指定的列，示例如下：

```
>df.ix[:,('math','min')]
grade  class
1      1      78.0
2      1      77.0
       2      77.0
```

注意，多重列索引以"()"方式写出。

类似地，查询行索引时，我们也可以以相同方式写出，例如查询一年级一班数学成绩的最小值，代码如下：

```
>df.ix[(2,2),('math','min')]
77
```

9.1.7 拆分与堆叠列

1. 拆分列

在处理数据时，有时要将原数据中的指定列按照列的内容拆分为新列，如图 9-6 所示。

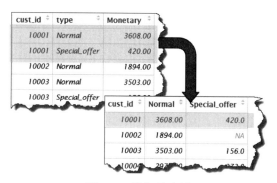

图 9-6 拆分列示例

具体来说，上述数据中原数据由标识变量 cust_id、分组变量 type、值变量 Monetary 组成。经过拆分后，原先分组变量 type 中的每个取值成为新列，相应值由原数据中值变量 Monetary 的取值填补。

Pandas 提供了 pd. pivot_table 函数来拆分列。

以如下数据为例：

```
>t
table = pd.DataFrame({'cust_id':[10001,10001,10002,10002,10003],
                    'type':['Normal','Special_offer',\
                            'Normal','Special_offer','Special_offer'],
                    'Monetary':[3608,420,1894,3503,4567]})
>table
   Monetary  cust_id           type
0      3608    10001         Normal
1       420    10001  Special_offer
2      1894    10002         Normal
3      3503    10002  Special_offer
4      4567    10003  Special_offer
```

现需要拆分 type 列为两列。这里使用的是 pd.pivot_table 函数，table 表示待拆分列的表，index 表示原数据中的标识列，columns 表示该变量中的取值将成为新变量的名称，values 表示待拆分的列。拆分列后默认汇总统计量为均值，且缺失值以 NaN 填补，结果如下：

```
>pd.pivot_table(table,index='cust_id',columns='type',values='Monetary')
type     Normal   Special_offer
cust_id
10001    3608.0           420.0
```

```
10002        1894.0              3503.0
10003         NaN                4567.0
```

此外，pd.pivot_table 函数还可内置 fill_value 参数和 aggfunc 函数，以便指定拆分列后的缺失值和分组汇总统计量。在如下拆分列操作中，缺失值填补为 0，汇总统计量为求和，代码如下：

```
>pd.pivot_table(table,index='cust_id',columns='type',values='Monetary',
        fill_value=0,aggfunc='sum')
type      Normal    Special_offer
cust_id
10001     3608.0         420.0
10002     1894.0        3503.0
10003        0          4567.0
```

2. 堆叠列

堆叠列是拆分列的反操作。当列中有多个数值变量时，我们可以通过堆叠列将多列数据堆积成一列，如图 9-7 所示。

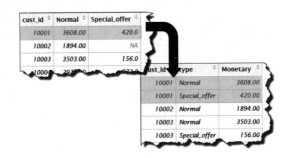

图 9-7　堆叠列示例

Pandas 提供了 pd.melt 函数来完成列堆叠。以之前已经拆分好列的数据为例：

```
>table1 = pd.pivot_table(table,index='cust_id',
                    columns='type',
                    values='Monetary',
                    fill_value=0,
                    aggfunc=np.sum).reset_index()
>table1
type   cust_id   Normal   Special_offer
0       10001     3608          420
1       10002     1894.0        3503.0
2       10003        0          4567
```

对 table1 执行堆叠列操作，table1 代表待堆叠列的列名，id_vars 代表标识变量，value_vars 代表待堆叠的变量，value_name 代表堆叠后值变量的名称，var_name 代表堆叠后堆叠变量的名称，如下所示：

```
>pd.melt(table1,
id_vars='cust_id',
value_vars=['Normal','Special_offer'],
value_name='Monetary',
var_name='TYPE')
     cust_id       TYPE     Monetary
0     10001        Normal      3608
1     10002        Normal      1894
2     10003        Normal         0
3     10001    Special_offer    420
4     10002    Special_offer   3503
5     10003    Special_offer   4567
```

9.1.8 赋值与条件赋值

1. 赋值

在一些特定场合下，我们可能会对原数据中的错误值、异常值进行修改，这会涉及类似 SQL 的 Insert 或 Update 操作。Pandas 提供了一些快速完成赋值操作的方法。

例如，将学生成绩 999 替换为缺失值：

```
>sample = pd.DataFrame({'name':['Bob','Lindy','Mark',
    'Miki','Sully','Rose'],
    'score':[99,78,999,77,77,np.nan],
    'group':[1,1,1,2,1,2],})
> sample
   group   name   score
0     1    Bob     99.0
1     1    Lindy   78.0
2     1    Mark   999.0
3     2    Miki    77.0
4     1    Sully   77.0
5     2    Rose     NaN
```

也可使用 replace 方法替换，代码如下：

```
>sample.score.replace(999,np.nan)
0     99.0
1     78.0
2      NaN
3     77.0
4     77.0
5      NaN
Name: score, dtype: float64
```

当遇到一次替换多个值时，我们还可以写成字典形式。以下操作将 score 列中所有的 999 替换为 nan，并将 name 列中的"Bob"替换为 nan。

```
>sample.replace({'score':{999:np.nan},
                'name':{'Bob':np.nan}})
   group   name   score
0    1     NaN    99.0
1    1     Lindy  78.0
2    1     Mark   NaN
3    2     Miki   77.0
4    1     Sully  77.0
5    2     Rose   NaN
```

2. 条件赋值

一般在修改数据时，都是先进行条件查询再进行赋值。这里介绍 Pandas 提供的条件赋值方法，以 sample 数据为例：

```
>sample
   group   name   score
0    1     NaN    99.0
1    1     Lindy  78.0
2    1     Mark   999
3    2     Miki   77.0
4    1     Sully  77.0
5    2     Rose   NaN
```

条件赋值可以通过 apply 方法完成。Pandas 提供的 apply 方法可以对数据框对象的行、列进行遍历，参数 axis 设定为 0 时代表对行进行循环，axis 设定为 1 时代表对列进行循环，且 apply 方法后接的汇总函数是可以自定义的。

现需要根据 group 列生成新列 class_n：当 group 为 1 时，class_n 列为 class1；当 group 为 2 时，class_n 列为 class2。apply 方法使用如下所示：

```
>def transform(row):
    if row['group'] == 1:
        return ('class1')
    elif row['group'] == 2:
        return ('class2')

>sample.apply(transform,axis=1)
0    class1
1    class1
2    class1
3    class2
4    class1
5    class2
dtype: object
```

然后通过 assign 方法加入数据：

```
>sample.assign(class_n = sample.apply(transform,axis=1))
   group   name   score   class_n
0    1     Bob    99.0    class1
```

```
1     1   Lindy    78.0  class1
2     1   Mark    999.0  class1
3     2   Miki     77.0  class2
4     1   Sully    77.0  class1
5     2   Rose      NaN  class2
```

除了 apply 方法外，我们还可以通过条件查询直接赋值，如下所示。注意，第一句 sample = sample.copy() 最好不要省略，否则可能发出警告信息。

```
>sample = sample.copy()
>sample.loc[sample.group==1,'class_n']='class1'
>sample.loc[sample.group==2,'class_n']='class2'
>sample
  group   name   score class_n
0     1    Bob    99.0  class1
1     1   Lindy   78.0  class1
2     1   Mark   999.0  class1
3     2   Miki    77.0  class2
4     1   Sully   77.0  class1
5     2   Rose     NaN  class2
```

9.2 数据清洗

数据清洗是数据分析的必备环节。在分析过程中，很多不符合要求的数据，例如重复值、缺失值、噪声值是需要清除的。

9.2.1 重复值处理

数据录入、整合过程中都可能产生重复数据。直接删除是重复数据处理的主要方法。Pandas 提供了查看、处理重复数据的方法——duplicated 和 drop_duplicates。以如下数据为例：

```
>sample = pd.DataFrame({'id':[1,1,1,3,4,5],
                        'name':['Bob','Bob','Mark','Miki','Sully','Rose'],
                        'score':[99,99,87,77,77,np.nan],
                        'group':[1,1,1,2,1,2],})
>sample
  group  id  name   score
0     1   1    Bob   99.0
1     1   1    Bob   99.0
2     1   1   Mark   87.0
3     2   3   Miki   77.0
4     1   4  Sully   77.0
5     2   5   Rose    NaN
```

通过 duplicated 方法查看重复数据：

```
>sample[sample.duplicated()]
  group  id  name  score
1     1   1   Bob   99.0
```

通过 drop_duplicates 方法完成去重：

```
>sample.drop_duplicates()
  group  id  name  score
0     1   1   Bob   99.0
2     1   1  Mark   87.0
3     2   3  Miki   77.0
4     1   4  Sully  77.0
5     2   5  Rose    NaN
```

drop_duplicates 方法可以实现某列去重，例如去除 id 列重复的数据：

```
>sample.drop_duplicates('id')
  group  id  name  score
0     1   1   Bob   99.0
3     2   3  Miki   77.0
4     1   4  Sully  77.0
5     2   5  Rose    NaN
```

9.2.2 缺失值处理

缺失值是数据清洗中比较常见的问题，一般由 NA 表示。在处理缺失值时，我们要遵循一定的原则。

首先，根据业务理解处理缺失值，弄清楚缺失值产生的原因是故意缺失还是随机缺失，再通过一些业务经验进行填补。一般来说，当缺失值少于总量的 20% 时，连续变量可以使用均值或中位数填补；当缺失值占比处于总量的 20%～80% 之间时，填补方法同上。分类变量不需要填补，单算一类即可，或者用众数填补。另外，每个有缺失值的变量可以生成一个指示哑变量，并参与后续的建模。当缺失值多于 80% 时，每个有缺失值的变量生成一个指示哑变量，并参与后续的建模，不使用原始变量。

图 9-8 展示了中位数填补缺失值过程。

Pandas 提供了 fillna 方法，以便替换缺失值。其功能类似于之前的 replace 方法，示例如下：

```
> sample
   group   id  name  score
0    1.0  1.0   Bob   99.0
1    1.0  1.0   Bob    NaN
2    NaN  1.0  Mark   87.0
3    2.0  3.0  Miki   77.0
4    1.0  4.0  Sully  77.0
5    NaN  NaN   NaN    NaN
```

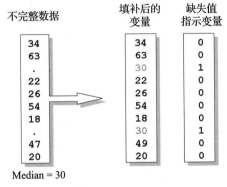

图 9-8　缺失值填补示例

1. 缺失值查看和填补

（1）查看缺失值

在数据分析前，一般需要了解数据的缺失情况。在 Python 中，我们可以构造一个 lambda 函数来查看缺失值。在 lambda 函数中，sum(col.isnull()) 表示当前列有多少缺失，col.size 表示当前列总共有多少行数据。

```
>sample.apply(lambda col:sum(col.isnull())/col.size)
group    0.333333
id       0.166667
name     0.166667
score    0.333333
dtype: float64
```

（2）以指定值填补

Pandas 数据框提供 fillna 方法来完成对缺失值的填补，例如对 sample 表的 score 列以均值填补缺失值：

```
>sample.score.fillna(sample.score.mean())
0    99.0
1    85.0
2    87.0
3    77.0
4    77.0
5    85.0
Name: score, dtype: float64
```

当然，我们还可以以分位数等进行填补：

```
>sample.score.fillna(sample.score.median())
0    99.0
1    82.0
2    87.0
3    77.0
4    77.0
5    82.0
Name: score, dtype: float64
```

2. 生成缺失值指示变量

Pandas 数据框对象可以直接调用 isnull 方法生成缺失值指示变量，例如生成 score 变量的缺失值指示变量：

```
>sample.score.isnull()
0    False
1     True
2    False
3    False
4    False
5     True
Name: score, dtype: bool
```

若想转换为数值型指示变量，可以使用 apply 方法。int 表示将某列数据类型转换为 int 类型。

```
>sample.score.isnull().apply(int)
0    0
1    1
2    0
3    0
4    0
5    1
Name: score, dtype: int64
```

9.2.3 噪声值处理

噪声值指数据中有一个或几个数值与其他数值差异较大，又称为异常值、离群值。

对于大部分模型而言，噪声值会严重干扰模型的结果，并且使结论不真实，如图 9-9 所示。我们需要在数据预处理的时候清除所以噪声值。噪声值的处理方法很多。对于单变量，常见的方法有盖帽法、分箱法；对于多变量，常见的处理方法为聚类法。

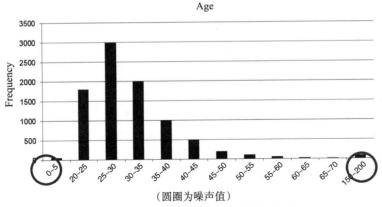

图 9-9　噪声值（异常值、离群值）示例

1. 盖帽法

盖帽法是将某连续变量均值上下三倍标准差范围外的记录替换为均值上下三倍标准差值，如图 9-10 所示。

在 Python 中，我们可自定义函数实现盖帽处理。如下所示，参数 x 表示一个 pd.Series 列，quantile 表示盖帽的范围，默认凡小于百分之 1 分位数和大于百分之 99 分位数的值将会被百分之 1 分位数和百分之 99 分位数替代：

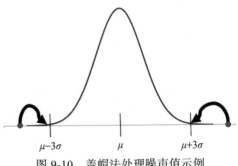

图 9-10　盖帽法处理噪声值示例

```
>def cap(x,quantile=[0.01,0.99]):
    """盖帽法处理异常值
    Args:
        x: pd.Series列,连续变量
        quantile:指定上下分位数范围
    """

#生成分位数
    Q01,Q99=x.quantile(quantile).values.tolist()

#替换异常值为指定的分位数
    if Q01 > x.min():
        x = x.copy()
        x.loc[x<Q01] = Q01

    if Q99 < x.max():
        x = x.copy()
        x.loc[x>Q99] = Q99

    return(x)
```

现生成一组服从正态分布的随机数,sample.hist 表示生成直方图(更多绘图方法会在第 10 章讲解),如图 9-11 所示。

```
>sample = pd.DataFrame({'normal':np.random.randn(1000)})
>sample.hist(bins=50)
```

对 Pandas 数据框对象所有列通过盖帽法进行转换,写法如下。对比图 9-12 可以看出,盖帽后极端值频数的变化。

```
>new = sample.apply(cap,quantile=[0.01,0.99])
>new.hist(bins=50)
```

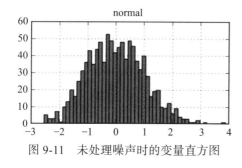

图 9-11　未处理噪声时的变量直方图

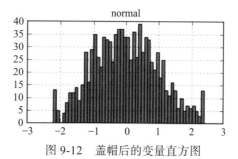

图 9-12　盖帽后的变量直方图

2. 分箱法

分箱法包括等深分箱、等宽分箱。等深分箱:每个分箱中的样本量一致;等宽分箱:每个分箱中的取值范围一致。

比如价格排序后的数据为:4、8、15、21、21、24、25、28、34。

将其划分为等深箱：

箱1：4、8、15

箱2：21、21、24

箱3：25、28、34

将其划分为等宽箱：

箱1：4、8

箱2：15、21、21、24

箱3：25、28、34

分箱法有消除异常数据的作用，比如异常大的数值会被包含在取值最大的数据分箱中。Pandas 提供了 cut 函数来实现分箱。下面具体介绍如何实现分箱。

（1）等宽分箱

cut 函数可以直接进行等宽分箱，但需要指定待分箱的列和分箱个数两个参数。如下所示，sample 数据的 int 列为 10 个服从标准正态分布的随机数：

```
>sample =pd.DataFrame({'normal':np.random.randn(10)})
>sample
   normal
0   0.065108
1  -0.597031
2   0.635432
3  -0.491930
4  -1.894007
5   1.623684
6   1.723711
7  -0.225949
8  -0.213685
9  -0.309789
```

可以看到，分箱后的变量按照宽度分为 5 份。cut 函数自动选择该变量的最小值作为下限，最大值作为上限，等分为 5 份，生成一个 Categories 类的列，以表示分类变量列。

此外，若数据存在缺失，缺失值将在分箱后继续保持缺失，如下所示：

```
>pd.cut(sample.normal,5)
0    (-0.447, 0.277]
1    (-1.17, -0.447]
2    (0.277, 1.0]
3    (-1.17, -0.447]
4    (-1.898, -1.17]
5    (1.0, 1.724]
6    (1.0, 1.724]
7    (-0.447, 0.277]
8    (-0.447, 0.277]
9    (-0.447, 0.277]
Name: normal, dtype: category
Categories (5, interval[float64]): [(-1.898, -1.17] < (-1.17, -0.447] < (-0.447, 0.277] < (0.277, 1.0] < (1.0, 1.724]]
```

这里也可以使用 labels 参数指定分箱后各个水平的标签。下面示例中相应区间值被标签值替代：

```
> pd.cut(sample.normal,bins=5,labels=[1,2,3,4,5])
0    1
1    1
2    2
3    2
4    3
5    3
6    4
7    4
8    5
9    5
Name: normal, dtype: category
Categories (5, int64): [1 < 2 < 3 < 4 < 5]
```

标签除了可以设定为数值，也可以设定为字符。下面示例将数据等宽地分为两箱，标签为 bad、good：

```
>pd.cut(sample.normal,bins=2,labels=['bad','good'])
0    bad
1    bad
2    bad
3    bad
4    bad
5    good
6    good
7    good
8    good
9    good
Name: normal, dtype: category
Categories (2, object): [bad < good]
```

（2）等深分箱

在等深分箱中，各个箱的宽度可能不一，但频数几乎是相等的，所以可以采用数据的分位数进行分箱。以之前的 sample 数据为例，现等深度分 2 箱，首先找到 2 箱的分位数：

```
>sample.normal.quantile([0,0.5,1])
0.0    0.0
0.5    4.5
1.0    9.0
Name: normal, dtype: float64
```

在 bins 参数中设定分位数区间，include_lowest=True 参数表示包含边界最小值：

```
>pd.cut(sample.normal,bins=sample.normal.quantile([0,0.5,1]),
 include_lowest=True)
0    [0, 4.5]
1    [0, 4.5]
2    [0, 4.5]
```

```
3      [0, 4.5]
4      [0, 4.5]
5      (4.5, 9]
6      (4.5, 9]
7      (4.5, 9]
8      (4.5, 9]
9      (4.5, 9]
Name: normal, dtype: category
Categories (2, object): [[0, 4.5] < (4.5, 9]]
```

此外，我们也可以加入 label 参数指定标签，如下所示：

```
>pd.cut(sample.normal,bins=sample.normal.quantile([0,0.5,1]),
  include_lowest=True)
0      bad
1      bad
2      bad
3      bad
4      bad
5      good
6      good
7      good
8      good
9      good
Name: normal, dtype: category
Categories (2, object): [bad < good]
```

3. 聚类法

通过快速聚类法将数据对象分成多个簇。同一个簇中的对象具有较高的相似度，而不同的簇之间对象差别较大。聚类分析可以挖掘孤立点，以发现噪声数据，因为噪声本身就是孤立点。

本案例考虑两个变量——收入和年龄，其散点图如图 9-13 所示，其中 A、B 表示异常值。

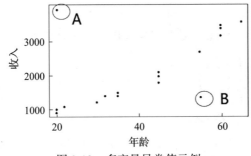

图 9-13 多变量异常值示例

聚类方法对异常值的处理如下所示。

输入：数据集 S（包括 N 条记录，属性集 D：{年龄、收入}）。一条记录为一个数据点，一条记录的每个属性值为一个数据单元格。数据集 S 有 $N×D$ 个数据单元格，其中某些数据单元格包含噪声数据。

输出：孤立数据点。孤立点 A 是噪声数据，很明显它的噪声属性是收入。我们可以对收入变量使用盖帽法剔除点 A。

另外，数据点 B 也是一个噪声数据，但是我们很难判定它在哪个属性上出现错误。在这种情况下，我们只可以使用多变量方法进行处理。

常用的检查异常值聚类算法为 K-means 聚类，这会在后续章节详细介绍，本节不赘述。

9.3 实战

接着 1.1 节淘宝店家做客户激活的案例，rfm_trad_flow 为某段时间内（2009 年 5 月至 2010 年 9 月）某零售商客户的消费记录，其中"记录 ID"为主键，详细变量说明如表 9-4 所示。该数据是一个较为普遍的事务性数据库中的交易流水。我们做一次促销，首先需要明确哪些客户对打折商品感兴趣。

表 9-4 rfm_trad_flow 的变量说明

名 称	类 型	标 签
trad_id	数值	记录 ID
cust_id	数值	客户编号
time	日期	收银时间
amount	数值	销售金额
type_label	字符	销售类型：特价、退货、赠送、正常
type	字符	销售类型，同上，英文显示为 Special_offer、returned_goods、Presented、Normal

从流水数据提取客户行为变量的方法为 RFM 模型。我们先了解该方法，然后再讲解如何转换数据。

9.3.1 提取行为特征的 RFM 方法

根据美国数据库营销研究所 Arthur Hughes 的研究，客户数据库中有 3 个重要指标。
- 最近一次消费（Recency）：客户上一次购买的时间。上一次消费时间越近的客户，对提供的即时商品或服务也最有可能有所反应。
- 消费频率（Frequency）：客户在限定期间内购买的次数。最常购买的客户，也是满意度最高的客户。这个指标是"忠诚度"很好的代理变量。
- 消费金额（Monetary）：最近消费的平均金额，是体现客户短期价值的重要变量。如果你的预算不多，而且只能提供服务信息给 2000 个顾客，那么你会将服务信息提供给对收入贡献 10% 的大顾客，还是那些对收入贡献不到 1% 的小顾客呢？数据库营销有时就是这么简单，而且这样的营销所节省下来的成本会很可观。

如图 9-14 所示，RFM 模型展现了按购买行为分组后的客户情况。比如重要保持客户消费额度高、消费频繁，而且最后一次购买距离当前时间较短。这表明此类客户是一个持续消费的"高富帅"，是重要价值客户，需要悉心维护。而一般挽留客户由于购买频次和消费额度都较低，而且消费时间较长。这类客户对我们的产品的兴趣和持续性都不大，不需要花过多的成本进行维护，只需要做简单的营销，甚至不营销都可以。

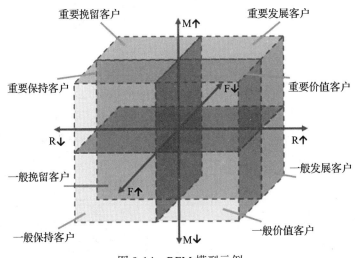

图 9-14　RFM 模型示例

9.3.2　使用 RFM 方法计算变量

简单起见，我们只分析客户不同类型的购物金额，即 M，这需要按照客户 ID 和购物类别，计算购物总花费金额。

```
M=trans_flow.groupby(['cumid', 'type'])[[ 'amount']].sum()
```

汇总之后的长表数据如图 9-15a 所示，转换后的宽表如图 9-15b 所示。

图 9-15　长表转换为宽表示意

下面按照 cumid 分组，对 amout 变量进行拆分，拆分后的变量名由 type 的不同取值提供。

```
M_trans=pd.pivot_table(M,index='cumid',columns='type',values='amount')
```

转换后的数据集中，每个客户只有一条记录，这种形式也被称为宽表，是数据分析中常用的格式。

用户的购买频次 F 及最近一次消费 R 的计算方法类似，只需按用户分组后分别汇总任意变量的频次以及 time 变量的最大值即可，这里留给读者练习。

9.3.3 数据整理与汇报

有时，我们希望计算特价商品的购买比例。该比例越高，说明客户对打折商品越感兴趣。但是，该指标不能直接计算，因为 Special_offer 有大量的缺失值（NaN），这是由于很多客户从未购买过打折商品，因此该变量的缺失值需要用 "0" 替换。

```
M_trans['Special_offer']=M_trans['Special_offer'].fillna(0)
```

最后，计算购买特价商品的比例，并按降序排列：

```
M_trans['spe_ratio']=M_trans['Special_offer']/(M_trans['Special_offer']+M_trans['Normal'])
M_trans.sort_values('spe_ratio',ascending=False,na_position='last').head()
```

排在最上面的就是打折商品偏好最高的客户，从上至下依次递减。排序结果如图 9-16 所示。

type cumid	Normal	Presented	Special_offer	returned_goods	spe_ratio
10151	765.0	0.0	870.0	NaN	0.532110
40033	1206.0	0.0	761.0	-848.0	0.386884
40236	1155.0	0.0	691.0	-793.0	0.374323
30225	1475.0	0.0	738.0	-301.0	0.333484
20068	1631.0	0.0	731.0	-239.0	0.309483

图 9-16　用户对打折商品的偏好排序

为了提升促销的效果，只要按照图 9-16 中的结果由上至下筛选客户，并选定对打折偏好较高的部分用户进行定向营销即可。

统计分析篇

- 第 10 章 数据科学的统计推断
- 第 11 章 构造连续变量的预测模型
- 第 12 章 构造二分类变量的预测模型
- 第 13 章 描述性数据分析方法
- 第 14 章 时间序列分析

第 10 章

数据科学的统计推断

对于判断某市住宅价格增长率是否达到国家限定的阈值（假设阈值为10%）的问题，简单的做法是先抽样，即选择该市部分住宅的相关价格，得到抽样数据，再计算住宅价格增长率。但这样做有以下几点疑问。

1）如何选取数据进行抽样？

2）假设计算出的增长率为12.8%，比国家规定的阈值大，那么2.8%的差异是真实的增长，还是抽样带来的误差？

这就涉及统计推断知识。统计推断在社科以及工程领域应用广泛。

在数据分析与数据挖掘时，统计推断是重要的必备知识。本章主要介绍统计推断的基础知识以及如何利用Python和SAS EG实现统计推断。

10.1 基本的统计学概念

本节主要介绍数据分析时用到的统计学中的基本概念，即总体、样本、统计量、两种估计方法，以及统计学中的基本理论，即中心极限定理。

10.1.1 总体、样本和统计量

对客观事物进行研究时，总体是所有研究个体的集合，比如研究北京的住宅价格，那么北京全部住宅的价格就是总体，某一个住宅的价格就是个体，如图10-1所示。

从总体中抽取部分个体，就形成了样本。样本是总体中的某个子集。在实际研究中，总体的信息往往难以获取，所以在对总体的一些指标进行推断时需要进行抽样，即通过推断样本统计量估计总体参数。

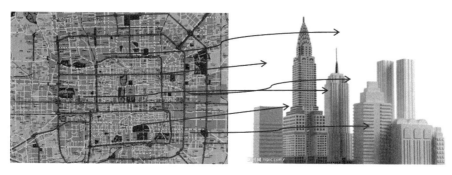

图 10-1　总体与样本

既然是通过样本估计总体，样本是否能够代表总体就是一个需要重视的问题。如果样本量能够达到一定要求，且个体被抽中的可能性均等，那么样本就是有代表性的。本书中假定样本能够代表总体。

常见的统计量有均值、方差和标准差（如图 10-2 所示），这些概念在 3.1 节介绍过。这里只强调总体参数与样本统计量的区别：总体参数在很多情况下是未知的，而样本统计量是可以通过样本计算得到的。

	总体参数	样本统计量
均值/均数	μ	$\bar{x}$
方差	σ^2	s^2
标准差	σ	s

图 10-2　总体参数与常用的样本统计量

10.1.2　点估计、区间估计和中心极限定理

点估计与区间估计是通过样本统计量估计总体参数的两种方法。前者直接以样本统计量替代总体参数，后者能够确定样本统计量的上下限区间，并在一定程度上保证估计总体参数在这个区间内。

1. 点估计

点估计是最直接的一种估计方式，即使用样本统计量估计总体参数（如图 10-3 所示）。以北京住宅价格为例，假定 2016 年 5 月北京市住宅总体均价增长率为 10%，经过抽样，计算出样本中的北京市住宅价格增长率为 10%。那么，通过点估计，我们可推断北京市住宅总体的价格增长率为 10%。

点估计用起来虽然简单，但难以保证结论的准确性。例如随机抽样刚好抽到的住宅价格都比较高（尽管可能性不大，但仍旧有这种可能），那么用点估计确定总体增长率就不准确，推断也不可靠。

$\bar{x}$ 估计 μ
S 估计 σ

这种"刚好抽到住宅价格都比较高"的情况就是抽样偏差。这种　　图 10-3　点估计示意

偏差并不是错误,而是必然。

2. 区间估计和中心极限定理

区间估计不同于点估计,其能够提供待估计参数的置信区间和保证程度(置信度)。例如,有95%的可能性可以确定总体增长率在3%到10%之间,其中3%到10%就是置信区间,95%是置信度。

相较于点估计,区间估计虽然不能给出精确的值,但能够保证精确程度。那么,区间估计是如何做到的呢?

样本均值本身是近似服从正态分布的,具体表现为如果抽样多次,每次抽样都可以得到一个均值,产生的多个均值服从正态分布。

中心极限定理阐述了一个规律:若样本的数据量足够大,样本均值是近似服从正态分布的。以下是一个相关案例。

图10-4a是总体分布。可以看到,其右偏严重;当抽样的样本量为5时,抽样多次,其均值分布向正态分布靠拢,如图10-4b所示;当样本量逐渐增大,例如为10和30时,其均值分布更加趋于正态分布,如图10-4c和图10-4d所示。

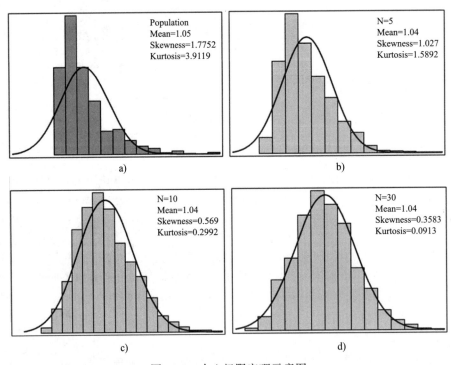

图10-4 中心极限定理示意图

以北京市住宅价格增长率为例,根据中心极限定理,样本均值服从正态分布。假定总体均值为10%,由于抽样误差的存在,实际一次抽样(样本量n足够大)的样本均值是一个服从正态分布的随机变量(值有可能是 7.4%,也有可能是 11.6%,离 10% 越近的可能性越高)。如图 10-5 所示,可以看到,7.4% 的增长率均值处于数轴左边缘,离中心较远,而 11.6% 的增长率均值则离中心相对较近些。

反过来看,如果实际进行了一次抽样,并计算得到均值(假定为 $\bar{\mu}$),那么再抽样一次(理论上)的均值最有可能也是 $\bar{\mu}$(也有可能大于或小于 $\bar{\mu}$,离 $\bar{\mu}$ 越近的可能性越高)。既然知道了样本均值服从正态分布,利用正态分布的性质,可以推断样本均值出现在某区间的概率。样本均值出现在 $\bar{\mu}$ 上下一倍、两倍、三倍标准差范围内的概率分别是 68%、95%、99%,如图 10-6 所示。

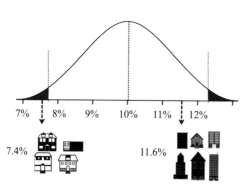

图 10-5 北京房价抽样均值分布

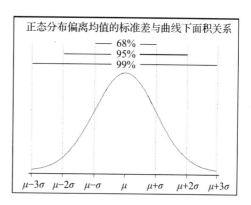

图 10-6 正态分布标准差与区间概率关系

按照这个思路,我们可以从理论上计算样本均值大概率(置信度)会出现的区间,而总体均值大概率会落在这个范围内。例如置信度为 95%,我们可以使用样本均值在标准误差(简称标准误)上下两倍范围内对总体均值进行估计,如图 10-7 所示。

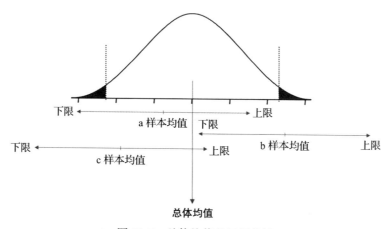

图 10-7 总体均值的区间估计

图 10-7 演示了三个抽样结果均值的置信区间与总体均值的关系(需要明确,实际上只

会有一次抽样）。以 c 样本为例，假如总体分布是已知的（均值为 μ），c 样本的均值落在小概率区间（曲线下阴影范围），说明 c 样本不大可能会出现；反过来，如果实际抽样的结果是 c，μ 真的是总体均值的可能性也很小，此时完全有理由怀疑总体均值不为 μ。

以上所述就是区间估计的原理。我们虽然知道样本均值，但是样本分布的标准差是未知的，所以区间估计的关键是计算样本均值分布的标准差。

经过证明，正态分布下，样本均值分布的标准差（一般称为标准误差或标准误）计算公式如下：

$$样本均值分布的标准差 = \frac{S}{\sqrt{n}}$$

其中，S 代表总体标准差（一般而言，总体标准差是未知的，但可以以样本的标准差作为总体标准差的估计值），置信区间就可以随之确定：

$$\bar{x} \pm t \cdot S_{\bar{x}} \quad 或 \quad (\bar{x} - t \cdot S_{\bar{x}}, \bar{x} + t \cdot S_{\bar{x}})$$

其中，$\bar{x}$ 表示样本均值；t 表示概率度，在本案例中为 2（严格来说是 1.98）；$S_{\bar{x}}$ 表示样本均值分布的标准差。

下面演示利用 Python 进行区间估计，步骤如下。

1）载入数据，住宅价格增长率数据（house-price-gr.csv）包含住宅小区名 dis_name 和价格增长率 rate。

```
import pandas as pd

house_price_gr=pd.read_csv('house_price_gr.csv',encoding='gbk')
house_price_gr.head()
```

	dis_name	rate
0	东城区甘南小区	0.169747
1	东城区察慈小区	0.165484
2	东城区胡家园小区	0.141358
3	东城区台基厂小区	0.063197
4	东城区青年湖小区	0.101528

由于数据集中包含中文，因此 encoding 参数设置为 gbk。

2）查看增长率的分布情况。为了计算均值的标准误，我们要考察变量是否符合正态分布，并绘制带辅助线的直方图：

```
%matplotlib inline
import seaborn as sns
from scipy import stats

sns.distplot(house_price_gr.rate, kde=True, fit=stats.norm.norm)
```

○ 出于版本兼容问题，如果代码执行不成功，可以修改 kde 参数为 False。

也可以使用 Q-Q 图反映变量与正态分布的接近程度：

```
import statsmodels.api as sm
from matplotlib import pyplot as plt

fig = sm.qqplot(house_price_gr.rate, fit=True, line='45')
fig.show()
```

上面代码使用第三方库 seaborn 绘制直方图。其并不包含在 Anaconda 的默认安装中，因此需要自己安装。在 cmd 中，我们可使用 pip install seaborn 或者 conda install seaborn 进行安装。

绘制的直方图与 Q-Q 图见图 10-8 和图 10-9。其中，左侧为直方图，可以看出增长率分布近似为正态分布；右侧为 Q-Q 图，图中样本点越趋近于直线，说明原变量越趋近于正态分布，可见增长率分布比较接近正态分布。

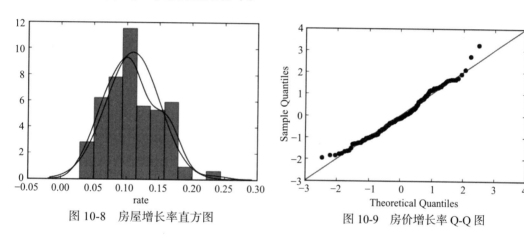

图 10-8　房屋增长率直方图　　　　　图 10-9　房价增长率 Q-Q 图

3）计算增长率的均值和标准误，并计算 95% 置信度下的区间：

```
se = house_peice_gr.rate.std() / len(house_price_gr) ** 0.5
LB = house_peice_gr.rate.mean()- 1.98 * se
UB = house_peice_gr.rate.mean() + 1.98 * se
(LB,UB )
(0.10337882853175007,0.11674316487209624 )
```

结果表明，区间为 0.1033788 到 0.1167432，表示 95% 置信度下，住宅价格增长率的总体均值位于 [0.1033788 ,0.1167432] 区间。

如果想计算不同置信度下的区间，可以定义以下函数，如下所示：

```
def confint(x, alpa=0.5):
    n = len(x)
    xb = x.mean()
    df = n-1
    tmp = (x.std() / n ** 0.5) * stats.t.ppf(1-alpha/2, df)
    return{'Mean': xb, 'Degree of Freedom':df, 'LB':xb-tmp, 'UB':xb=tmp}
```

```
confint(house_price_gr.rate,0.01)
{'Degree of Freedom':149,
 'LB':0.10339228338892809,
 'Mean':0.11006099670192315,
 'UB':0.11672971001491822}
```

如上例结果表明，在99%置信度下，总体均值会在 [0.1033923 ,0.1167297] 区间。

10.2 假设检验

正如其字面含义一样，"假设检验"是我们在研究随机变量时，对分布的性质（参数）进行一定的假设，然后通过证据（抽样）来检验我们对参数的假设是否合理的过程。可以认为，假设检验与参数估计从一正一反两个方向来推断随机变量的分布性质（参数）。

10.2.1 理论介绍

通俗地说，如果假设"总体均值为 μ"，那么实际抽样的均值离 μ 越近意味着假设越合理；相反地，实际抽样均值离 μ 越远意味着假设越不合理。这就是假设检验的基本逻辑。其中，实际抽样结果与假设的差异程度可以用概率值表示（称为 p-value）。概率值越大，意味着实际与假设越无差异（越接近）。人为设定一个 p-value 阈值，以便判断差异程度（"有差异"或"无差异"），这个阈值就是显著性水平。

统计上的假设检验是一个标准化流程，包括设置原假设与备择假设、确定显著性水平、收集数据、计算统计量以及查表获取 p-value 值。本节只做要点提示，详细内容请参考龚德恩主编的《经济数学基础（第三分册：概率统计）》。

1）设置原假设实际上是设置等值假设。设置原假设有两个原因：第一，比如我们在打靶时要有明确的目标，而设置等值假设是为了更好地命中目标。比如假设住房价格的增长率是12%，这样目标就明确了。只要得到的数据平均数和12%差别足够大，我们就可以拒绝原假设。如果原假设设置的增长率不是12%，我们有办法拒绝这个原假设吗？读者可以把这个问题作为思考题。第二，大部分统计检验方法是在等值假设的基础上计算统计量的，比如单样本 t 检验公式的分子是样本的统计量减去原假设的值。如果不是等值假设，t 检验该如何构造统计量呢？我们做分析时一般会找到一个最简单的方法构造统计指标，因此原假设都是等值假设。

2）显著性水平的设置。说到显著性水平的设置，就要提一下两类统计错误，如图10-10所示。

	接受 H_0	拒绝 H_0
H_0 为真	正确	α 型错误（Ⅰ型）
H_0 为假	β 型错误（Ⅱ型）	正确

图 10-10 假设检验的两类错误

图中 α 型错误就是第一类统计错误，虽然一般我们认为显著性越小越好，但是随着显著度的减小，第二类统计错误（β 型错误）会明显。如图 10-11 所示，μ_0 为原假设，μ_1 为备择假设。α 值是阈值点 $\overline{X}_\alpha$ 以右、以 μ_0 为均值的分布曲线下的面积；β 值是阈值点 $\overline{X}_\alpha$ 以左、以 μ_1 为均值的分布曲线下的面积。α 取值越小，阈值越向右移，β 值越大，因此不建议 α 取值过小。当样本量达到几百时，一般设置 α 值为 5%、1%；当样本量只有几十时，可以设置 α 值为 10%。只有样本量在四五千以上时，才会将 α 值设置为 0.1%。

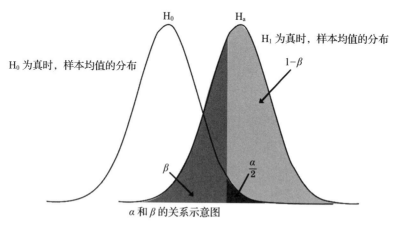

图 10-11　α 型错误与 β 型错误示意图

以抛硬币为例，假设硬币正面向上的概率为 0.5，显著性水平为 0.05，抛该硬币 100 次，发现正面向上的概率为 0.1。经过统计学检验，发现显著性水平小于 0.05，即差异是显著的，那么我们完全有理由拒绝原假设，即硬币正面向上的概率不是 0.5。

再以北京市住宅价格增长率为例，如果想知道北京市住宅价格增长率是否是 10%，可以先假设北京市住宅价格增长率为 10%，显著性水平为 0.05，抽样发现样本住宅价格增长率均值为 7.4%，经过统计学检验，发现 p-value 小于显著性水平 0.05（可以认为，实际抽样结果对 10% 这一假设的支持程度低于 0.05，或者实际结果与假设接近的程度低于 0.05），即差异是显著的，那么我们有理由拒绝原假设，即北京市住宅增长率均值不是 10%。若原假设不变，抽样发现住宅价格增长率为 9.5%，虽然也有 0.5% 的差异，但是差异较小（p-value 大于显著性水平 0.05），那么我们就不能拒绝原假设，即没有足够充分的证据（抽样结果即证据）证明北京市住宅价格增长率不是 10%，如图 10-12 所示。

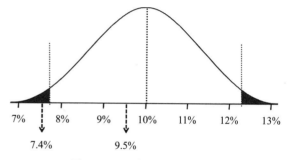

图 10-12　原假设与抽样结果

1. 单样本 t 检验

单样本 t 检验是最基础的假设检验。

其利用来自某总体的样本数据，推断总体均值是否与假设的检验值存在显著差异，是对总体均值的假设检验。

对于单样本 t 检验，假设原假设为总体均值等于 μ_0，备择假设为总体均值不等于 μ_0，先计算出样本均值为 $\bar{x}$，样本标准差为 $S_{\bar{x}}$。

检验的统计量如下，服从 t 分布：

$$t = \frac{(\bar{x} - \mu_0)}{S_{\bar{x}}}$$

再根据计算出的统计量 P 值判断是否拒绝原假设。P 值大于显著性水平，则无法拒绝原假设；P 值小于显著性水平，则拒绝原假设，接受备择假设。

2. 双样本 t 检验

单样本 t 检验是在比较假设的总体均值与样本均值的差异是否显著，双样本 t 检验在于检验两个样本均值的差异是否显著。在数据分析中，双样本 t 检验常用于检验某二分类变量区分下的某连续变量是否有显著差异，如表 10-1 所示。

表 10-1　变量类型与假设检验方法（t 检验）

预测变量 X		被预测变量 Y 分类（二分）	连续
单个变量	分类（二分）	列联表分析|卡方检验	双样本 t 检验
	分类（多个分类）	列联表分析|卡方检验	单因素方差分析
	连续	双样本 t 检验	相关分析
多个变量	分类	逻辑回归	多因素方差分析|线性回归
	连续	逻辑回归	线性回归

双样本 t 检验是检验两个样本的均值是否相同，原假设 $H_0: \mu_1 = \mu_2$，备择假设 $H_1: \mu_1 \neq \mu_2$。计算 t 统计量：$t = \frac{(\bar{X}_1 - \bar{X}_2) - (\mu_1 - \mu_2)}{S_{x_1-x_2}} = \frac{\bar{X}_1 - \bar{X}_2}{S_{x_1-x_2}}$，$v = n_1 + n_2 - 2$（$v$ 代表自由度）。由于该统计量在不同显著性下对应的阈值受两组数据的标准差是否相等的影响，因此需要使用 F 检验进行方差齐性（方差等价）检验。其原假设是两组的方差相等。当检验结果不显著时，不能拒绝原假设，即认为两者是相等的，不需要对 t 的阈值进行调整。当方差齐性检验显著时，拒绝原假设，需要对 t 的阈值进行调整。注意，调整的具体公式超出了本书的范畴，请参考龚德恩的《经济数学基础（第三分册）》。

$$H_0: \sigma_1^2 = \sigma_2^2 \qquad H_1: \sigma_1^2 \neq \sigma_2^2$$

$$F = \frac{\max(s_1^2, s_2^2)}{\min(s_1^2, s_2^2)}$$

双样本 t 检验流程如图 10-13 所示。

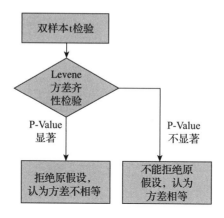

图 10-13 两样本 t 检验的流程图

10.2.2 利用 Python 实现单样本 t 检验

下面利用 Python 进行单样本 t 检验，示例如下：

```
d1=sm.stats.DescrStatsW(house_price_gr.rate)
print('t-statistic=%6.4f, P-value=%6.4f, df=%s'%d1.ttest_mean(0.1))
#一般认为FICO高于690的客户信誉较高，请检验该产品的客户整体信用是否高于690

t-statistic=2.9812, P-value=0.0034, df=149.0
```

首先，样本住房增长率均值为 11.0%，原假设中总体均值为 10%，经过单样本 t 检验，P 值为 0.003355。如果指定显著性水平为 0.05，则可以拒绝原假设，即该样本不是来自均值为 10% 的总体。

10.2.3 利用 SAS EG 实现单样本 t 检验

回到房屋价格增长率是否超过限值的例子，原假设 $H_0: \mu_0=0.1$，备择假设 $H_1: \mu_0\neq0.1$。计算 t 统计量：$t=\dfrac{(\bar{x}-\mu_0)}{S_{\bar{x}}}=\dfrac{(0.11-0.1)}{0.0034}=2.98$，其中 0.11 为样本均值，0.1 来自原假设，0.0034 为样本均值的标准误。2.98 的 t 值大致对应 1% 的显著度。使用 HOUSE_PRICE_GR 数据集在 SAS EG 中进行单样本 t 检验的步骤如图 10-14 所示。

10.2.4 利用 SAS EG 实现双样本 t 检验

双样本 t 检验在 SAS EG 中的操作如图 10-15 所示。

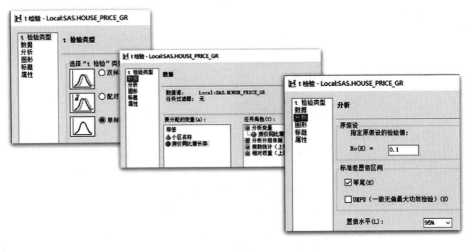

图 10-14 数据集在 SAS EG 中进行单样本 t 检验的步骤

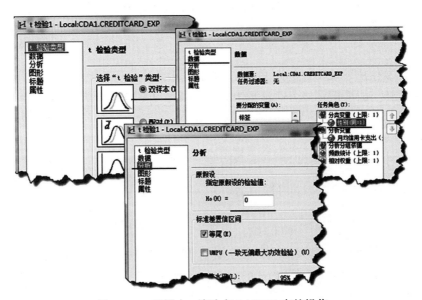

图 10-15 双样本 t 检验在 SAS EG 中的操作

双样本 t 检验的输出如下,由于方差等价检验的 P 值较大(差异不显著),因此不能拒绝方差相等的假设。本例中"汇总"的 t 检验结果如图 10-16 所示。

本书仅在双样本 t 检验部分讲解方差齐性检验知识,在单因素方差分析中略过了此内容，主要有三个原因：操作方法完全一样，这里不赘述；随着模型复杂度增加，方差齐性检验的可靠度下降，甚至无法执行，比如多因素方差分析中无法进行方差齐性检验，SAS EG 的线性模型中也没有提供方差齐性检验；商业数据分析一般是多变量建模，通过对因变量进行函数转换满足方差齐性的要求。

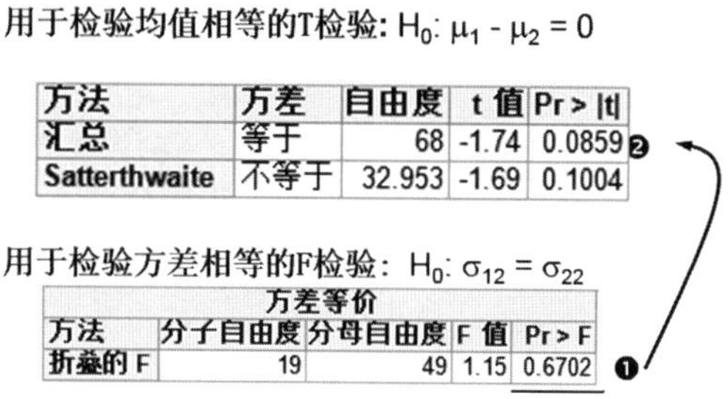

用于检验均值相等的T检验：$H_0: \mu_1 - \mu_2 = 0$

方法	方差	自由度	t 值	Pr > |t|
汇总	等于	68	-1.74	0.0859 ❷
Satterthwaite	不等于	32.953	-1.69	0.1004

用于检验方差相等的F检验：$H_0: \sigma_1^2 = \sigma_2^2$

	方差等价		
方法	分子自由度	分母自由度	F 值	Pr > F
折叠的 F	19	49	1.15	0.6702 ❶

图 10-16　"汇总"的 t 检验结果

10.2.5　利用 Python 实现双样本 t 检验

下面研究信用卡消费受性别的影响是否显著。首先导入数据，代码和输出结果如表 10-2 所示。

表 10-2　creditcard_exp 数据导入及输出结果

```
creditcard_exp =pd.read_csv('creditcard_exp,csv', skipinitialspace=Ture)
creditcard_exp =creditcard_exp.dropna(how'any')
creditcard_exp.head()
```

	id	Acc	avg_exp	avg_exp_ln	gender	Age	Income	Ownrent	Selfempl	dist_home_val
0	19	1	1217.03	7.104169	1	40	16.03515	1	1	99.93
1	5	1	1251.50	7.132098	1	32	15.84750	1	0	49.88
3	86	1	856.57	6.752936	1	41	11.47285	1	0	16.10
4	50	1	1321.83	7.186772	1	28	13.40915	1	0	100.39
5	67	1	816.03	6.704451	1	41	10.03015	0	1	119.76

这里，数据集为 creditcard_exp，数据集中变量 avg_exp 为信用卡消费，gender 为性别。然后对数据分组汇总，代码及输出结果如表 10-3 所示。

表 10-3　按照性别分组后的月均支出的描述性分析结果

```
credtcard_exp['avg_exp'] . groupby(creditcard_exp['gender']). Describe()

0        count        50.000000
         Mean         925.705200
         std          430.833365
         min          163.180000
         25%          593.312500
         50%          813.650000
         75%          1204.777500
         max          1992.390000
1        count        20.000000
         mean         1128.531000
         std          426.281389
         min          648.150000
         25%          829.860000
         50%          2020.005000
         75%          1238.202500
         max          2430.030000
Name: avg_exp, dtype: float64
```

可以看到，男性（0）信用卡消费平均数为 925.7 元，女性（1）信用卡消费平均数为 1129.0 元。显然，男性和女性信用卡消费是有差异的。接下来，使用双样本 t 检验查看这种差异是否显著。

在使用双样本 t 检验前，有三个基本条件需要考虑。

1）观测样本相互独立：观测样本之间不能相互影响。

2）两组样本均服从正态分布：样本服从正态分布（如图 10-17 所示）。

3）两组样本的方差是否相同：视其是否相同，采用不同的统计量进行检验。

因此，在进行双样本 t 检验前，我们需要进行方差齐性分析，如图 10-18 所示。

图 10-17 男性与女性信用卡消费分布差异

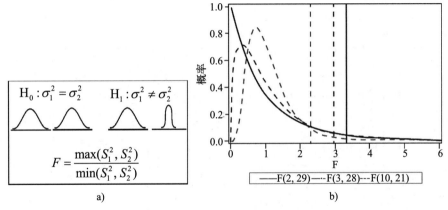

图 10-18 方差齐性检验及 F 分布曲线

方差齐性检验的原假设为两组样本方差相同。检验的统计量 F 由两组样本方差中的最大值除以最小值得到（图 10-18a）。可以证明，该统计量服从 F 分布（图 10-18b），若抽样结果计算的 F 值落在分布曲线的小概率区间内，差异显著（即两样本方差不同），可以拒绝原假设；反之，相反。

综上所述，双样本 t 检验流程如下。

❑ 获取两组样本数据，计算其均值。

❑ 执行方差齐性检验。

❑ 若方差齐，则执行方差齐的双样本 t 检验；若方差不齐，则执行方差不齐的双样本 t 检验。

下面继续研究信用卡消费与性别的关系，先执行方差齐性检验：

```
gender0 = creditcard_exp[creditcard_exp['gender'] == 0]['avg_exp']
gender1 = creditcard_exp[creditcard_exp['gender'] == 1]['avg_exp']
```

```
leveneTestRes = stats.leven(gender0,gender1,center='median')
print('w-value=%6.4f, p-value=%6.4f'%leveneTestRes)

w-value=0.0683, p-value=0.7946
```

首先执行方差齐性检验,发现 P 值为 0.7946,即男性消费样本与女性消费样本的方差是相同的。因此执行方差齐的双样本 t 检验:

```
stats.stats.ttest_ind(gender0,gender1,equal_var=True)

Ttest_indResult(statistic=-1.7429013868086289, pvalue=0.085871228784484485)
```

结果表明 P 值为 0.08,若以 0.05 为显著性水平,说明男性与女性在信用卡消费上无显著差异。

10.3 方差分析

方差分析用于检验多个样本的均值是否有显著差异,可分析多于两个分类的分类变量与连续变量的关系,如表 10-4 所示。

例如,想要知道信用卡消费是否受教育程度的影响,这种影响是否显著。其中,教育程度是一个多分类变量。

表 10-4 变量类型与假设检验方法(方差分析)

预测变量 X	被预测变量 Y	分类(二分)	连续
单个变量	分类(二分)	列联表分析|卡方检验	双样本 t 检验
	分类(多个分类)	列联表分析|卡方检验	单因素方差分析
	连续	双样本 t 检验	相关分析
多个变量	分类	逻辑回归	多因素方差分析|线性回归
	连续	逻辑回归	线性回归

10.3.1 利用 Python 实现单因素方差分析

单因素方差分析可以得到不同因素对观测变量的影响程度。这里,因素的不同水平表示因素不同的状态或者等级。

我们在研究信用卡消费是否受教育程度的影响时,可以使用单因素方差分析。其使用的前提条件与双样本 t 检验的前提条件相似。

1)变量服从正态分布。
2)观测样本相互独立。
3)需要验证组间的方差是否相同,即方差齐性检验。

注意,在方差分析中,原假设为所有组的方差相等,备择假设为至少有两组方差不等,如图 10-19 所示。

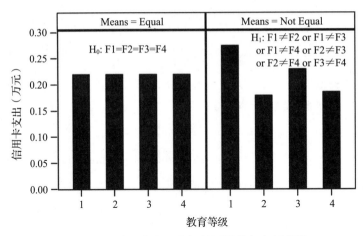

图 10-19　单因素方差分析的原假设与备择假设

在单因素方差分析中，数据的总误差可以解释为组内误差及组间误差。二者的区别在于找到类别相同的组间变异（SS_M）和组内变异（SS_E）之间的关系，其中组内变异是同类别下数据的离均差平方和，代表同类别下数据变异的程度；组间变异是组内均值与总均值的离均差平方和，代表不同类别下数据变异的程度。组间变异与组内变异之和为总变异（SS_T）。相关公式如下所示。

$$SS_T = \sum_{i=1}^{k}\sum_{j=1}^{n_i}(x_{ij}-\bar{x})^2 = \sum_{i=1}^{k}\sum_{j=1}^{n_i}(x_{ij}-\bar{x}_{n_i}+\bar{x}_{n_i}-\bar{x})^2$$

$$= \sum_{i=1}^{k}\sum_{j=1}^{n_i}(x_{ij}-\bar{x}_{n_i})^2 + \sum_{i=1}^{k}\sum_{j=1}^{n_i}(\bar{x}_{n_i}-\bar{x})^2 + \sum_{i=1}^{k}\left[2(\bar{x}_{n_i}-\bar{x})\sum_{j=1}^{n_i}(x_{ij}-\bar{x}_{n_i})^2\right]$$

$$= \sum_{i=1}^{k}\sum_{j=1}^{n_i}(x_{ij}-\bar{x}_{n_i})^2 + \sum_{i=1}^{k}\sum_{j=1}^{n_i}(\bar{x}_{n_i}-\bar{x})^2 + \sum_{i=1}^{k}\left[2(\bar{x}_{n_i}-\bar{x})\left(\sum_{j=1}^{n_i}x_{ij}-n_i\bar{x}_{n_i}\right)\right]$$

$$= \sum_{i=1}^{k}\sum_{j=1}^{n_i}(x_{ij}-\bar{x}_{n_i})^2 + \sum_{i=1}^{k}n_i(\bar{x}_{n_i}-\bar{x})^2 = SS_E + SS_M$$

其中，SS_E 是组内离差平方和，受随机误差的影响；SS_M 是组间离差平方和，受不同类别的影响，如图 10-20 所示。如果原假设成立，组内均方 $SS_E/(n-k)$ 与组间均方 $SS_M/(k-1)$ 之间的差异不会太大；如果组间均方明显大于组内均方，说明类别对观测变量的影响显著。所以，观测均值在不同类别下的差异转化为比较组间均方和组内均方之间的差异。

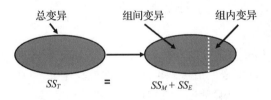

图 10-20　数据变异的分解

在进行单因素方差分析时,首先计算所有类别下数据的均值,如图10-21所示。

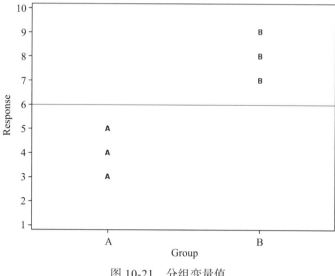

图 10-21　分组变量值

该数据的均值如图10-21中黑线所示。

接下来计算总变异,总变异即数据的方差,如图10-22所示。

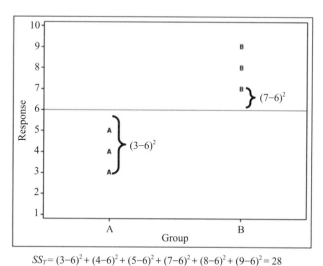

$SS_T = (3-6)^2 + (4-6)^2 + (5-6)^2 + (7-6)^2 + (8-6)^2 + (9-6)^2 = 28$

图 10-22　总变异的计算过程

该数据的总变异为28。

接下来研究组内变异(SS_E)和组间变异(SS_M),分别如图10-23和图10-24所示。

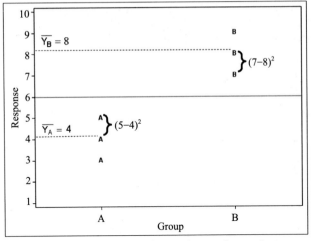

$SS_E = (3-4)^2 + (4-4)^2 + (5-4)^2 + (7-8)^2 + (8-8)^2 + (9-8)^2 = 4$

图 10-23　组内离差平方和计算过程

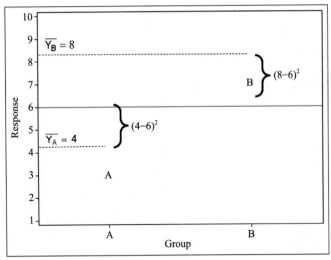

$SS_M = 3 \times (4-6)^2 + 3 \times (8-6)^2 = 24$

图 10-24　组间离差平方和计算过程

通过组间差异平方和，我们可以构造 F 统计量。F 统计量有两个自由度：模型自由度和残差自由度。F 统计量的构造：

$$F(\text{模型自由度},\text{残差自由度}) = \frac{\dfrac{\text{模型解释的离差平方和}}{\text{模型自由度}}}{\dfrac{\text{残差离差平方和}}{\text{残差自由度}}} = \frac{SS_M / k}{SS_E / n} = \frac{MS_M}{MS_E}$$

F 统计量分布的形态随分子和分母中自由度的变化而变化,形成一簇正偏态分布的曲线。当 $α=0.05$ 时,F 统计量及其临界值如图 10-25 所示。

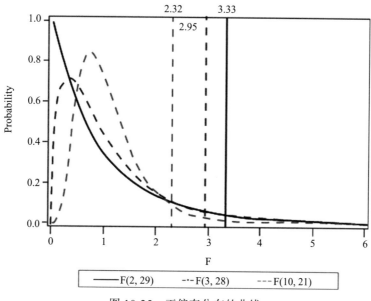

图 10-25　正偏态分布的曲线

如果通过计算得到的 F 值大于临界值,则拒绝原假设;如果通过计算得到的 F 值小于临界值,则接受原假设。一般而言,我们通过判断 P 值来判断 F 统计量是否显著。

决定系数 R^2 指的是总变异中可用模型解释的比例,用来判断模型的总体解释力度。方差分析模型及以后的模型构建中都要用到决定系数 R^2,以便对模型整体的解释力度有一个大致的判断。决定系数 R^2 的计算公式为:

$$R^2 = \frac{\text{模型解释的离差平方和}}{\text{总离差平方和}} = \frac{\Sigma(\hat{y}_i - \overline{y})^2}{\Sigma(y_i - \overline{y})^2} = \frac{SS_M}{SS_T}$$

单因素方差分析的另一种表示方法类似于回归:

$$Y_i = \mu + \tau_i + \varepsilon_i$$

因变量=原假设成立设定的平均值+平均数值的变更效应+残差

其中,i 表示分类自变量的第 i 个水平。

利用 Python 实现单因素方差分析的方法如下:

```
edu = []
for i in range(4):
    edu.append(creditcard_exp[creditcard_exp['edu_class']== i][ 'avg_exp'])
stats.f_oneway(*edu)

F_onewayResult(statistic=31.825683356937645, pvalue=7.658361691248968e-13)
```

从结果上看，F 值为 31.8，P 值接近于 0，所以拒绝原假设，即教育程度会显著影响信用卡消费。上面的方法主要是要求按照分类变量排序，是一个比较基础的方法。

10.3.2 利用 SAS EG 实现单因素方差分析

银行需要了解信用卡消费是否受教育程度的影响，如图 10-26 所示。该数据保存在 CREDITCARD_EXP 中。

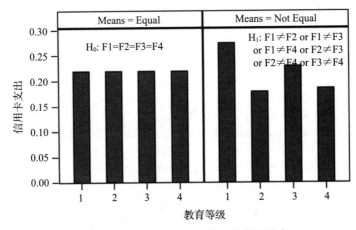

图 10-26 信用卡消费受教育程度的影响

下面利用 SAS EG 实现该分析，具体步骤如下。

（1）确定方差分析原假设和备择假设

原假设：不同教育等级的客户的信用卡支出水平完全相同；

备择假设：不同教育等级的客户的信用卡支出水平至少有一个是不相同的。

在确定原假设和备择假设的过程中，需要充分考虑数据的来源、模型的构建以及实际操作的难度等问题。这需要进行逻辑判断，并在实际操作中不断地积累经验。在 SAS EG 中，单因素方差分析默认的原假设是各组的样本均值相等。

（2）建立方差分析模型

方差分析模型为：信用卡支出（Y_{ik}）= 基准值（μ）+ 教育程度（τ_i）+ 未被解释的变异（ε_{ik}）。

公式为：$Y_{ik} = \mu + \tau_i + \varepsilon_{ik}$

此处，我们需要将教育等级（具有 4 个水平的分类变量）重新编码为 3 个哑变量（或者称为虚拟变量）。编码方式如图 10-27 所示。

图 10-27 4 个水平的编码方式

用公式表示为：

$$Y_{ki} = \mu_{14} + (\mu_{11} - \mu_{14}) I(X_1 = 1) + (\mu_{12} - \mu_{14}) I(X_1 = 2) + (\mu_{13} - \mu_{14}) I(X_1 = 3) + \varepsilon_{ki}$$

其中，μ_{14} 代表教育等级为 4（研究生及以上）时的平均信用卡支出。I 是一个真假运算符，当括号中的条件满足时，其值为 1；当不满足时，其值为 0。比如，$(\mu_{11} - \mu_{14}) I(X_1 = 1)$ 的意思是当教育等级为 1（小学及以下）时，其值为小学及以下的个体的平均信用卡支出减去研究生及以上的个体的平均信用卡支出的值。

（3）对该方差模型进行描述性统计，同时验证方差分析的基本假设是否成立

方差分析的基本假设包括：观测样本相互独立、误差服从正态分布以及所有组的响应方差是相等的。好的数据收集方法可以保证方差分析的独立性假设，且其诊断图可用于验证误差是近似正态分布这一假设。在线性模型任务中，我们可以进行等方差检验。

首先，打开"描述→汇总统计量"对话框，将月均信用卡支出（连续变量）作为分析变量，将教育等级作为分类变量，并对两变量之间关系进行描述，如图 10-28 所示。

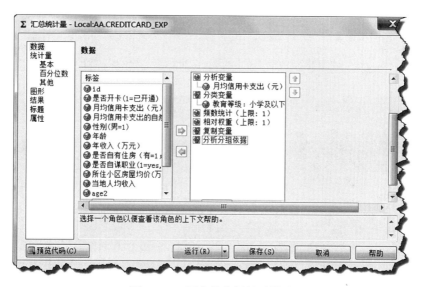

图 10-28　两变量之间关系描述

其次，在"图形"选项卡下选择盒须图，以便描述分类变量的分布状况，如图 10-29 所示。从图 10-29 中可以看出，不同教育等级人群每月个人信用卡支出的均值（菱形表示）和中位数（中间实线表示）是不同的。因此，我们有必要进行方差分析。

描述统计后，对变量进行单因素方差分析。打开"分析→ANOVA→线性模型"对话框，将月均信用卡支出（连续变量）作为因变量，将教育等级作为分类变量，如图 10-30 所示。

然后确定模型的构造，在"模型"菜单下选择"教育等级"作为该模型的主效应。由于是单因素方差分析，因此模型中只存在主效应，如图 10-31 所示。

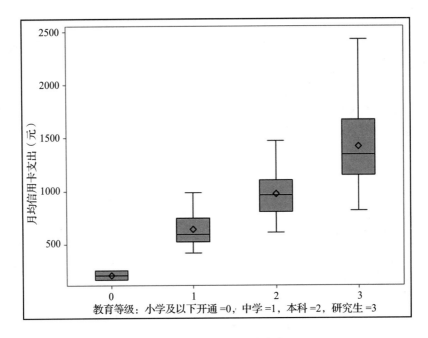

图 10-29 分类变量的分布状况

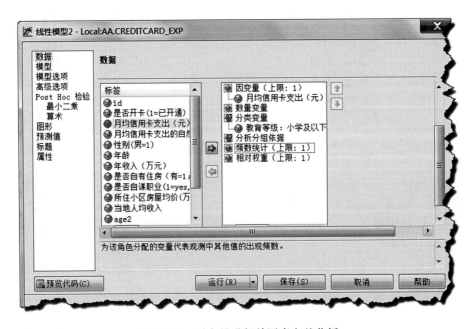

图 10-30 对变量进行单因素方差分析

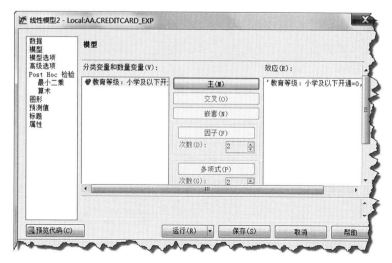

图 10-31　模型的主效应

方差分析中的预测值是组平均值。残差是变量观察值和预测值之间的差值。在"预测值"菜单下选择预测值保存的基本设置,如图 10-32 所示。

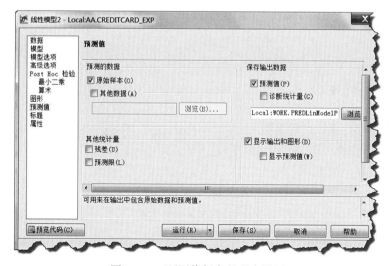

图 10-32　预测值保存的基本设置

(4) 对模型结果进行分析

单击"运行"按钮后,输出结果给出了总离差平方和、模型和残差的离差平方和、模型和残差的均方、F 统计量和显著度。R 方代表模型总体的解释力度,这里表明教育等级解释了信用卡支出约 59% 的变异,如图 10-33 所示。

输出结果同样给出了每个变量总体的解释力度,即展示了每个变量的 F 检验结果,一般只看Ⅲ型平方和结果。Ⅰ型平方和主要用于判定内嵌式模型的解释力度,此处不适用,如图 10-34 所示。

源	自由度	平方和	均方	F 值	Pr > F
模型	3	8126056.42	2708685.47	31.83	<.0001
误差	66	5617263.24	85110.05		
校正合计	69	13743319.66			

R 方	变异系数	均方根误差	avg_exp 均值
0.591273	29.65838	291.7363	983.6554

图 10-33　教育等级解释信用卡支出的变异

源	自由度	I 型 平方和	均方	F 值	Pr > F
edu_class	3	8126056.422	2708685.474	31.83	<.0001

源	自由度	III 型 平方和	均方	F 值	Pr > F
edu_class	3	8126056.422	2708685.474	31.83	<.0001

图 10-34　内嵌式的模型结果

同时，可以得到变量的每个水平的估计系数，如图 10-35 所示。

这里的"估计"等同于回归结果，表明不同教育等级之间的差异。以最后一个水平（硕士研究生）作为基准水平（1422），每个估计值是每个水平与基准水平的差异。比如，小学学历的持卡人比硕士学历的持卡人月均支出少 1214 元，平均支出为 208 元。

参数	估计		标准误差	t 值	Pr > |t|
截距	1422.280909	B	62.1983810	22.87	<.0001
edu_class 0	-1214.910909	B	215.4615120	-5.64	<.0001
edu_class 1	-780.343083	B	87.0004340	-8.97	<.0001
edu_class 2	-448.959605	B	87.0004340	-5.16	<.0001
edu_class 3	0.000000	B	.	.	.

图 10-35　变量每个水平的估计系数

根据方差分析表中的 P 值，该案例中 P 值小于 α，则拒绝原假设，即不同教育等级的客户的信用卡支出水平至少有一个是不相同的。

10.3.3　利用 Python 实现多因素方差分析

单因素方差分析可以检验一个分类变量与一个连续变量之间的关系。多因素方差分析可以检验多个分类变量与一个连续变量的关系。

在多因素方差分析中，除考虑多个分类变量对连续变量的影响外，还应考虑分类变量之间的交互效应。例如，在探讨信用卡消费与性别、教育程度的关系时，应考虑性别与教育程度的交互效应，即教育程度对不同性别的信用卡消费人群的影响可能存在差异。有无交互效应的方差分析公式分别如下：

无交互效应的方差分析公式：

$$Y_{ij} = \mu + \alpha_i + \tau_j + \varepsilon_{ij}$$

因变量 = 原假设成立均值 + 自变量 α 的变更效应 + 自变量 τ 的变更效应 + 残差

其中，i 表示分类自变量 α 的第 i 个水平，j 表示分类自变量 τ 的第 j 个水平。

有交互效应的方差分析公式：

$$Y_{ij} = \mu + \alpha_i + \tau_j + \alpha_i \times \tau_j + \varepsilon_{ij}$$

因变量 = 原假设成立平均数 + 自变量 α 的变更效应 + 自变量 τ 的变更效应 + 交互相应 + 残差

其中，i 表示分类自变量 α 的第 i 个水平，j 表示分类自变量 τ 的第 j 个水平。

下面是一个关于信用卡消费与性别、教育程度的关系的实例。这里通过构建线性回归模型进行方差分析，在后续章节会介绍如何通过最小二乘法构建线性回归模型。

首先介绍无交互效应的方差分析，代码和输出结果如表 10-5 所示。

表 10-5 无交互效应的方差分析的代码和输出结果

```
ana = ols('ayg_exp ~ C(edu_class) + C(gender)',
          data=creditcard_exp).fit()
sm.stats.anova_lm(ana)
```

	df	sum_sq	mean_sq	F	PR(>F)
C(edu_class)	3.0	8.126056e+06	2.708685e+06	31.578365	1.031496e-12
C(gender)	1.0	4.178273e+04	4.178273e+04	0.487111	4.877082e-01
Residual	65.0	5.575481e+06	8.577662e+04	NaN	NaN

需要注意的是,教育程度 0（研究生）与性别水平 0（男性）都变成了参照水平,即不加入模型（可以使用 ana.summary() 查看）。从单因素方差分析结果可以看到,不同教育等级的平均支出存在显著差异,而不同性别的平均支出没有显著差异。

接下来介绍有交互效应的方差分析,代码和输出结果如表 10-6 所示。

表 10-6 有交互效应的方差分析的代码和输出结果

```
ana1 = ols('avg_exp ~ C(edu_class) + C(gender) +C(edu_class)*C(gender)',
           data= creditcard_exp).fit()
sm.stats.anova_lm(ana1)
```

	df	sum_sq	mean_sq	F	PR(>F)
C(edu_class)	3.0	8.126056e+06	2.708685e+06	33.839350	3.753889e-13
C(gender)	1.0	4.178273e+04	4.178273e+04	0.521988	4.726685e-01
C(edu_calss):C(gender)	3.0	5.476737e+05	1.825579e+05	2.280678	8.786000e-02
Residual	63.0	5.042862e+06	8.004544e+04	NaN	NaN

可以看到,教育程度与性别的交互项对平均支出的影响是显著的。

ana1 的基本信息输出如下：

```
ana1.summary()
```

带交互项的多因素方差分析的回归系数如表 10-7 所示。

表 10-7 带交互项的多因素方差分析的回归系数

	coef	std err	t	P>|t|	[95.0% Conf.Int.]	
Intercept	207.3700	200.057	1.037	0.304	−192.412	607.152
C(edu_class)[T.1]	417.8090	209.367	1.996	0.050	−0.577	836.195
C(edu_class)[T.2]	732.2613	212.977	3.438	0.001	306.661	1157.861
C(edu_class)[T.3]	1346.5708	216.086	6.232	0.000	914.757	1778.384
C(gender)[T.1]	−0.0168	67.939	−0.000	1.000	−135.782	135.749
C(edu_class)[T.1]:C(gender)[T.1]	192.7428	162.889	1.183	0.241	−132.765	518.251
C(edu_class)[T.2]:C(gender)[T.1]	96.8755	110.846	0.874	0.385	−124.632	318.383
C(edu_class)[T.3]:C(gender)[T.1]	−289.6350	109.331	−2.649	0.010	−508.115	−71.155

可以看到,加入交互项后,除了之前的参照水平男性（gender:0）和参照水平研究生（edu_class:0）外,交互组多了参照水平男性研究生（gender0*edu_class0）。注意,在加入

交互项后,教育程度的显著性水平发生了细微的变化,而女性相比于男性对信用卡消费的影响也变得显著起来。在交互项中,相比于男性研究生而言,处于第一种教育程度的女性对信用卡消费的影响较显著(略微大于 0.05);处于第二种教育程度的女性对信用卡消费影响显著;处于第三种教育程度的女性在这里是缺失值,因而没有进行参数估计。

10.3.4 利用 SAS EG 实现多因素方差分析

如果银行需要知道信用卡消费程度是否受教育程度和性别因素的影响,就需要用双因素方差分析方法进行判断。本节主要讲解双因素方差分析,顾名思义就是拥有两个自变量的方差分析。它又可以分为有交互项和无交互项的方差分析。

- 无交互项:信用卡支出 = 教育等级 + 性别;
- 有交互项:信用卡支出 = 教育等级 + 性别 + 教育等级 * 性别。

如果模型中只有研究变量和控制变量,则不需要交互项。如果模型中除了研究变量和控制变量,还有调节变量,则需要交互项。

在模型中,解释变量的类型包括研究变量、控制变量、调节变量和中介变量。

- 研究变量:只在解释类模型中出现,是该研究中最关心的变量,比如,新药试验中用药量这个变量。
- 控制变量:除研究变量之外,任何对 Y 有影响的变量,而且对研究变量没有调节作用。该类变量只起到承担方差分量的作用。比如,教育水平和年龄对个人收入都有影响,年龄和教育水平可能相关,但是年龄的变化对教育水平、收入都不存在影响。
- 调节变量:如果变量 Y 与研究变量 X 的关系是变量 M 的函数,则称 M 为调节变量。比如,社区医疗费用的投入对社区人群健康状况的改善受到社区平均收入的影响。
- 中介变量:考虑研究变量 X 对因变量 Y 的影响,如果 X 通过影响变量 M 来影响 Y,则称 M 为中介变量。比如,产品的某一项功能的提升影响客户满意度,进而影响客户忠诚度,则客户满意度就是中介变量。

在控制试验中,方差分析中是否含有交互项是很明确的。如果两个因素对实验结果的影响相互独立,可分别判断因素 A 和因素 B 对实验数据的影响,则只考虑主效应,使用无交互方差分析;反之,使用有交互方差分析。比如,对于随机区组设计,除了主要研究的变量之外,其他因素都是控制变量,只起到降低变异(方差分量)的作用。在回顾性研究中,由于事前无法进行有效的控制,而且对于各因素对结果的影响缺乏理论认识,因此,除非有理论支持交互项是没有意义的,否则在可通过统计检验交互项的显著度来决定是否使用交互项。

继续分析信用卡消费案例,修改双因素方差分析模型,如图 10-36 所示。

如果对多变量之间的交互行为没有理论判断,

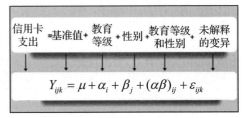

图 10-36 双因素方差分析模型

或者对当前研究的模型并不了解，我们可以只通过检验交互项是否显著，决定模型中是否考虑加入交互项，具体操作如下。

1）在线性模型中选择月均信用卡支出为因变量，选择教育等级及性别为分类变量，如图10-37所示。

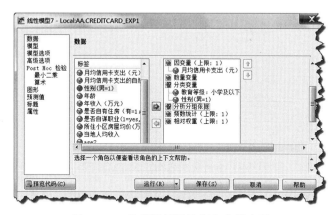

图 10-37　教育等级及性别为分类变量

2）在模型中设定教育等级和性别为主效应，而教育等级和性别二者形成交叉效应，如图10-38所示。

图 10-38　教育等级和性别形成交叉效应

3）通过交互图的方式展示输出结果，如图10-39所示。

4）单击"运行"按钮后，查看每个变量的 F 检验结果，判断每个变量总体的解释力度，如图10-40所示。

可以看出，教育等级和性别的交互项在模型中的影响是显著的，但是性别的影响并不显著。由于教育等级与性别的交互项是基于教育等级和性别这两个一阶变量构造出来的二阶变量，在二阶变量有效的情况下，需要保留交互项的一阶变量。

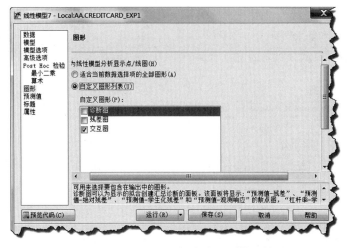

图 10-39　通过交互图的方式展示输出结果

源	自由度	III 型 平方和	均方	F 值	Pr > F
edu_class	3	4583350.828	1527783.609	19.09	<.0001
gender	1	0.005	0.005	0.00	0.9998
edu_class*gender	2	532618.095	266309.047	3.33	0.0423

图 10-40　每个变量的 F 检验结果

交互效应曲线也同样说明了交互项的显著效应。在同一个教育水平下，月均信用卡支出在性别上没有显示出明显的差异。而在不同的教育水平下，收入明显存在差异。性别和教育等级的交互曲线明显呈现递增的趋势，如图 10-41 所示。

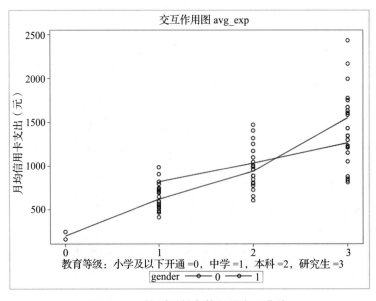

图 10-41　性别和教育等级的交互曲线

10.4 相关分析

在探讨两个连续变量之间的关系时，我们可以使用相关分析，如表 10-8 所示。

表 10-8 相关分析

预测变量 X	被预测变量 Y	分类（二分）	连续
单个变量	分类（二分）	列联表分析|卡方检验	双样本 t 检验
	分类（多个分类）	列联表分析|卡方检验	单因素方差分析
	连续	双样本 t 检验	相关分析
多个变量	分类	逻辑回归	多因素方差分析|线性回归
	连续	逻辑回归	线性回归

本节主要介绍相关分析理论知识，以及如何利用 Python 和 SAS EG 实现相关分析。

10.4.1 相关分析理论

例如，某信用卡部门拥有客户的个人信息和信用卡消费信息，这些数据存放在 CREDITCARD_EXP 表中。目前，尚有一些客户在注册后没有开卡。该部门业务人员希望能够预测其开卡后的消费情况，即研究个人收入与信用卡消费之间的关系。

个人收入与信用卡消费是典型的连续变量。散点图可以直观展示两连续变量的关系，如图 10-42 所示。

从图 10-42 中可以看出，虽然收入与信用卡消费的点分布较为分散，但依然呈现明显的线性趋势，即收入越高，信用卡消费越高。这里，两个变量属于线性正相关关系。除此之外，两连续变量还存在线性负相关、非线性相关以及不相关关系，如图 10-43 所示。

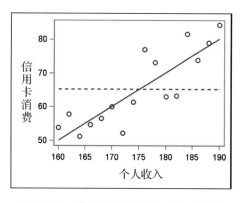

图 10-42 信用卡消费与个人收入关系

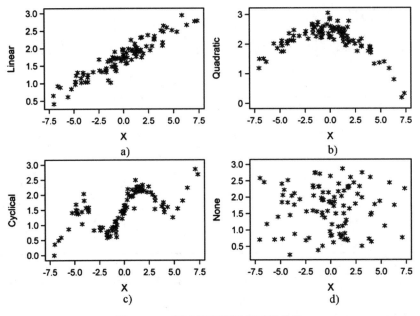

图 10-43 两连续变量间的可能关系

图 10-43a 表示两变量是线性相关关系；图 10-43b 表示两变量是非线性相关关系；图 10-43c 表示两变量是周期性的非线性相关关系；图 10-43d 表示两变量是不相关关系。本书只讨论线性相关的情况。

当出现线性相关关系后，我们可以使用皮尔逊（Pearson）相关系数对两变量的相关关系进行探究。Pearson 相关系数适合计算两个独立连续的线性相关变量的相关程度。其适用的前提是变量服从正态分布，并且值域为 [-1, 1]。当 Pearson 相关系数等于 0 时，两变量无明显相关关系；当 Pearson 相关系数小于 0 时，两变量负相关；当 Pearson 相关系数大于 0 时，两变量正相关。Pearson 相关系数从 0 越趋近于 -1，两变量线性负相关程度越来越强；而其从 0 越趋近 1，两变量线性正相关程度越来越强。具体相关系数的取值对应的相关程度如表 10-9 所示。

表 10-9 相关系数的取值与相关程度经验判断

|r| 的限值与相关程度	
|r| 的取值范围	相关程度
0.00～0.19	极低
0.20～0.39	低度
0.40～0.69	中度
0.70～0.89	高度
0.90～1.00	极高

设数据集 $T=\{(x_1, y_1) (x_2, y_2)\cdots(x_i, y_i)\cdots(x_n, y_n)\}$，Pearson 相关系数用 r 表示。其计算公式如下：

$$r = \frac{\Sigma_n (X_i - \overline{X})(Y_i - \overline{Y})}{\sqrt{\Sigma_n (X_i - \overline{X})^2 \Sigma_N (Y_i - \overline{Y})^2}}$$

其中，n 表示观测数，i 表示第 i 个观测。

计算出 Pearson 相关系数后，我们需要检验该系数，以确定其是否有统计学意义，说明如下：

1）ρ 代表总体的相关系数，r 代表样本的相关系数，原假设为总体相关性为 $0(\rho = 0)$。
2）计算相关系数 r，设定显著性水平。
3）检验 r 是否来自 ρ 为 0 的总体，得到 P 值。这里检验的统计量为：

$$t = \frac{r\sqrt{n-2}}{\sqrt{1-r^2}}$$

其中，r 为相关系数，n 为样本量。其服从自由度为 $n-2$ 的 t 分布。

4）根据显著性水平，拒绝或接受原假设。

这里需要注意，计算出的 P 值并不代表相关性的强弱，而是代表样本来自 ρ 为 0 的总体的可能性。而且，P 值容易受到样本量的影响。当样本量很大（比如 5000）时，P 值便会失真。如果 P 值在给定的水平上显著，则认为样本不是来自 ρ 为 0 的总体，因此判断两变量有相关关系。

相关关系是一种不完全确定的随机关系。当确定了一个或几个变量的数值后，与之相对应的另一个变量的值虽然不能确定，但其会按照某种依赖关系在一定的范围内变化。

简单的相关分析是研究两个变量之间相关关系。变量性质不同，所采用的相关分析方法也不同。对于连续变量，常使用 Pearson 相关系数来描述变量间的相关关系；对于有序变量，常使用斯皮尔曼（Spearman）相关系数进行描述。

除了 Pearson 相关系数，还有两种使用较多的相关系数：Spearman 相关系数和肯德尔（Kendall）相关系数，如图 10-44 所示。Spearman 相关系数又称秩相关系数，其使用排序信息而不是变量观测的取值信息进行相关分析。该系数的优点是不用假设变量服从正态分布，所以使用比较广泛。Kendall 相关系数主要用于探索两连续变量之间的非线性相关关系。

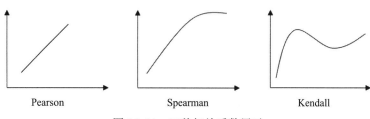

图 10-44　三种相关系数展示

10.4.2 Python 实现方式

下面示例为探索信用卡消费与个人收入之间的相关关系，代码和输出结果如表 10-10 所示。

表 10-10　探索两变量相关关系的代码和输出结果

```
creditcard_exp[['Income', 'avy_exp']].corr(method='pearson')
```

	Income	avg_exp
Income	1.000000	0.674011
avg_exp	0.674011	1.000000

上述代码使用 corr 函数进行相关分析。从输出结果可以看出，相关系数为 0.674。其中，method 参数除可以指定为"pearson"外，还可以指定为"spearman"和"kendall"（用于输出 Spearman 相关系数和 Kendall 相关系数）。本例输出的散点图如图 10-45 所示。可以看到，两者具有一定正相关关系。

```
creditcard_exp.plot(x='Income', y='avy_exp', kind='scatter')
plt.show()
```

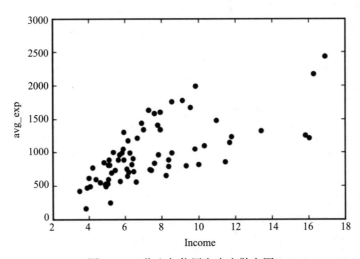

图 10-45　收入与信用卡支出散点图

10.4.3 SAS EG 实现方式

我们更换一个例子，使用散点图和相关系数矩阵对表"PROFILE_TELECOM"中连续变量之间的关系进行描述。

选择"任务→绘图→散点图矩阵"选项，在散点图矩阵中选择要分配的列角色，如图 10-46 所示。选择"分析→多元→相关系数"选项，在相关分析选项中选择要分配的任务角色，如图 10-47 所示。

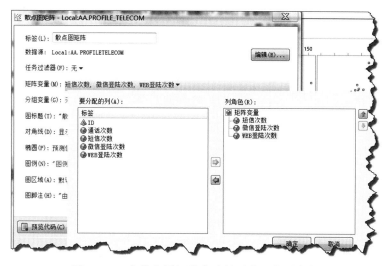

图 10-46　在散点图矩阵中选择要分配的列角色

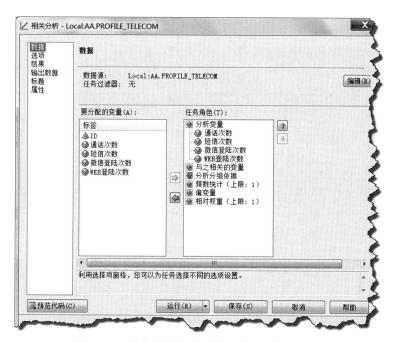

图 10-47　在相关分析中选择要分配的任务角色

10.5　列联表分析与卡方检验

10.2 节至 10.4 节介绍了如何分析两连续变量或一个连续变量与一个分类变量之间的相关关系，那么如何分析两个分类变量之间的相关关系呢？如果其中一个变量的分布随着另一个变量的水平不同而发生改变，两个分类变量就有关系；反之，没有关系。在具体操作时，我们可以通过列联表分析与卡方检验进行判断，如表 10-11 所示。

表 10-11　列联表分析 / 卡方检验

预测变量 X	被预测变量 Y	分类（二分）	连续
单个变量	分类（二分）	列联表分析 | 卡方检验	双样本 t 检验
	分类（多个分类）	列联表分析 | 卡方检验	单因素方差分析
	连续	双样本 t 检验	相关分析
多个变量	分类	逻辑回归	多因素方差分析 | 线性回归
	连续	逻辑回归	线性回归

列联表是一种常见的分类汇总表。该表将待分析的两分类变量中一个变量的每一个类别设为列变量，将另一个变量的每一个类别设为行变量，中间对应着不同变量在不同类别下的频数，如下所示。

设分类行变量为 $A=\{a_1, a_2, \cdots, a_k\}$，分类列变量 $B=\{b_1, b_2, \cdots, b_p\}$，$I(A=a_i, B=b_j)$ 表示 A 变量水平 a_i 和 B 变量水平 b_j 的频数，如表 10-12 所示。

表 10-12　列联表

列 \ 行	a_1	a_2	...	行　总
b_1	$I(A=a_1, B=b_1)$	$I(A=a_2, B=b_1)$	...	$\sum_{i=1}^{k} I(A=a_i, B=b_1)$
b_2	$I(A=a_1, B=b_2)$	$I(A=a_2, B=b_1)$	...	$\sum_{i=1}^{k} I(A=a_i, B=b_2)$
...	...	...	...	...
列总	$\sum_{j=1}^{p} I(A=a_1, B=b_j)$	$\sum_{j=1}^{p} I(A=a_2, B=b_j)$	...	$\sum_{i=1}^{k}\sum_{j=1}^{p} I(A=a_i, B=b_j)$

10.5.1　利用 Python 实现列联表分析

这里探索分类变量是否违约（bad_ind）与分类变量是否破产（bankruptcy_ind）的关系。在 Pandas 中，我们可以使用 crosstab 函数生成列联表。

以下案例生成了一个 2 行 2 列的列联表（不包含汇总的行与列），代码和输出结果如表 10-13 所示。

表 10-13　列联表生成代码和输出结果

```
accepts = pd.read_csv('accepts.csv')
cross_table = pd.crosstab(accepts.bankruptcy_ind, columns=accepts.bad_ind,
                          margins=True)
cross_table
```

bad_ind / bankruptcy_ind	0	1	All
N	4163	1017	5180
Y	345	103	448
All	4508	1120	5628

列联表中显示破产状态（bankruptcy_ind='Y'）且违约状态正常（bad_ind=0）的客户有 345 个，非破产状态（bankruptcy_ind='N'）且违约状态不正常（bad_ind=1）的客户有 1017 个。同理，读者还可以对比其他情形下的频数差异。

由于样本量不同（例如，bankruptcy_ind 中 N 为 5180，而 Y 为 448），频数的差异不能直接反映离散变量之间的关系，我们需要将其转换为频率。例如将每个频数与行总计相除，就可以得到行百分比，代码和输出结果如表 10-14 所示。

表 10-14　列联表转换为行百分比的代码和输出结果

```
cross_table_rowpct = cross_table.div(cross_table['All'],axis = 0)
cross_table_rowpct
```

bad_ind / bankruptcy_ind	0	1	All
N	0.803668	0.196332	1.0
Y	0.770089	0.229911	1.0
All	0.795210	0.204790	1.0

这样，我们可以看到破产状态（bankruptcy_ind='Y'）的客户违约率为 22.99%，非破产状态（bankruptcy_ind='N'）的客户违约率为 19.6%。如果我们认为这两个违约率没有差异（纵向比较），则是否破产与是否违约不相关。

同理，我们可以将列联表中的每个频数与列总计相除，计算出列轮廓并进行横向比较。其结论应与行轮廓的结论一致。

虽然通过列联表能够对比出差异，但是这种差异是否有统计学意义就需要进行检验了。这里使用到的检验方法就是卡方检验，其检验统计量可以通过列联表的频数计算得到。

10.5.2　利用 SAS EG 实现列联表分析

电话公司希望对有流失倾向的客户进行挽留。数据分析人员从公司系统中提取了客户基本信息（出生年月等）、社区信息（社区平均收入等）和 6 个月之内的业务信息（通话时长等）。这些数据保存在"TELECOM"中。使用 SAS EG 进行列联表分析的步骤如下。

1）打开"描述→表分析"对话框，将 Postrend（话费上升）和 Churn（是否流失）变量作为表变量，如图 10-48 所示。

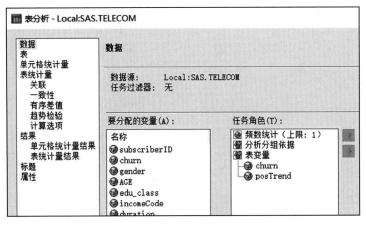

图 10-48　选表变量

2）在表分析中的"表"菜单下预览图标的样式，如图 10-49 所示。
3）在单元格统计量中勾选"行百分比"选项，单击"运行"按钮，如图 10-50 所示。

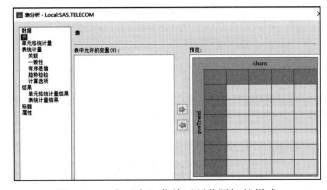

图 10-49　在"表"菜单下预览图标的样式　　　　图 10-50　勾选"行百分比"选项

4）单击"运行"按钮后，输出结果如图 10-51 所示。

话费上升	话费上升、流失表		
	是否流失		
行（百分比）	否	是	总计
否	45.57%	54.43%	N=1819
是	66.91%	33.09%	N=1644
总	N=1929	N=1534	N=3463

图 10-51　运行结果

上面的结果表明话费上升的客户不流失的比例更大。

10.5.3 利用 Python 实现卡方检验

卡方检验的思想在于比较期望频数和实际频数的吻合程度。这里的实际频数指单元格内实际的观测数量，期望频数指行变量某类别与列变量某类别互相独立时的频数。

以违约－破产为例，期望频数的计算如图 10-52 所示。

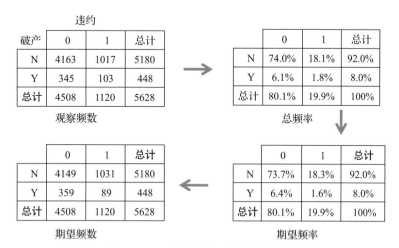

图 10-52 列联表中期望频数的计算

以"破产＝N"和"违约＝0"举例，实际频数为 4163。

"破产＝N"的频率（概率估计）为 92.0%（5180/5628）；"违约＝0"的频率（概率估计）为 80.1%（4508/5628）。当二者独立时，期望频率为：

$$P(破产=N, 违约=0)=P(破产=N)\times P(违约=0)=92.0\%\times 80.1\%=73.7\%$$

此时的期望频数为 4149（5628×73.7%）。

期望频数的整个计算过程简化后是：

期望频数＝(行总/样本量×列总/样本量)×样本量＝(行总×列总)/样本量

同样，其他单元格内的期望频数与实际频数的差异都可以计算出来。这些差异是否能够表明两个分类变量的差异具有统计学意义？这里需要继续进行卡方检验。

卡方检验的原假设是期望频数等于实际频数，即两个分类变量无关；备择假设为期望频数不等于实际频数，即两个变量有关。检验的统计量为：

$$\chi^2 = \sum_{i=1}^{R}\sum_{j=1}^{C}\frac{(\text{Obs}_{ij}-\text{Exp}_{ij})^2}{\text{Exp}_{ij}}$$

其中，Obs_{ij} 指第 i 行、第 j 列单元格内的实际频数，Exp_{ij} 指第 i 行、第 j 列单元格内的期望频数。

卡方统计量的计算过程实际上是列联表中每个单元格内的残差（实际频数－期望频数）平方和除以每一个单元格内的期望频数，然后再加总求和。

卡方统计量服从自由度为 $(r-1)\times(c-1)$ 的卡方分布（r 表示行数，c 表示列数），如图 10-53 所示。

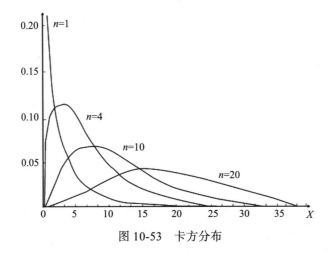

图 10-53　卡方分布

计算出卡方统计量，再结合卡方分布，就可以计算出相应的 P 值。在违约且破产的情况下，自由度为 2。根据 P 值的大小与事先确定的显著性水平，我们就可以推断两个分类变量是否有关了。

需要注意的是，卡方检验并不能展现两个分类变量相关性的强弱，只能展现两个分类变量是否有关。

接下来，使用 Python 对违约与破产两个分类变量进行卡方检验，代码和输出结果如表 10-15 所示。

表 10-15　卡方检验的代码和输出结果

```
print('chisq = %6.4f\n p-value = %6.4f\n dof = %i\n expected_freq = %s'\
      %stats.chi2_contingency(cross_table))

Chisq = 2.9167
 p-value = 0.5719
 dof = 4
 expected_freq = [[4149.15422886   1030.84577114    5180.     ]
 [  358.84577114     89.15422886    448.     ]
 [ 4508.           1120.           5628.     ]]
```

检验结果表明，卡方值为 2.9167，P 值为 0.57，表明没有理由拒绝违约与破产两个分类变量独立的假设，即二者没有关系。

10.5.4　利用 SAS EG 实现卡方检验

在使用数据 TELECOM 对有流失倾向的客户进行挽留分析时，卡方检验的假设如下。

❑ 原假设 H_0：话费上升和是否流失之间不存在相关性（独立），即无论统计期间话费是否上升，其流失的可能性是相同的。

- 备择假设 H_1：话费上升和是否流失之间存在相关性（不独立），即统计期间话费是否上升将影响流失的可能性。

如果分类变量之间不存在相关性，观察频数（客户观察期间的话费）等于期望频数；如果分类变量之间存在相关性，观察频数不等于期望频数。

期望频数的计算公式为：(行总计 × 列总计) / 样本量，或者行百分比 × 列百分比 × 样本总数，如图 10-54 所示。其中，行百分比也被称为行边际分布。由此，卡方分布的计算公式为：

$$x^2=\sum_{i=1}^{R}\sum_{j=1}^{C}\frac{(\mathrm{Obs}_{ij}-\mathrm{Exp}_{ij})^2}{\mathrm{Exp}_{ij}}$$

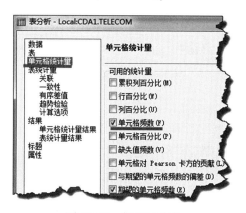

图 10-54　行边际分布

得到的单元格频数和期望频数如图 10-55 所示。

表 - posTrend * churn				
		churn(是否流失：1=流失)		
		0	1	合计
posTrend(该用户通话时长是否呈现出上升态势：是=1)				
0	频数	829	990	1819
	期望值	1013.2	805.76	
1	频数	1100	544	1644
	期望值	915.76	728.24	
合计	频数	1929	1534	3463

图 10-55　单元格频次和期望频数

以“posTrend=0”和“churn=0”为例，其频数为 829，这是真实观测并统计出来的。1013.2 不是来自原数据统计，而是根据原假设计算得到的。大家会发现 3463×(1819/3463)×(1929/3463)=1013.2，其中 posTrend 等于 0 的频率为 1819/3463，churn 等于 0 的频率为 1929/3463，则 P(posTrend=0,churn=0) 的期望频率为 P(posTrend=0)*P(churn=0)。心细的读者会发现这和《概率论》书上讲的概率乘法公式不一样，只有当 posTrend 和 churn 不相关或者独立时才成立，这里用到了原假设的条件。其实，卡方检验就是在计算真实数据在每个单元格中出现的频数和两变量不相关假设下得到的期望频数的差异是否足够大。只要差异数值足够大，我们有充足的理由认为两个变量相关。图 10-56 展示了在 SAS EG 中选择卡方检验的方法时只选择"卡方"选项就可以了。

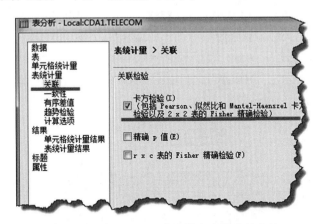

图 10-56　在 SAS EG 中选择卡方检验的方法

图 10-57 展示了 SAS EG 中卡方检验的结果。虽然软件输出了多种卡方检验结果，但一般看实线标出的就可以。另外，当 20% 以上的单元格预期频数少于 5 时，我们要以 Fisher 精确检验的统计值为准，不能再使用 Pearson 卡方值。

统计量	自由度	值	概率
卡方	1	159.3068	<.0001
似然比卡方检验	1	160.9141	<.0001
连续调整卡方	1	158.4433	<.0001
Mantel-Haenszel 卡方	1	159.2608	<.0001
Phi 系数		-0.2145	
列联系数		0.2097	
Cramer V		-0.2145	

Fisher 精确检验	
单元格 (1,1) 频数 (F)	829
左侧 Pr <= F	<.0001
右侧 Pr >= F	1.0000
表概率 (P)	<.0001
双侧 Pr <= P	<.0001

样本大小 = 3463

图 10-57　卡方值检验

第 11 章

构造连续变量的预测模型

在商业数据分析中,我们会遇到被预测变量为连续变量的场景,比如每个客户未来一年的总消费额、企业的总利润,等等。对于这类分析需求,常用的统计模型就是本章讲解的线性回归模型。本章将介绍线性回归模型的理论知识及其构建流程,以及利用 SAS EG 构建预测模型的方法。

Python 提供的包 statsmodels 和 Sklearn 可实现线性回归模型的变量筛选和诊断等功能,但是需要编程,不适合初学者使用。因此,我们将 Python 对线性回归模型的实现放在中级教材中讲解。

11.1 线性回归模型介绍

现实生活中获得的数据的类型是多样的,而数据库存储的数据通常是多种类型数据的组合。预测性数据分析是基于数据库信息找出预测变量,进而分析其对反应变量的影响。根据不同的预测变量和反应变量的类型,我们需要运用不同的预测分析方法,如图 11-1 所示。

反应变量的类型 \ 预测变量的类型	分类	连续	连续和分类
连续	方差分析 (ANOVA)	普通最小二乘法 (OLS) 回归	协方差分析 (ANCOVA)
分类	列联表分析或逻辑回归	逻辑回归	逻辑回归

图 11-1 不同的预测分析方法

本节将介绍常用的简单线性回归模型和多元线性回归模型。

11.1.1 简单线性回归

信用卡部门拥有客户的个人信息和信用卡支出信息。这些数据存放在 CREDITCARD_EXP 表中。目前，尚有一些客户注册后没有开卡。部门业务人员希望预测客户开卡后的消费情况。他们将潜在客户的收入状况作为预测变量，将开卡后的信用卡支出作为反应变量，如图 11-2 所示。而潜在客户的收入状况和开卡后的信用卡消费情况均为连续变量，因此他们可以通过相关分析和普通最小二乘法（OLS），获取两个连续变量之间的关系，如图 11-3 所示。

反应变量的类型 \ 预测变量的类型	分类	连续	连续和分类
连续	方差分析（ANOVA）	相关分析：普通最小二乘法（DLS）回归	协方差分析（ANCOVA）
分类	列联表分析或逻辑回归	逻辑回归	逻辑回归

图 11-2　信用卡支出作为反应变量　　图 11-3　两个连续变量之间的关系

简单线性回归模型的目标在于，评估预测变量在解释反应变量变异时的显著性，以及在给定预测变量值的情况下预测反应变量值。简单线性回归模型如图 11-4 所示。

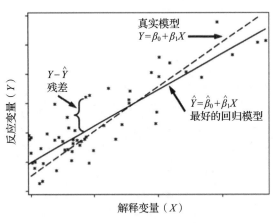

图 11-4　简单线性回归模型

简单线性回归模型包括 4 个基本假设。

1）因变量与放入模型中的自变量存在线性关系。这里需要说明的是，放入模型中的自变量和原始数据中的变量是不同的概念。假设原始变量中有 X_1 和 X_2 两个变量，由这两个变量产生的所有初等函数转换，比如，$X_1^2, X_1 \times X_2$、$\ln(X_1)$ 等都可以作为自变量放入回归模型，如下所示：

- $Y = \beta_0 + \beta_1 X + \beta_2 X^2 + u$（其中，$u$ 表示扰动项，在其他书籍中也经常使用 ε 表示扰动项）；
- $Y = \beta_0 + \beta_1 \ln(X) + u$。

它们都可以用来建立自变量和反应变量间的线性关系。同样，我们不仅可以对放入模型的自变量进行各种函数形式的变换，也可以对反应变量进行任意的初等函数形式变换，公式为：

$$Y = e^{(\beta_0 + \beta x + u)}$$

以上回归形式被称为可线性化的回归模型，但是对解释变量或被解释变量进行的非初等函数的变换就不再属于可线性化的回归模型了，比如模型：

$$\ln\left(\frac{p}{1-p}\right) = \beta_0 + \beta_x + u$$

其中，p 为 $y=1$ 时的概率。

我们并不能通过初等函数变换写出解释变量和被解释变量之间的函数形式，因此该模型属于非线性模型。在4.2节中，我们会看到这个模型就是逻辑回归模型。

2）符合正交假定，即误差项与自变量不相关，期望值为 0，即扰动项和解释变量不呈线性相关关系。该假设提示我们在建立模型时，只要同时和 x、y 相关的变量就应该纳入模型，否则回归系数就是有偏的。该假设不能在回归后根据结果进行检验（通过工具变量法进行内生性检验并不总有效，这是计量经济学的前沿问题）。最小二乘法本身就是正交变换，即使该假设不被满足，任何估计的方法产生的残差都会和解释变量正交。

3）满足独立同分布假设，即残差间相互独立，且遵循同一分布，要求方差齐性。

4）残差服从正态分布，如图 11-5 所示。

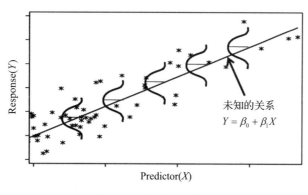

图 11-5 残差正态分布

了解了简单线性回归模型的基本假设之后，我们需要考虑简单线性回归模型中每个参数的估计。最小二乘法是考虑了简单线性回归模型中参数估计的重要方法（如图11-6所示），具体操作如下。

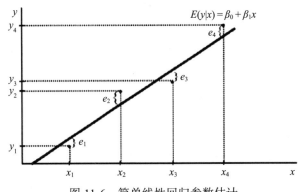

图 11-6　简单线性回归参数估计

首先，获得每个观测点到拟合曲线的距离的总和，公式为：

$$\sum e^2 = \sum (y_i - \hat{y})^2 \quad (e\text{ 代表残差})$$

其次，最小化距离总和，即对参数求一阶导，进而得到参数的估计值 $\hat{\beta}_1$ 和 $\hat{\beta}_0$，公式为：

$$\hat{\beta}_1 = \frac{\sum_{i=1}^{n}(x_i - \bar{x})(y_i - \bar{y})/(n-1)}{\sum_{i=1}^{n}(x_i - \bar{x})^2/(n-1)} = \frac{\sum_{i=1}^{n}(x_i - \bar{x})(y_i - \bar{y})}{\sum_{i=1}^{n}(x_i - \bar{x})^2}$$

$$\hat{\beta}_0 = \bar{y} - \hat{\beta}_1 \bar{x}$$

最小二乘法的优点在于估计无偏，考察的是期望值与真实值之间的距离。同时，它具有有效性，使得抽样误差最小。

确定参数之后，我们要对建立的模型进行评估，主要考虑的是该模型的拟合优度，如图11-7所示。

R^2 是考察模型总体解释力度的重要指标。

$$R^2 = \frac{\text{模型解释的离差平方和}}{\text{总离差平方和}} = \frac{\sum(\hat{y} - \bar{y})^2}{\sum(y_i - \bar{y})^2} = \frac{SS_M}{SS_T}$$

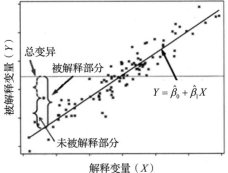

图 11-7　模型的拟合优度

除了模型整体的解释力度，我们还需要考虑每个参数在该模型中是否具有解释力度。因此，我们提出模型检验的原假设和备择假设。

❏ 原假设 H_0：简单线性回归模型并不比基线模型好，即 $\beta_1 = 0$。
❏ 备择假设 H_1：简单线性回归模型确实拟合得比基线模型好，即 $\beta_1 \neq 0$。

利用 F 统计量检验回归方程的整体显著性,利用 t 统计量检验回归系数的显著性。由于简单线性回归模型只有一个解释变量,因此两个检验等价。而且 F 统计量是 t 统计量的平方。

【案例分析 11-1】 银行需要了解信用卡消费是否受收入水平因素的影响。信用卡消费数据保存在"CREDITCARD_EXP1"中。通过该案例,我们可了解简单线性回归模型的基本分析思路和操作方法。

1)打开"分析→回归→线性回归"对话框,将月均信用卡支出作为因变量,将年收入作为说明变量,如图 11-8 所示。

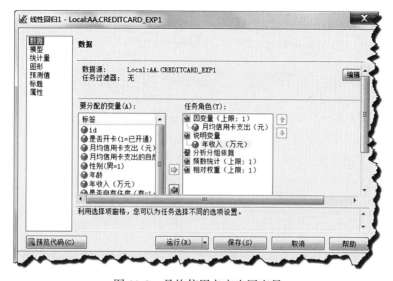

图 11-8 月均信用卡支出因变量

2)根据输出结果可知,模型的 R 方为 0.4543,即年收入解释了信用卡支出约 45.4% 的变异,如图 11-9 所示。

方差分析					
源	自由度	平方和	均方	F 值	Pr > F
模型	1	6243461	6243461	56.61	<.0001
误差	68	7499858	110292		
校正合计	69	13743320			

均方根误差	332.10245	R 方	0.4543
因变量均值	983.65543	调整 R 方	0.4463
变异系数	33.76207		

图 11-9 方差分析

3)参数估计为回归方程系数。年收入的参数估计约为 97.7,表明潜在客户年收入每增加 1 万元,月均信用卡支出约增加 97.7 元。同时,年收入参数估计的 t 值为 7.52,P 值小于 0.05,故变量年收入的参数估计显著。"Intercept"代表截距,一般没有实际意义,如图 11-10 所示。

参数估计						
变量	标签	自由度	参数估计	标准误差	t 值	Pr > |t|
Intercept	Intercept	1	258.04950	104.28999	2.47	0.0158
Income	年收入（万元）	1	97.72858	12.98916	7.52	<.0001

图 11-10　参数估计

4）得到简单线性回归方程变量的参数估计后，我们就可以得到简单线性回归方程：

消费的预测值＝258 + 97.7×年收入，如图 11-11 所示。

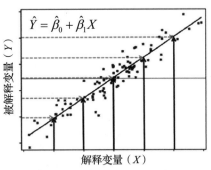

图 11-11　简单线性回归方程

11.1.2　多元线性回归

多元线性回归模型是存在多个自变量的回归模型。假设分析模型中只有两个自变量，回归模型为：

$$Y = \beta_0 + \beta_1 X_1 + \beta_2 X_2 + u$$

其中，Y 是因变量；X_1 和 X_2 是自变量或预测变量；u 是误差项；β_0、β_1 和 β_2 是未知系数。当自变量和因变量之间不存在相关关系时，回归模型如图 11-12 所示。

当自变量和因变量之间存在相关关系时，回归模型如图 11-13 所示。

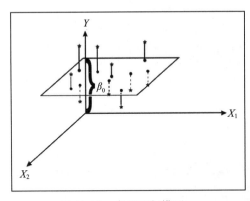

图 11-12　多元回归模型一

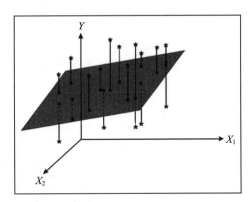

图 11-13　多元回归模型二

当自变量和因变量之间存在线性相关关系时，回归模型如图 11-14 所示。其回归方程为：

$$Y = \beta_0 + \beta_1 X_1 + \beta_2 X_2 + u$$

当自变量和因变量之间存在非线性相关关系时，回归模型如图 11-15 所示。其回归方程为：

$$Y = \beta_0 + \beta_1 X_1 + \beta_2 X_1^2 + \beta_3 X_2 + \beta_4 X_2^2 + u$$

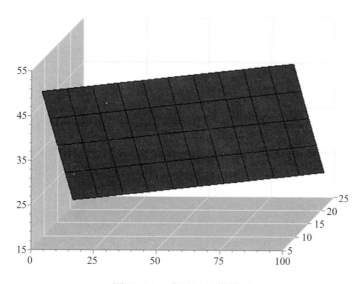

图 11-14　多元回归模型三

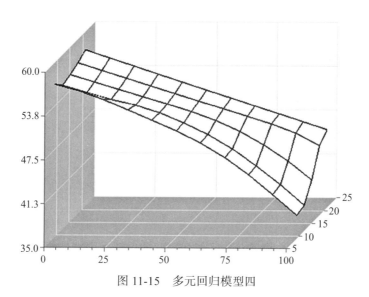

图 11-15　多元回归模型四

假设分析模型中存在多个自变量，自变量的个数设为 K，模型的被解释变量为 Y（k 个解释变量的线性函数，k 个解释变量是 X_1 到 X_k），多元线性回归方程为：

$$Y = \beta_0 + \beta_1 X_1 + \cdots + \beta_k X_k + u$$

多元线性回归模型满足以下基本假设。
- 被解释变量 Y 的平均值能够准确地被解释变量 X 组成的线性函数建模。
- 解释变量和随机扰动项不存在线性关系。
- 解释变量之间不存在线性关系（或强相关关系）。

- 随机误差项 u 是一个均值为 0 的正态分布。
- 随机误差项 u 的方差恒为 σ^2。
- 误差是彼此独立的。

多元线性回归模型允许同时探究被解释变量 Y 和多个解释变量 X 之间的关系。但是，多元线性回归模型与简单线性回归模型相比，由于其解释变量较多，需要判定哪些解释变量对被解释变量有显著的影响，以及哪个模型的总体解释力度最大。

多元线性回归模型可以用于预测，即构建一个模型，基于反应变量 Y 与其他预测变量 X_s 的关系来预测 Y 的值。模型中的项、项的系数和统计显著性是次要的，重点是构建模型。Y 的预测公式为：

$$\hat{Y} = \hat{\beta}_0 + \hat{\beta}_1 X_1 + \cdots + \hat{\beta}_k X_k$$

多元线性回归模型还可以用于解析分析或探索性分析，即用于分析反应变量和预测变量间的关系，重点是分析因变量和自变量之间的关系。因此，系数的大小、正负号以及统计显著性都很重要。

$$\hat{Y} = \underline{\hat{\beta}}_0 + \underline{\hat{\beta}}_1 X_1 + \cdots + \underline{\hat{\beta}}_k X_k$$

由于原始的 R^2 在实际应用中存在一个问题，即解释变量的数量越多，R^2 越大或不降低，因此无法对解释变量进行筛选。针对模型解释变量冗繁而无效的问题，统计学专家提出了调整 R^2。调整 R^2 对解释变量的数量做了惩罚性的调整。当增加一个解释变量，但是其对整个模型的预测能力提升不高时，调整 R^2 反而下降。因此，调整 R^2 可作为模型筛选的重要依据，计算公式为：

$$\bar{R}^2 = 1 - \frac{(n-i)(1-R^2)}{n-p}$$

其中，当有截距项时，i 等于 1；反之，i 等于 0；n 为用于拟合该模型的观测值数量；p 为模型中参数的个数。

11.2 模型的构建

11.2.1 多元线性回归模型的构建

多元回归模型构建的一个重要步骤是对模型中解释变量的筛选。模型变量选择的方法主要包括向前回归法、向后回归法以及逐步回归法。

向前回归法是在第一个变量进入回归方程后，进行 F 检验和 t 检验，计算残差平方和，将其记为 S_1。如果通过检验，该变量保留。接着引入第二个变量，重新构建一个新的估计方程，并进行 F 检验和 t 检验，同时计算残差平方和，将其记为 S_2。直观上看，增加一个新的变量后，回归平方和应该增大，残差平方和相应应该减小，即 S_2 小于或等于 S_1，即 S_1-S_2 的值是第二个变量的偏回归平方和。如果该值明显偏大，说明第二个变量对因变量有显著影响，反之则没有显著影响。

下面举例说明向前回归法。首先用被解释变量（Y）和每一个解释变量（X）做回归，选取一个解释力度最高的变量。选择的标准有很多，包括 R^2 最高、P 值最小、AIC 或 BIC 最小等。在选取第二个变量时，先用被解释变量（Y）减去使用第一个解释变量（X_5）得到的预测值（$b*X_5$），得到残差（$e = Y - b*X_5$）。再用残差和余下的解释变量做回归，找到解释力度最大的变量。重复上述操作，直至没有满足标准的变量。这个标准是事先设置好的。比如，P 值不能大于 5%，即当引入新变量，每一个 P 值都大于 5% 时，模型自动停止运行，如图 11-16 所示。

向后回归法同向前回归法正好相反。首先，所有的 X 变量一次性进入回归方程，进行 F 检验和 t 检验，然后逐个删除影响不显著的变量。删除的依据是其偏回归平方和的大小，如果偏回归平方和很大，该变量保留，反之则删除。依此类推，直至没有变量被剔除，如图 11-17 所示。

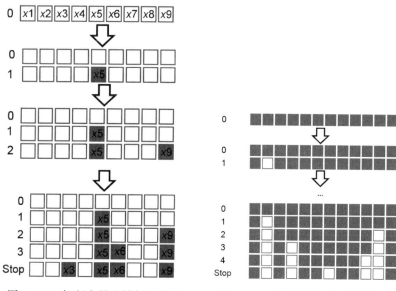

图 11-16　解释变量和被解释变量　　图 11-17　删除影响不显著的变量

逐步回归法综合了向前回归法和向后回归法的特点。其是让变量一个一个地加入方程，在引入变量时利用偏回归平方和进行检验。当影响显著时，该变量才加入。当回归方程加入该变量后，模型要对原有的变量重新用偏回归平方和进行检验。一旦某变量影响变得不显著，就删除该变量。重复操作，直到旧变量均不可删除，新变量也无法加入时为止。

下面举例说明逐步回归法。逐步回归法要求一开始遵循向前回归法，直至有 4 个变量加入模型，之后才遵循向后回归法，剔除一个最没有解释力度的变量。接着又遵循向前回归法，加入一个最有解释力度的变量。这个变量有可能是刚才被剔除的变量，也有可能不是。重复操作，直至在预设标准下，没有变量可以加入和剔除时为止，如图 11-18 所示。

根据变量之间的相关性，我们会采用不同的变量选择方法，进而得到不同的模型。比如，$X1$ 和 $X2$ 相关性较大，如果 $X1$ 先被放入模型，$X2$ 就难以被引入模型。逐步回归法是实际操作中使用最多的变量选择方法。以上 3 种方法都难以得到最优模型，只有构造出所有可能的 X 的组合，才能构造出最优的模型，这被称为全子集法（CP 法）。CP 法通过全子集构造方法，将 CP 值最小的方程作为最优模型。因此，CP 法可以方便数据分析员在构建模型之前，对所有的潜在变量做初步的模型构造和分析。CP 法只适用于小样本和少变量的情况。在大数据挖掘中，我们可以采用因子分析，减少变量个数，再使用全子集法或者 Lasso 算法（最小角度法）。同样，CP 法也没有考虑解释变量和被解释变量的具体形式，如变量的变形、交互项的添加等。因此，在构造模型的过程中，我们不能过分依赖 CP 法，还需要对模型进行更细致的思考。

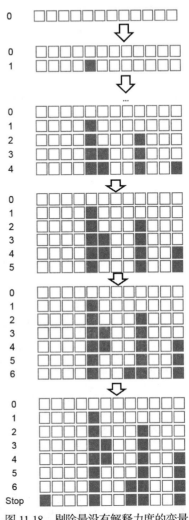

图 11-18　剔除最没有解释力度的变量

11.2.2　将连续变量和分类变量同时作为解释变量来构建模型

在实务分析过程中，预测变量有时既包括连续变量，又包括分类变量。以信用卡支出为例，银行如果要知道潜在客户教育等级以及收入水平是否会对信用卡消费产生影响，那么预测变量就包括作为分类变量的教育等级以及作为连续变量的收入水平两个类型，如图 11-19 所示。

当预测变量包含分类变量和连续变量，而反应变量是连续变量时，协方差分析（ANCOVA）适用于构建该类统计模型，如图 11-20 所示。

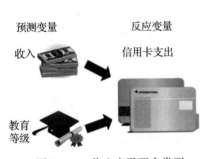

图 11-19　收入水平两个类型

反应变量的类型	预测变量的类型		
	分类	连续	连续和分类
连续	方差分析（ANOVA）	相关分析：普通最小二乘法（DLS）回归	协方差分析（ANCOVA）
分类	列联表分析或逻辑回归	逻辑回归	逻辑回归

图 11-20　协方差分析

打开"分析→ANOVA→线性模型"对话框,利用 SAS EG 中线性模型任务构造协方差分析模型,将月均信用卡支出作为因变量,将年收入作为数量变量,将教育等级作为分类变量,如图 11-21 所示。协方差分析与方差分析在操作方面的区别在于,协方差分析还选择了年收入作为数量变量。

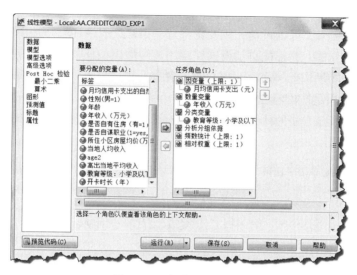

图 11-21　年收入水平变量

同样,在线性模型中将年收入以及教育等级选作主效应变量,如图 11-22 所示。此处先不考虑交互项的影响。

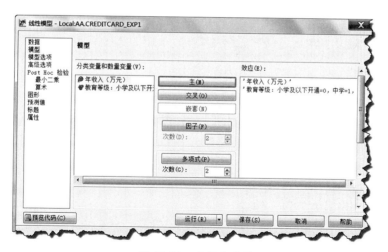

图 11-22　主效应变量

线性模型任务可以完成单因子方差分析、多因子方差分析、线性回归和协方差分析等任务。线性回归任务和线性模型任务的区分是后者是 SAS 软件所特有的,在计量经济学教材和其他软件（如 Stata 等）中并不会强调两者的区别。原因在于 SAS 中的线性模型任务提供了许多建模的便利，而其他软件只提供了线性回归任务，其他部分是通过手动来完成的。在 SAS 中，我们也可以通过线性回归任务和手动操作相结合的方法来完成线性模型任务所支持的功能，但是操作起来比较麻烦。比如，要手动为每个分类变量创建哑变量。

线性回归任务与线性模型任务的主要区别在于，线性回归任务提供的模型检验输出较多，回归诊断功能强大，可以自动完成变量筛选。但是，线性回归任务不能完成解释变量为分类变量的回归分析，也不能自动设置交互项。线性模型任务可以完成解释变量为分类变量的回归分析（即协方差分析），可以自动设置交互项。但是，线性模型任务提供的回归诊断输出较少，而且不能做变量的自动筛选。

为了让大家对回归方法的体系有一个清晰的认识，下面列出了方差分析和回归任务的谱系，如图 11-23 所示。

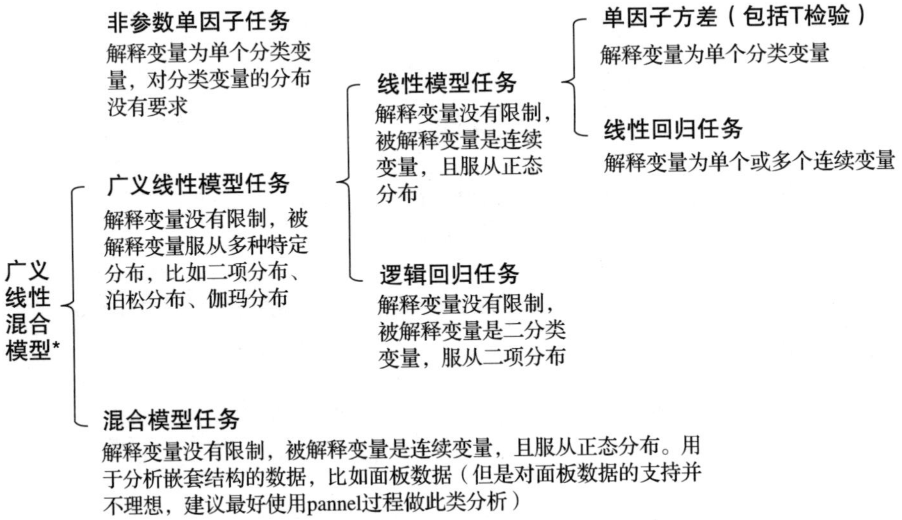

图 11-23　方差分析和回归的谱系

SAS EG 没有实现广义线性混合模型和非线性混合模型，请分别参见 GLIMMIX 过程步和 NLMINED 过程步。

11.3　线性回归模型的诊断

对于线性回归模型的诊断，我们可以从残差、强影响点、共线性方面分析。本节将具体介绍线性回归模型诊断内容。

11.3.1　残差

首先，回顾一下线性回归的 4 个基本假设，如图 11-24 所示。

- ❏ 因变量与自变量间存在线性关系。
- ❏ 符合正交假定，即误差项与自变量不相关，其期望值为 0。
- ❏ 满足独立同分布的假设，即残差间相互独立，遵循同一分布，要求方差齐性。
- ❏ 残差服从正态分布。

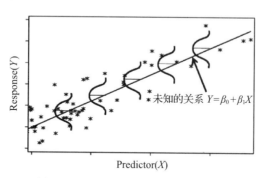

图 11-24　线性回归的 4 个基本假设

残差需要满足独立同分布以及正态分布两个基本假设，而对残差检验有利于精确化模型。我们通过检查残差图可以对线性回归模型的残差进行检验。对于残差图，我们首先看残差是否有离群值，其次看被解释变量是否和某个解释变量存在曲线关系，最后看残差的离散程度是否和某个解释变量有关。残差图分析中常见的几种情况如图 11-25 所示。

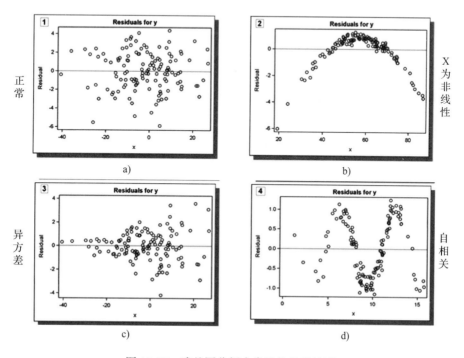

图 11-25　残差图分析中常见的几种情况

如图 11-25a 所示，残差呈现无规则散点状，表示残差中不存在任何相关的、可提取的信息，因此，符合线性回归的基本假设。而其余 3 个图都违背了线性回归的基本假设。

如图 11-25b 所示，残差与自变量的散点图呈抛物线状，即解释变量 X 和被解释变量 Y 存在高阶非线性关系。修正的方法是在模型中加入解释变量 X 的高阶形式，一般加 X^2 已经足够。

如图 11-25c 所示，横截面数据（比如"信用卡支出分析"数据）经常表现出异方差现象。修正的方法有很多，比如加权最小二乘法、稳健回归。但是，最简单的方法是对被解释变量 Y 取自然对数。以信用卡"CREDITCARD_EXP"数据为例，线性回归表达式为：

EXP（月均信用卡消费）$=\beta_0+\beta_1*$AGE（客户年龄）$+\beta_2*$INCOME（客户年收入）$+u$

由于收入水平越高的人，月均信用卡消费存在的差异越大，因此该模型残差会出现异方差现象。异方差现象的出现是符合基本现实的。但是，残差异方差现象会导致模型输出结果中的参数估计值以及基于同方差假设检验计算得出的标准误差存在偏差，而由此计算出来的 t 检验和 P 值也会存在一定程度的偏差。为了避免出现这样的问题，当残差图出现异方差现象时，往往要对被解释变量 EXP 取对数，然后再查看残差图和 R^2，确认残差异方差现象有所改善。

如图 11-25d 所示，残差呈自相关关系。我们在分析时间序列和空间数据时经常能看到这个现象。较为复杂的修正方法是使用时间序列或空间计量方法分析，较为简单的修正方法是加入被解释变量 Y 的一阶滞后项进行回归。

残差同方差分布如图 11-26a 所示，残差异方差分布如图 11-26b 所示。

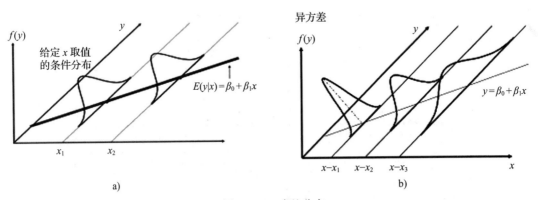

图 11-26 残差分布

残差散点图显示了残差存在异方差的两种基本情况，如图 11-27 所示。

如图 11-28（左边）所示，存在正相关关系的残差分布与不存在自相关的残差分布相比，前者趋势较缓；而存在负相关关系的残差分布与不存在自相关的残差分布相比，前者波动更为明显。如图 11-28（右边）所示，带一阶滞后项的散点图可以清楚地展示残差正相关和负相关的趋势关系。

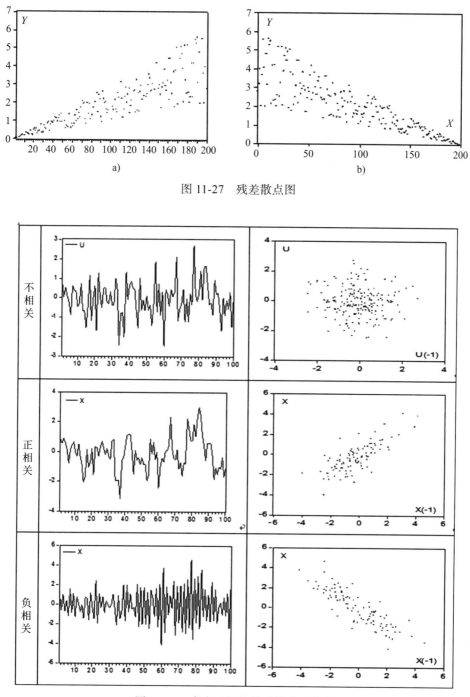

图 11-27 残差散点图

图 11-28 存在正相关关系的残差分布

为了确认残差是否存在自相关关系以及是存在正向的自相关还是负向的自相关，我们引入了 Durbin-Watson 检验（DW 检验）。

- 原假设 H_0：$\rho=0$（即近邻扰动项不存在相关性）；
- 备择假设 H_1：$\rho\neq 0$（即近邻扰动项存在相关性）。

用残差值计算 DW 统计量为：

$$DW = \frac{\sum_{t=2}^{T}(\hat{\mu}_t - \hat{\mu}_{t-1})^2}{\sum_{t=1}^{T}\hat{\mu}_t^2} = \frac{\sum_{t=2}^{T}\hat{\mu}_t^2 + \sum_{t=2}^{T}\hat{\mu}_{t-1}^2 - 2\sum_{t=2}^{T}\hat{\mu}_t\hat{\mu}_{t-1}}{\sum_{t=1}^{T}\hat{\mu}_t^2}$$

$$\approx \frac{2\sum_{t=2}^{T}\hat{\mu}_{t-1}^2 - 2\sum_{t=2}^{T}\hat{\mu}_t\hat{\mu}_{t-1}}{\sum_{t=2}^{T}\hat{\mu}_{t-1}^2} = 2\left(1 - \frac{\sum_{t=2}^{T}\hat{\mu}_t\hat{\mu}_{t-1}}{\sum_{t=2}^{T}\hat{\mu}_{t-1}^2}\right) = 2(1-\hat{\rho})$$

从上式可以看出，当扰动项完全不相关（$\rho=0$）时，DW 值为 2；当扰动项完全正相关（$\rho=1$）时，DW 值为 0；当扰动项完全负相关（$\rho=-1$）时，DW 值为 4。

因此，可以得到 DW 检验的取值区间及相关检验，如图 11-29 所示。

拒绝 H_0	不确定区	接受 H_0	不确定区	拒绝 H_0
0	d_L	d_U	$4-d_U$	$4-d_L$

图 11-29　DW 检验的取值区间

- 若 DW 取值在 $(0, d_L)$ 之间，拒绝原假设 H_0，认为 μ_t 存在一阶正自相关。
- 若 DW 取值在 $(4-d_L, 4)$ 之间，拒绝原假设 H_0，认为 μ_t 存在一阶负自相关。
- 若 DW 取值在 $(d_U, 4-d_U)$ 之间，不能拒绝原假设 H_0，认为 μ_t 非自相关。
- 若 DW 取值在 (d_L, d_U) 或 $(4-d_U, 4-d_L)$ 之间，检验没有结论，即不能判别 μ_t 是否存在一阶自相关关系。

一般而言，当 DW 值等于 2 时，我们认为模型不存在残差自相关关系。

【练习】（数据可在 http://bbs.pinggu.org/ 网站下载）

打开 "GDP_COAL" 数据，执行以下回归代码，观察残差图和 DW 统计量。

$$coal\_china = \beta_0 + \beta_1 * GDP\_China\_real + u$$

11.3.2　强影响点

线性回归模型中不存在与数据强影响点相关的前提假设。但是，强影响点对线性回归模型的最后输出结果有很重要的影响，因此，我们需要使用统计量来识别可能的强影响点（即离群值）。这些强影响点的存在会导致拟合曲线产生偏差。比如，一个离群值的存在会导致整条拟合曲线向左上方倾斜，如图 11-30 所示。

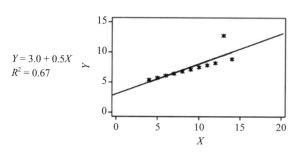

图 11-30　离群值上方倾斜

再比如，大多数样本的 Y 值与 X 值不存在线性相关关系。但一个离群值的出现会导致样本的拟合曲线与前例相同，如图 11-31 所示。

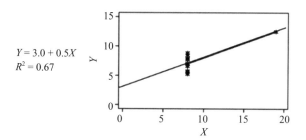

图 11-31　样本的拟合曲线与前例相同

在现实生活中，离群值代表的是少数人、特殊人群，例如 VIP 客户。而对于 VIP 客户，企业一般都有针对 VIP 客户开展的特殊业务，如与 VIP 客户一对一沟通的客户经理。构建线性回归模型时更重要的是针对大多数人群进行分析，这样的模型才具有商业价值。

学生化残差（SR）、RSTUDENT 残差、Cook's D、DFFITS 以及 DFBETAS 都是可以用来识别影响点的统计量，如图 11-32 所示。

1）学生化残差。对于学生化残差的参考临界值，当观察值较少的数据集时，其绝对值最小取 2，即 |SR|＞2；当观察值较多的数据集时，其绝对值最小取 3，即 |SR|＞3。当观测值的学生化残差大于设定的临界值时，该观测值就可以视为强影响点。在线性回归中预测值的菜单下勾选"其他统计量→残差"选项，线性回归结果中会保存学生化残差以及 RSTUDENT 残差值。为了剔除强影响点，我们需要对学生化残差进行过滤和排序，筛选出学生化残差小于临界值的数据。在筛选过程中要注意根据具体情况，判断是否需要保存缺失值。

2）RSTUDENT 残差。RSTUDENT 残差是指在学生化残差剔除强影响点后，在新数据基础上做线性回归，并计算每个观测值新的残差。然后，将新的残差与原线性回归模型的残差进行对比。RSTUDENT 残差相比学生化残差较稳健。其具体的操作方法与学生化残差基本相同。

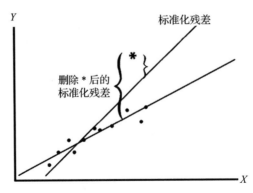

图 11-32 识别影响点的统计量

3）Cook's D 统计量。其用于测量当第 i 个观测值去除时，参数估计的改变程度。建议的影响临界点是 Cook's $D_i > \dfrac{4}{n}$。当 Cook's D 值高于临界点的时候，该观测值视为强影响点。

4）DFFITS 统计量。其用于测量第 i 个观测值对预测值的影响。建议的影响临界值是 $|\text{DFFITS}_i| > 2\sqrt{\dfrac{p}{n}}$。

5）DFBETAS 统计量。其用于测量当第 i 个观测值去除时，第 j 个参数估计的变化程度。一个 DFBETA 对应一个参数和一个观测。建议的影响临界值是 $|\text{DFBETA}_{ij}| > 2\sqrt{\dfrac{1}{n}}$。

确定影响点之后，我们需要采取必要的措施来处理影响点，重新检查数据，确保没有任何数据输入错误发生。如果没有输入错误等问题，一个可能的解释是该模型是不完善的，有可能存在非线性关系。为了更好地拟合数据，我们可能需要在模型中加入高阶项（如多项式和变量间的交叉项）。在大量数据场景下，最方便的检验方法是用编程的方法取 ABS (student_Avgexp) 小于等于 3（或更大）的值。

11.3.3 共线性

模型诊断还包括确定模型中变量是否存在共线性关系。我们需要通过统计量分析生成的信息来评估变量共线性的强弱，以及哪些变量存在共线性关系。另外，我们还需要确定可使模型中的变量共线性最小化的方法。共线性问题一般会使参数估计的方差增大，从而降低 P 值。共线性并不违反线性回归的任意假设。一般而言，在建立线性回归模型之前，通常会进行因子分析，或者在模型变量选取过程中，选择逐步法完成变量筛选，因此变量之间通常不存在共线性关系。但是，如果因子分析结果不理性，或者未进行因子分析等，前期模型构建中存在的一些问题都可能导致模型中变量存在共线性关系，因此仍然需要对模型进行共线性检验。

如果解释变量和被解释变量之间存在共线性关系，我们可从变量的散点图中构建出多个共线平面图，如图 11-33 和图 11-34 所示。

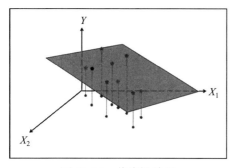

图 11-33　共线性关系

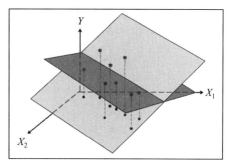

图 11-34　共线平面图

线性回归任务提供以下工具来量化共线性关系的强弱，以及识别哪些变量存在共线性关系。这些工具包括方差膨胀值、共线性分析（特征值和条件指数）以及无截距的共线性分析。

方差膨胀值（VIF）是一个相对指标，用于量化共线性所引起的方差增大程度。其可表示为：

$$\mathrm{VIF}_i = \frac{1}{1-R_i^2}$$

当 $\mathrm{VIF}_i > 10$ 时，变量存在共线性关系。

下面利用统计量对模型进行共线性诊断，首先在线性回归任务的统计量菜单下，勾选"方差膨胀值"选项，以便作为模型诊断的统计量，如图 11-35 所示。同样，也可以勾选"共线性分析"（特征值和条件指数）或"无截距的共线性分析"选项，以便作为判断依据。

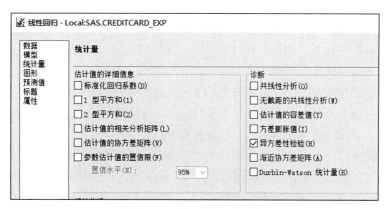

图 11-35　勾选方差膨胀值

11.4 建模流程

构模的基本流程如图 11-36 所示。

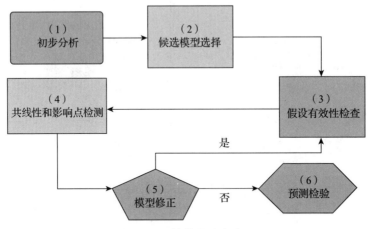

图 11-36　构模的基本流程

1）对数据做基本的分析，即分析潜在的解释变量和被解释变量之间可能存在的基本关系。

2）根据初步分析结果构建候选模型。

3）对候选模型进行有效性假设检验。

4）对模型的共线性和影响点进行检测，修正模型可能存在的偏差。

5）根据检测结果对模型进行修正。

6）对修正后的模型重新进行必要的有效性假设检验、共线性和影响点检测，直到模型不再需要进一步修正为止。建立有效的建模循环才能保证模型的正确性、有效性和精确性。

在对假设进行有效性检验时，我们需要判断哪些假设检验是与模型的有效性相关的，哪些假设检验是与模型的准确性相关的。

- 假设一：模型设置，选择何种回归方法、如何选变量、变量以何种形式加入模型。
- 假设二：解释变量和扰动项不能相关。
- 假设三：解释变量之间不能强线性相关（膨胀系数判断）。
- 假设四：扰动项独立同分布（异方差性检验、DW 检验）。
- 假设五：扰动项服从正态分布（Q-Q 检验）。

假设一及假设二是否成立需要根据理论、常识以及散点图进行判断。而假设三至假设五是否成立可以通过统计量进行判断。

- 如果违反假设一，模型预测能力差。
- 如果违反假设二，回归系数估计有偏。
- 如果违反假设三，回归系数的标准误被放大。
- 如果违反假设四，扰动项的标准差估计不准，t 检验失效。

❏ 如果违反假设五，t 检验失效。

假设三至假设五的检验只能保证模型精确性。满足假设一和假设二的要求，可以保证模型正确性。假设三至假设五是可以通过统计方法检验的，假设一和假设二目前还不能通过统计方法进行有效的检验。因此，目前统计方法只能用于提高模型的精确性，不能保证模型的正确性。

11.5 利用 SAS EG 实现客户价值预测

经过上述知识点的讲解，最后我们以客户价值预测案例展现线性回归建模思路和流程。

11.5.1 单连续变量下建模

针对信用卡支出建模需求，首先我们会认为收入对支出影响应该是最大的，因此先将年收入（Income）变量放入模型。建模的同时进行相关的检验，了解模型各项统计量的表现，如图 11-37 所示。

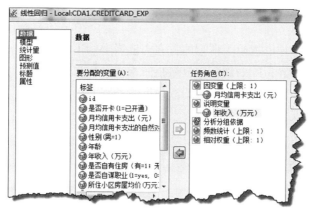

图 11-37　数据统计量加入线性回归

首先检验残差分布情况，实线代表参差的分布，虚线代表正态分布，两者虽然不重合，但是偏离不大，因此不是对模型调整的依据。其次看残差和预测值的散点图，这张图实际上反映的是残差和解释变量的关系，只不过解释变量乘了一个回归系数。这幅图表现出残差的变化范围随着解释变量的增加而增加，存在异方差现象。我们一般认为残差是被解释变量的变异部分，预测值是被解释变量的固定部分。如果残差表现出某种特征，说明被解释变量也具有相似的特征，需要对其进行调整，如图 11-38 所示。

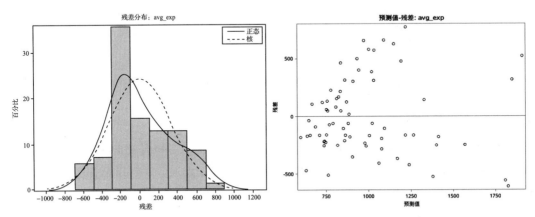

图 11-38　残差的分布情况

而且异方差检验结果也拒绝了残差的方差与解释变量不相关的假设，因此需要进行异方差处理。加权最小二乘法可用来解决这个问题，但是一般建模理念是尽量从业务角度来理解和处理数据问题。对于被解释变量，由于自身随着数值的变大，方差在变大，这种情况下取对数比较合理，如图 11-39 所示。

将原来被解释变量的对数加入模型，再次建模，得到图 11-40 所示的结果。

图 11-39　线性回归结果

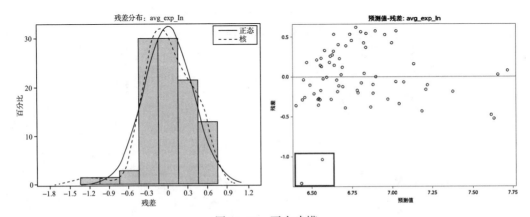

图 11-40　再次建模

可以看见，残差分布改变不大，但是看上去更服从正态分布，这是好现象。另外，残差异方差现象消失了，不过有两个点远离其他点，说明有离群值。下一步需要剔除离群值。这里强调一点，本书在模型检验部分是先做残差检验，后做离群值剔除，这个顺序不能颠倒，因为前者会导致被解释变量形式的改变。但是先不要急于操作，先看模型有什么变化。表 11-1 是模型修改前后主要指标的对比。可以看到，修改后的模型的 R^2 变小了，说明模型的解释力度在下降，这往往是模型不符合因果关系造成的。

表 11-1　X 和 Y 回归系数的解释

Y 的形式	X 的形式	R^2	回归系数	回归系数的解释
原始	原始	0.454	97.729	年收入每增加 1 万元，月均信用卡消费增加 97.7 元
取对数	原始	0.403	0.098	年收入每增加 1 万元，月均信用卡消费增加 0.098 个百分点

再做一次回归，将年收入的对数放入模型。可以看到，R^2 提高了，可解释性也强了。

Y 的形式	X 的形式	R^2	回归系数	回归系数的解释
取对数	取对数	0.4804	0.893 16	年收入每增加 1 个百分点，月均信用卡消费增加 0.89 个百分点

接下来需要做异常值处理。我们将标准化残差作为剔除异常值的依据，因此回到线性回归对话框，保留残差，如图 11-41 所示。

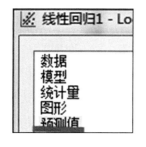

图 11-41　学生化残差数据

得到的"学生化残差"是主要的判断依据。由于本例中样本量较少，因此认为该值的绝对值大于 2 的样本为异常点。使用"过滤与排序"功能，保留学生化残差绝对值小于等于 2 的样本和缺失值（因为缺失值将来还要做预测），如图 11-42 所示。

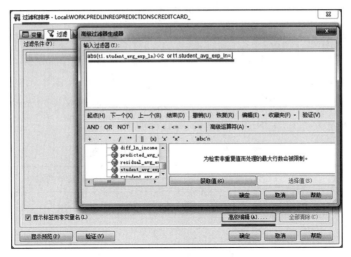

图 11-42 高级过滤器

经过处理，发现 R^2 再次提高。而且残差图没有异常现象，如图 11-43 所示。

Y 的形式	X 的形式	R^2	回归系数	回归系数的解释
取对数	取对数	0.494	0.7804	年收入每增加 1 个百分点，月均信用卡消费增加 0.78 个百分点

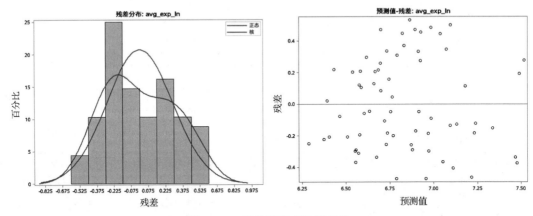

图 11-43 残差图没有异常现象

11.5.2 多连续变量下建模

经过上一步的处理，我们基本对模型的性质有了一定的了解，接下来可以在模型中加入更多的连续型解释变量。但是在加入变量之前，要注意变量的函数形式转变，比如当地房屋均价、当地平均收入都需要取对数。将所有可能的解释变量加入模型，但要注意开卡时长不能加入模型，因为本模型是为了预测未开卡客户在开卡后的平均支出。

在建模时，由于现在有多个解释变量，我们需要勾选"方差膨胀值"。从图 11-44 中可以看到，年收入和当地人均收入有明显的共线性关系。而年龄变量没有解释力度，需要删除。读者可能已经注意到，这里分析时没有选择逐步筛选变量方法，这是因为在不确定变量之间是否有共线性关系之前，不要进行变量筛选。

参数估计							
变量	标签	自由度	参数估计	标准误差	t 值	Pr > |t|	方差膨胀
Intercept	Intercept	1	4.62653	0.31745	14.57	<.0001	0
Age	年龄	1	-0.00060088	0.00512	-0.12	0.9070	1.16912
ln_Income		1	-0.18018	0.56885	-0.32	0.7525	36.98331
ln_dist_avg_income		1	1.00929	0.61220	1.65	0.1042	36.92287
ln_dist_home_val		1	0.12576	0.05821	2.16	0.0346	1.05363

图 11-44　解释变量参数估计

当发现变量有共线性问题时，我们有三种常用解决方法：使用主成分或因子分析压缩变量，但是该方法解释力度差；使用岭回归方法，该方法回归系数有偏，多用于预测类模型，不太适用于解释类模型；构造不相关变量。本例是计算个人年收入和当地人均年收入的差值，并加入模型。其业务逻辑更明确，共线性明显降低，如图 11-45 所示。

参数估计							
变量	标签	自由度	参数估计	标准误差	t 值	Pr > |t|	方差膨胀
Intercept	Intercept	1	4.61611	0.30240	15.26	<.0001	0
diff_ln_income	个人收入和当地人均收入差异_对数值	1	-0.18648	0.56193	-0.33	0.7411	1.12813
ln_dist_avg_income		1	0.82479	0.10867	7.59	<.0001	1.18165
ln_dist_home_val		1	0.12572	0.05776	2.18	0.0332	1.05360

图 11-45　变量差值参数估计

11.5.3　加入分类解释变量建模

筛选完连续型解释变量后，进入线性模型菜单，加入分类变量，仅将每个解释变量的主效应加入模型，如图 11-46 所示。

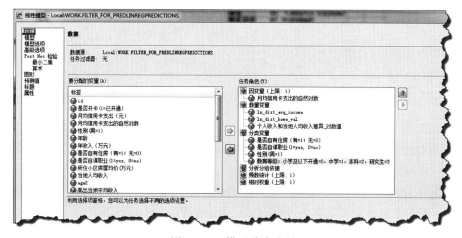

图 11-46　模型分类变量

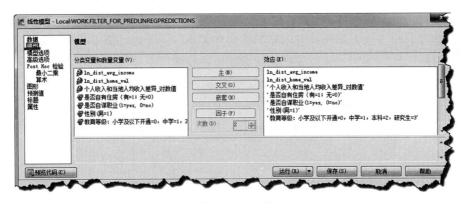

图 11-46 （续）

从得到的结果的方差分析中发现，是否拥有住房 (Ownrent) 变量非常不显著，如图 11-47 所示。

源	自由度	III 型 平方和	均方	F 值	Pr > F
ln_dist_avg_income	1	2.22648797	2.22648797	95.01	<.0001
ln_dist_home_val	1	0.05553159	0.05553159	2.37	0.1291
diff_ln_income	1	0.02558663	0.02558663	1.09	0.3003
Ownrent	1	0.00106576	0.00106576	0.05	0.8319
Selfempl	1	0.25416769	0.25416769	10.85	0.0017
gender	1	1.23868047	1.23868047	52.86	<.0001
edu_class	2	1.48638187	0.74319094	31.71	<.0001

图 11-47　住房方差表现

最后得到的模型的每个回归系数均是可以解释的，如图 11-48 所示。

参数		估计		标准误差	t 值	Pr > |t|
截距		4.199233870	B	0.29857254	14.06	<.0001
ln_dist_avg_income		0.965050502		0.09212444	10.48	<.0001
ln_dist_home_val		0.052532779		0.03402229	1.54	0.1278
diff_ln_income		0.361342272		0.32493515	1.11	0.2706
Selfempl	0	0.394997217	B	0.11698492	3.38	0.0013
Selfempl	1	0.000000000	B	.	.	.
gender	0	0.442130748	B	0.06034991	7.33	<.0001
gender	1	0.000000000	B	.	.	.
edu_class	1	-0.462913134	B	0.05910841	-7.83	<.0001
edu_class	2	-0.164119544	B	0.05268080	-3.12	0.0028
edu_class	3	0.000000000	B	.	.	.

图 11-48　回归系数解释

最终，我们使用该模型预测未开卡客户的潜在消费能力。读者可能会问，diff_ln_income 变量显著度只有 0.27，为什么不剔除？这是由于本研究的样本量太少，有效样本只有 68 个，这种情况下只要回归系数的符号符合预期，显著度不大可以理解。

至于模型是否加交互项的问题，读者可以自行做两两变量的交互项显著性测试。但要注意，在模型的主要框架都完成后再进行交互项的设置。

第 12 章

构造二分类变量的预测模型

在商业数据分析中,被预测的反应变量一般是二分类变量,比如被营销的客户是否购买了产品、曾经的高价值客户是否已流失、贷款客户是否会违约,等等。对于这类分析需求,最常用的统计模型就是本章讲解的逻辑回归算法。

由于 Python 提供的 Sklearn 包中的逻辑回归算法实际上是弹性网络算法中的一种,不适合初学者学习,因此本章仅讲解利用 SAS EG 实现该算法。Python 对逻辑回归算法的实现将在中级教材中讲解。

12.1 逻辑回归入门

首先介绍似然比的概念。之前学习过卡方检验,通过卡方检验和对应的 P 值,我们可以确定分类变量是否存在相关性,但是卡方检验不能测量分类变量相关性的强弱,且样本量过小的数据不能够通过卡方检验。如果想要确定分类变量之间相关关系的强弱,我们需要判断变量的似然比(Odd Ratio)。似然比反映了一个特定事件在一个组发生的可能性相对于在另一个组发生的可能性的大小。似然(即发生比 Odds)的公式为:

$$似然 = \frac{\text{Prevent}}{1-\text{Prevent}} = \frac{\text{指定组内发生的可能性}}{1-\text{指定组内发生的可能性}}$$

举例说明,假设有 A、B 两组是非题,结果分别记录如图 12-1 所示。

B 组中"是"的概率 $=90\div100=0.9$,B 组中"否"的概率 $=10\div100=0.1$,B 组中"是"的发生比 $=0.9\div0.1=9$。同理,A 组中"是"的发生

	结果	
	否	是
组 A	20	60
组 B	10	90

图 12-1 A 组和 B 组结果

比为3。因此，B对A似然比为3，如图12-2所示。而似然的值域为（0，∞）。如果B对A的似然比大于1，则B组结果为"是"的可能性较大；如果B对A的似然比在（0，1）之间，则A组结果为"是"的可能性较大，如图12-3所示。

图12-2　B对A的似然比

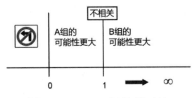

图12-3　A、B组结果对比

图12-4展示了构建预测模型用到的方法。当反应变量是分类变量时，构造模型时需要用到逻辑回归方法。

反应变量的类型 \ 预测变量的类型	分类	连续	连续和分类
连续	方差分析（ANOVA）	普通最小二乘法（DLS）回归	协方差分析（ANCOVA）
分类	列联表分析或逻辑回归	逻辑回归	逻辑回归

图12-4　构建预测模型

逻辑回归的类型包括二元逻辑回归、名义逻辑回归以及序数逻辑回归，如图12-5所示。

- ❏ 二元逻辑回归：指反应变量只有两类的逻辑回归。
- ❏ 名义回归：指反应变量有3类及3类以上，且为名义变量的逻辑回归。
- ❏ 序数逻辑回归：指反应变量有3类及以上，且为序数变量的逻辑回归。

逻辑回归的反应变量是分类变量。有人可能会

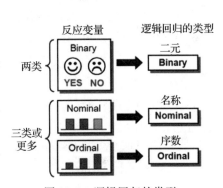

图12-5　逻辑回归的类型

问,为什么当反应变量为分类变量时,不能使用线性回归模型?如果使用线性回归模型,当反应变量为分类变量时,其取值是有界的。如果反应变量被编码为1=流失、0=否,使用散点图描述解释变量(客户是否流失)和反应变量(在网时长)之间的关系时,会出现图12-6所示的情况。想象一下,这会拟合出一条什么样的直线呢?即使获得了拟合直线,当回归预测结果是0.5、1.1或–0.4时,该如何解释这样的预测值?而且,如果模型的结果只有两个(或少数)可能的反应水平,模型本身是无法满足方差不变以及正态分布的前提假设的。

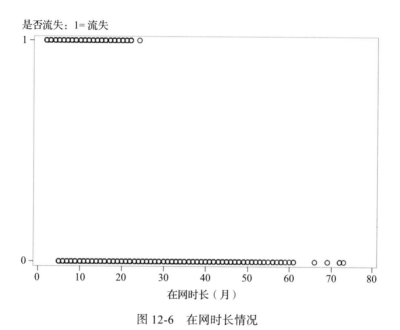

图12-6 在网时长情况

这里需要对反应变量进行一定形式的转换。如果进行逻辑转换,该模型称为逻辑回归模型,公式为:

$$\text{Logit}(p_i) = \beta_0 + \beta_1 X_{1j} + \cdots + \beta_k X_{kj}$$

其中,β_0为回归式的截距;β_k为第k个预测变量的参数估计。

$\text{Logit}(P_i)$为发生比的自然对数的公式为:

$$\text{Logit}(p_i) = \ln\left(\frac{p_i}{1-p_i}\right)$$

其中,i表示所有案例(观测值);p_i表示在第i个案例中一个事件发生的概率;ln是自然对数(底数为e)。

举例说明,假设iPad的价格是2000元,而每个人内心对他的评价是$\tilde{Y}$,则列出的式子为:

$$\begin{cases} Y=1, & \text{如果 } \tilde{Y} < 2000 \\ Y=0, & \text{如果 } \tilde{Y} < 2000 \end{cases}$$

可以构造一个线性模型 $\tilde{Y} = \beta_0 + \beta_1 X_{1i} + \beta_2 X_{2i} + \varepsilon_i$ 来模拟 iPad 对每个人的效用。比如购买产品，只有对这款产品评价高的客户才会购买。在选择解释变量时需要注意，能够对客户的产品使用效用产生影响的变量都应该考虑。

现在介绍 $\tilde{Y}$ 的性质，它是取值范围为 $(-\infty, +\infty)$ 的连续变量，除此之外没有任何限制。它可以是任意的函数，服从任意分布。那么，如何获得 $\tilde{Y}$ 呢？由于可以观测的只有 Y，因此要从 Y 入手。

首先，考虑购买 iPad 的概率 $P(Y=1)$，值域是 $[0, 1]$，有界限。其次，考虑购买 iPad 的似然为 $P(Y=1)/(1-P(Y=1))$，值域是 $[0, +\infty]$，还是有界限。最后，对购买 iPad 的似然取自然对数为 $\ln(P(Y=1)/(1-P(Y=1)))$，值域是 $(-\infty, +\infty)$。我们把这种对 Y 的转换称为 Logit 转换，将其作为对效用 $\tilde{Y}$ 的替代。反应变量经过 Logit 转换后可以取任意值，使反应变量与预测变量构成了线性关系，如图 12-7 所示。

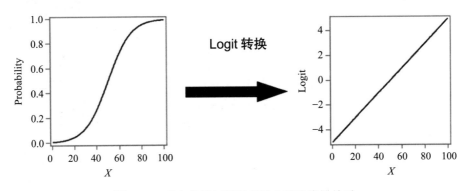

图 12-7 反应变量与预测变量之间的线性关系

一般而言，我们关心的是某一件事件发生的概率，而非似然。在实际业务中，概率的概念相比似然易于理解。经过逻辑回归，我们可以通过以下公式计算出某一事件发生的概率。

$$P = \frac{1}{1+e^{-(\beta_0+\beta_1 X)}}$$

但是，这个发生概率通常仅作为排序使用，没有实际的预测意义。因为在实际操作中，数据获取的过程往往不是简单抽样的结果，通过分层抽样等方法获取的数据，往往会导致事件发生的概率产生较大的偏差。

下面利用 SAS EG 实现电信客户流失概率预测。数据分析人员从公司系统中提取了客户在网时长（月）和是否流失的信息，数据保存在"TELECOM"中。

1）打开"分析→回归→ Logistic 回归"对话框，预测变量为在网时长，反应变量为是否流失，如图 12-8 所示。

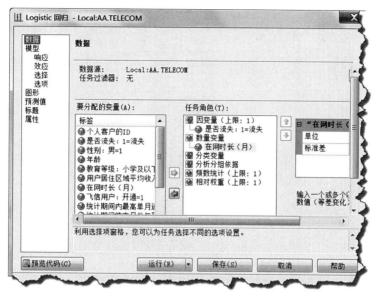

图 12-8　Logistic 回归对话框

2）在"模型→响应"菜单中设置因变量的数值，如图 12-9 所示。

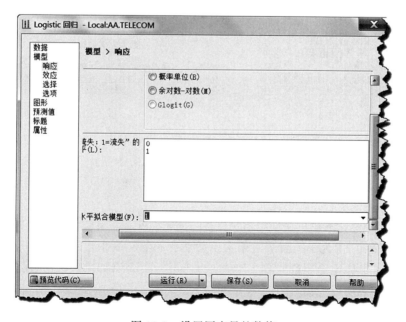

图 12-9　设置因变量的数值

3）将在网时长设置为模型的主效应，然后单击"运行"按钮，如图 12-10 所示。

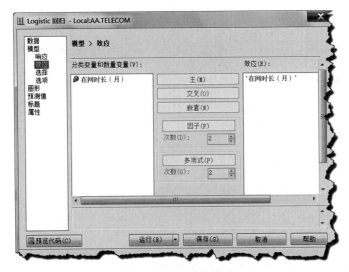

图 12-10 设置主效应

4）单击"运行"按钮后，回归结果如图 12-11 所示。

逻辑回归结果没有提供 R^2。因此，我们无法知道解释变量解释变异的百分比。逻辑回归提供了 3 种极大似然估计常用的统计量，当 3 个统计量都显著时，说明至少有一个解释变量有解释力度。

对于逻辑回归结果，我们最重要的是查看变量每个水平的最大似然估计，如图 12-12 所示。

检验全局零假设：BETA=0			
检验	卡方	自由度	Pr > 卡方
似然比	1723.2836	1	<.0001
评分	1114.8382	1	<.0001
Wald	698.2095	1	<.0001

图 12-11 回归结果如图

最大似然估计分析					
参数	自由度	估计	标准误差	Wald 卡方	Pr > 卡方
Intercept	1	2.5882	0.1004	663.9175	<.0001
duration	1	-0.2482	0.00939	698.2095	<.0001

图 12-12 最大似然估计分析

这里的"估计"等同于逻辑回归结果。根据卡方检验的 P 值可以判断变量在模型中是否有有效的解释力度。逻辑回归估计系数本身的数值意义不容易理解，且数值大小的影响不大，后面会简单介绍。我们需要重视的是回归估计系数的正负符号。此处，负的回归估计系数表明在网时长越长，客户流失的可能性越小。

我们可通过似然比来分析变量间相关关系的强弱程度。如果似然比大于 1，表明随着该解释变量的值增大，Y 为 1 的概率在增大。似然比（在 SAS 中翻译为优比，是优势比的简称）的估计值为 0.780，小于 1（如图 12-13 所示），表明随着该解释变量值的增大，Y 为 1 的概率在减小，即客户在网时长越长，客户流失的可能性越小。

优比估计		
效应	点估计	95% Wald 置信区间
duration	0.780	0.766　0.795

图 12-13 优比估计

根据现有逻辑回归模型，优比的计算过程如下。

已知逻辑回归公式为：

$$\text{Logit}(\hat{p}) = \ln(\text{odd}) = \beta_0 + \beta_1 * (\text{duration})$$

在网时长相差一个月的似然分别为：

$$\text{odd}_{\text{长}} = e^{\beta_0 + \beta_1 *(\text{duration}+1)},\ \text{odd}_{\text{短}} = e^{\beta_0 + \beta_1 *(\text{duration})}$$

则在网时长相差一个月的似然比为：

$$\text{Odd Ratio} = \frac{e^{\beta_0 + \beta_1 *(\text{duration}+1)}}{e^{\beta_0 + \beta_1 *(\text{duration})}} = e^{\beta_1} = e^{(-0.248)} = 0.78$$

在 Logistic 回归中，单击"预测值"菜单，勾选"预测的数据"选项下的"原始样本"、"保存输出数据"选项下的"预测值"及"显示输出和图形"，如图 12-14 所示。

得到的每个观测值的预测概率如图 12-15 所示。

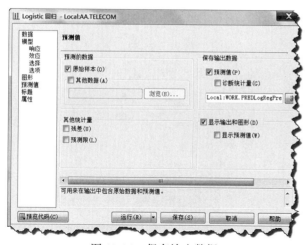

图 12-14　保存输出数据　　　　　　图 12-15　观测值的预测概率

12.2　模型表现优劣的评估

逻辑回归模型表现优劣的评估主要通过一致对分析以及 ROC（Receiver Operating Characterstic）曲线分析。一致对分析指的是计算一致对、不一致对以及相等对来评估模型的好坏。通常，我们都希望一致对的占比高，不一致对和相等对的占比低。为了找到一致对、不一致对以及相等对，我们要将每一个获得相关结果的人与每一个没有获得相关结果的人进行比较。下面举例说明一致对、不一致对以及相等对的差异。

1）一致对。一致对指的是实际结果与预测一致。例如，预测在网时长和客户保留存在正相关关系，因此，客户在网时长越长，P（保留）的预测值越大。比较一个在网时长 6 个月的保留客户和一个在网时长 3 个月的流失客户（如图 12-16 所示），发现实际的观测值表现与模型预测结果相符。那么，这就是一个一致对。

2）不一致对。比较一个在网时长 2 个月的保留客户和一个在网时长 3 个月的流失客户（如图 12-17 所示），发现实际的观测值表现与模型预测结果不符。那么，这就是一个不一致对。

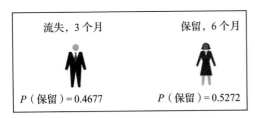

图 12-16　在网时长一致对

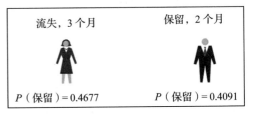

图 12-17　在网时长不一致对

3）相等对。比较两个在网时长 1 个月的客户，一个客户最后流失了，而另一个客户最后保留了，如图 12-18 所示。也就是说，模型不能分辨两者最后的行为结果。那么，这就是一个相等对。

逻辑回归模型输出结果包含预测概率和预测对情况，包括一致对、不一致对和相等对。在逻辑回归结果分析中，我们更多关心的是 C 值。它反映了逻辑回归模型一致对占比的程度，能够判断模型的有效性。C 值的取值范围是 [0, 1]。C 值越大，模型的表现力越好，如图 12-19 所示。

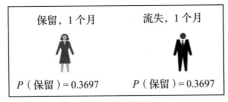

图 12-18　在网时长相等对

预测概率和观测响应的关联			
一致部分所占百分比	86.1	Somers D	0.747
不一致部分所占百分比	11.3	Gamma	0.767
结值百分比	2.6	Tau-a	0.369
对	2959086	c	0.874

图 12-19　预测概率和观测响应的关系

除了一致对分析，ROC 曲线（接收者操作特征曲线）也可以衡量模型的有效性。ROC 曲线最早应用于雷达信号检测、信号与噪声区分。根据信号检测论，在听觉感受相同的情况下，判断标准不一样。假如选择冒进策略，只要感觉有就报告，因此不会漏报。如果选择保守策略，没有把握就不会报告，因此不会虚报。

ROC 曲线是基于混淆矩阵画出的曲线。混淆矩阵指的是真实结果和打分值之间的关系矩阵。根据信号检测报告，确定不同情况下出现真实信号的可能性，并在该预测数据的基础上，假定一个临界值，对预测数据进行打分。当预测的打分值显示为信号，实际也出现了有效信号，那么就可以说这部分预测是有效的，即击中。当预测的打分值显示为噪声，实际也为噪声，那么可以说这部分预测是有效的，称为正确否定。依此类推，我们就可以定义出虚报和漏报的情况。这样就构建了一个混淆矩阵，如图 12-20 所示。

通过混淆矩阵，我们能够确定预测模型的灵敏度和特异度。灵敏度指的是模型击中的概率，特异度指的是模型正确否定的概率。公式为灵敏度 =A/(A+B)；特异度 =D/(C+D)。

当然，就模型拟合程度而言，模型的敏感度和特异度都是越大越好。但是在模型评估能力一定的情况下，模型的敏感度和特异度是此消彼长的关系。预测临界值的取值范围是 [0, 1]，按照 0 到 1 的顺序陆续取值，并分别计算灵敏度和特异度，就可绘制出 ROC 曲线。SAS EG 中绘制 ROC 曲线时横轴是 1 - 特异度，因此，ROC 曲线呈向左上方凸出的形态，如图 12-21 所示。

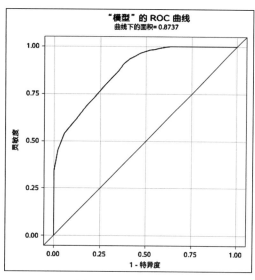

图 12-20　混淆矩阵　　　　　　　　图 12-21　ROC 曲线

ROC 曲线弧度越大，曲线下面积就越大。ROC 曲线下面积指的是 ROC 曲线、底线和右线围成的面积。由于灵敏度和特异度的取值范围都为 [0, 1]，ROC 曲线下面积值越接近 1，表明模型预测能力越强。ROC 曲线下面积有助于对模型好坏进行比较。

12.3　多水平值分类变量的逻辑回归

逻辑回归任务假设了预测变量和因变量 Logit 值之间存在线性关系。但是对于多水平值的分类变量，线性假设并不能够得到满足。同时，逻辑回归模型中不能使用字符型变量。因此，将一个变量定义为分类变量时，我们就需要创建一系列虚拟变量，而虚拟变量要充分表达分类变量包含的信息。真正参与模型运算的是虚拟变量。逻辑回归任务中有两种编码风格（Coding Style），即引用编码（Reference）和效应编码（Effect Coding）。下面举例说明两种编码风格的不同。电话公司希望对有流失倾向的客户进行挽留。数据分析人员从公司系统中提取了客户套餐等级和是否流失的信息，数据保存在"TELECOM"中。这里以 4 个水平值为例进行介绍。

（1）引用编码方式

用虚拟变量表达客户选择的套餐等级，如图 12-22 所示。

等级	值	标签	虚拟变量			
			1	2	3	4
套餐等级	1	1st	1	0	0	0
	2	2nd	0	1	0	0
	3	3rd	0	0	1	0
	4	4rd	0	0	0	1

图 12-22　虚拟变量表达套餐等级

构建的模型为：

$$\text{Logit}(p) = \beta_0 + \beta_1 * D_{1st} + \beta_2 * D_{2st} + \beta_3 * D_{3st}$$

其中，
- β_0 为套餐 4 的平均 Logit 值；
- β_1 为套餐 1 的 Logit 值和套餐 4 的 Logit 值的差；
- β_2 为套餐 2 的 Logit 值和套餐 4 的 Logit 值的差；
- β_3 为套餐 3 的 Logit 值和套餐 4 的 Logit 值的差。

最大似然估计结果如图 12-23 所示。

最大似然估计分析						
参数		自由度	估计	标准误差	Wald 卡方	Pr > 卡方
Intercept		1	0.5596	0.152	13.5517	<.0001
套餐	1	1	-0.4359	0.1703	6.5497	<.0001
套餐	2	1	2.9406	0.3897	56.9364	<.0001
套餐	3	1	-0.5209	0.1576	10.9256	<.0001

图 12-23　最大似然估计结果

（2）效应编码方式

这种方式能够将生成的 4 个虚拟变量放入模型，如图 12-24 所示。

等级	值	标签	虚拟变量		
			1	2	3
套餐等级	1	1st	1	0	0
	2	2nd	0	1	0
	3	3rd	0	0	1
	4	4rd	-1	-1	-1

图 12-24　四个虚拟变量

构建的模型为：
$$\text{Logit}(p) = \beta_0 + \beta_1 * D_{1st} + \beta_2 * D_{2st} + \beta_3 * D_{3st}$$

其中，
- β_0 为所有组的平均 Logit 值；
- β_1 为套餐 1 的 Logit 值和平均 Logit 值的差；
- β_2 为套餐 2 的 Logit 值和平均 Logit 值的差；
- β_3 为套餐 3 的 Logit 值和平均 Logit 值的差。

最大似然估计结果如图 12-25 所示

最大似然估计分析

参数		自由度	估计	标准误差	Wald 卡方	Pr > 卡方
Intercept		1	1.0556	0.0998	111.7714	<.0001
套餐	1	1	-0.9319	0.1137	67.207	<.0001
套餐	2	1	2.4446	0.2727	80.3802	<.0001
套餐	3	1	-1.0168	0.1041	95.4678	<.0001

图 12-25 最大似然估计结果

12.4 关于构造因果关系模型的讨论

完成初步的模型构建后，我们需要对模型的输出结果进行解释，并根据输出结果对模型进行必要的调整和分析。在实际业务操作中，线性回归模型用来解释部分业务变量是否能够对某一个特定变量起到预测作用。因此，构造的模型不仅要在统计量层面有效，也要在业务层面有解释和预测意义。那么，当初步完成模型构建之后，我们就需要对模型的解释变量和被解释变量之间的逻辑关系做基本的判断，看解释变量和被解释变量之间是属于相关关系还是因果关系。

线性回归并不是严格意义上的因果关系。因果关系最基本的公理是因在果之前。在深入学习时间序列课程后，我们可以通过格兰杰检验，对线性模型进行因果关系检验，进而判断线性回归模型中变量存在的关系。但是，这部分内容超出了本书的范围，这里不做过多解释。线性回归分析的基本功能在于对数据进行影响分析与预测。影响分析也被称为因果分析，是预测的基础。如果仅仅考虑预测的精度，而不注意解释变量与被解释变量之间因果关系的建立，即使模型内部有效性很高且外部有效性也很高，这种现象也是暂时的。因为模型本身并没有将被解释变量产生的根本因素纳入模型。因此，一旦被解释变量的诱因发生改变，模型的预测就会失效。虽然回归模型是因果分析的工具，但是该方法不是必然能得到因果关系，只有遵循因果关系分析框架，才能得到理想的结果。因此，在构建模型的过程中，我们需要对模型解释变量和被解释变量之间的因果关系做必要的逻辑判断。注意，构建模型时数据选取的标准。

假设你是大众汽车的数据分析师，市场部想要一份客户购买车型倾向性分析报告，希望你根据客户的基本属性和购买特征,分析购买不同车型的情况。

你所拥有的资源如下。
- 客户的人口学基本属性:性别、年龄、住址、手机号等。
- 客户的经济社会特征:职业、收入、教育程度等。
- 客户所在社区的情况。
- 客户订购产品的信息:车型、配置信息等。

计算公式为

$$车型类型 = \beta_0 + \beta_1 性别 + \beta_2 年龄 + \beta_3 收入 + \cdots\cdots$$

首先,你需要区分数据是静态指标还是动态指标。比如,性别、住址等是静态指标,收入就属于动态指标。如果模型纳入动态指标,你就必须保证动态指标发生在被解释变量发生之前。另外,模型数据选择的过程中也需要确定 t 值的大小。t 值的大小没有一定的标准,主要是根据样本数量以及业务交易的实际情况予以确认。

举例,模型的构建方式是否满足动态指标是因,被解释变量是果,如图12-26所示。

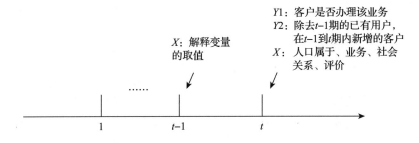

图12-26　区分动态指标和动态指标

因在果之前发生是公理?答案是否定的。在选取解释变量时,我们需要注意动态的解释变量在被解释变量之前生成,而不是简单地从数据库中提取上一期的解释变量的值。如图12-26所示,代表存量信息的被解释变量产生于1到 t 期,所以有绝大部分的被解释变量生成于 t–1 期之前,即在解释变量生成之前。这违反了因在果之前发生。

回想一下介绍决策树算法时讨论过的案例,即通过分析客户行为来判断是否会升级投诉。我们需要构建一个分析客户模型的取数窗口,也就是解释变量的取值范围。取数窗口期的长短和模型易用性是一对矛盾体,即窗口期越短,模型越灵活,越便于使用。但是,取数窗口期过短就难以获得稳健的指标。而取数窗口期过长,新的客户会因为变量缺失而无法纳入研究样本。模型构建和模型使用的取数标准要完全一致,如图12-27所示。

第 12 章 构造二分类变量的预测模型 ❖ 257

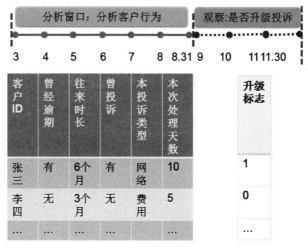

图 12-27 模型构建与模型使用的取数标准完全一致

12.5 利用 SAS EG 实现贷款违约可能性预测

第 1 章介绍的数据挖掘项目的分析思路如图 12-28 所示。

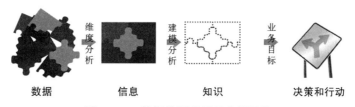

图 12-28 数据挖掘项目的分析思路

下面以一个具体案例对这个过程进行演示。

本数据来自 PKDD 数据挖掘竞赛使用的数据，由一家捷克银行提供，虽然和国内业务背景存在一定的差异，但是是一个不错的可作为银行场景下进行业务分析的数据集。这份数据涉及 5300 个银行客户的 100 万笔的交易、700 份贷款信息与近 900 张信用卡信息。通过分析这份数据可以获取与银行服务相关的业务知识。例如，明确哪些客户有更多的业务需求，及早发现潜在的损失。

PKDD99 数据具体说明如下。

- 账户表：每条记录描述了一个账户的静态信息，共 4500 条记录。
- 客户信息表：每条记录描述了一个客户的特征信息，共 5369 条记录。
- 权限分配表：每条记录描述了客户和账户之间的关系，以及客户操作账户的权限，共 5369 条记录。
- 支付订单表：每条记录描述了一个支付命令，共 6471 条记录。

❑ 交易表:每条记录描述了一个账户上的一条交易,共 1056320 条记录。
❑ 贷款表:每条记录描述了一个账户上的一条贷款信息,共 682 条记录。
❑ 信用卡:每条记录描述了一个账户上的一条信用卡信息,共 892 条记录。
❑ 人口地区统计表:每条记录描述了一个地区的人口统计学信息,共 77 条记录。

表间关系说明如图 12-29 所示。一个人可以有多个账户,一个账户可以对应多个顾客号(Client),即多个人可以共管一个账户。账户与客户号的对应关系在 Disposition 中列示。Loan 和 Credit Card 为银行提供给客户的服务,一个账户可以有多张信用卡,且一个账户只能有一笔贷款。

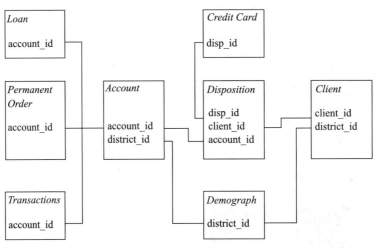

图 12-29　表间关系

下面我们从三个方面进行分析。

(1)维度分析

有商业智能经验的人初次接触维度分析这个概念时会联想到联机分析处理(OLAP),这两个概念有相通之处。后者是为业务分析服务的,因此将信息归结到公司各级部门这个粒度。比如某支行、分行或总行的某业务数量。数据挖掘的维度分析会更为广泛,是指将数据按照研究对象进行信息提取。比如,如果需要研究的是个人客户的消费行为,则需要将数据以客户为粒度进行归结。这样问题就来了,银行保存的客户数据非常多,如何去整理这些数据以获取需要的信息,而且单独从公司内部获取数据是否可以满足分析的需求?为了回答这些问题,我们需要进行深入研究。不同的分析主体需要的客户信息是不同的。下面提供了一个信息获取框架,如图 12-30 所示。在实际操作中,我们可以按照以下 4 个方面进行考虑。

1)表征信息:分析个人客户也被称为人口统计。该信息主要涉及最基本的性别、年龄。这类信息与客户的行为预测并不具有因果关系,只是根据历史数据统计得到的。比如,随着年龄的变化,客户会对房贷、消费贷款、教育储蓄、个人理财等产品产生需求,但是年龄并不是对这些产品产生需求的根本原因，其实婚龄才是其原因。只不过婚龄和年龄在同一时期人群中高度相关罢了。同理，性别和某种业务表现的高相关性很多是来自外界对不同性别的行为期望。这类数据对于银行、4S 店这类需要客户临柜填写表格的公司而言是可以获取真实信息的，而电商是难以获取真实信息的。

2）行为信息：行为是内部需求在外部特定环境下的一种表现。首先，行为是内部需求的结果。比如，客户将手头的钱存起来，以应对不时之需。其次，这些行为是在特定环境下表现出来的，在活期理财产品推出之前，活期存款是唯一的选择。

3）状态信息：指客户的社会经济状态和社会网络关系。社会学认为，人之所以为特定的人，就在于其被固化在特定的关系之中，这被称为嵌入理论。了解了客户的社会关系，就了解了外界对该客户的期望，进而推断出其需求。通过深入的分析，甚至可以推断出客户未来的需求，达到比客户更了解自己的状态。

4）利益信息：如果可以知道客户的内在需求，这当然是最理想的，但这类数据的获取方式是很匮乏的。传统方式是通过市场调研、客户呼入或客户投诉获得相关数据。现在利用微博和论坛等留言信息，公司可以便捷地获取客户评价信息。

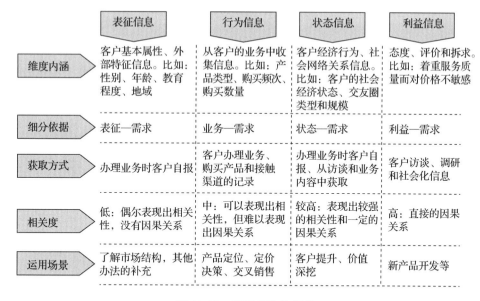

图 12-30　信息获取的框架

以上介绍了维度分析要注意的主要方面。下面以 PKDD99 为具体案例利用 SAS EG 构建贷款客户违约预测模型。在贷款表中还款状态变量记录了客户的贷款偿还情况，其中 A 代表合同终止且正常还款，B 代表合同终止但是未还款，其他代码标识合同未结束。

1）打开贷款（LOANS）表，打开"查询生成器"对话框，保留可用于建模的样本，生成表 WORK.Step0，如图 12-31 所示。

图 12-31　保留建模样本

2）将所有维度的信息归结到客户账号（account_id）这个粒度上。首先是客户表征信息，客户的人口信息保存在客户信息表（ClIENTS）表中。但是，该表是以客户为主键的，需要和权限分配表（DISP）相连接才可以获得账号级别信息。连接条件如图 12-32 和图 12-33 所示。

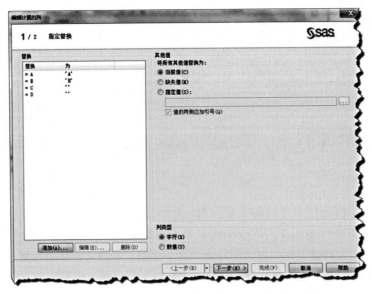

图 12-32　账号级别信息

第 12 章 构造二分类变量的预测模型 ❖ 261

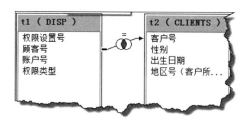

图 12-33 连接条件

3）由于生日是不能用于建模的，这里需要创建年龄变量。在"查询生成器"对话框中单击"计算列"选项，输入表达式，并将变量取名为 age，如图 12-34 所示。

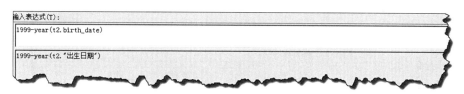

图 12-34 输入表达式

4）由于只有账户所有者才能申请贷款业务，因此对账户类型进行筛选，只保留账户所有者，如图 12-35 所示。

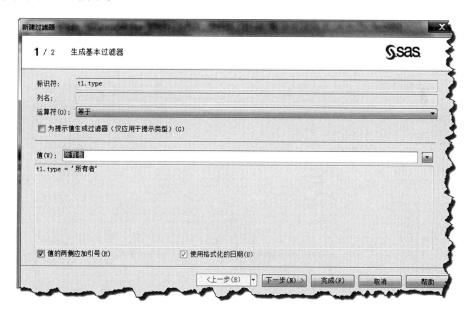

图 12-35 账户所有者筛选

5）选取所需变量，将输出表命名为 WORK.setp1，保存在 WORK 逻辑库下，如图 12-36 所示。

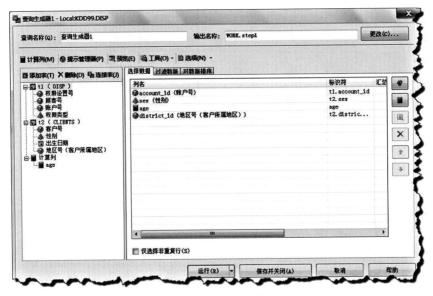

图 12-36 输出表命名

6）为了确保账户信息无重复记录，使用"数据→排序"命令执行剔重操作。

7）对账户行为数据进行汇总，这里只考虑业务信息。每个账户的交易行为保存在交易表中。对于交易数据，一般使用频次（F）、最近一次交易时长（R）和交易量（M）将交易归结到账号这个粒度上。在 SAS EG 中打开"查询生成器"对话框可以方便地完成这个工作，如图 12-37 所示。

图 12-37 查询生成器对话框

其中,COUNT_of_date 代表 3 年间的交易次数;f_tran(=COUNT_of_date)代表交易频次;MAX_of_date 代表最后一次交易的时间点;R_tran(= '01jan1999' d-MAX_of_date)代表最近一次交易时长;SUM_of_amount 代表平均的交易金额;m_tran(=SUM_of_amount)代表交易金额;AVG_of_balance 代表平均账户余额。这里只是为了做简单的演示,实际数据挖掘操作中还会涉及更精细的变量生成。比如,对交易类型分别计算 FRM 变量的变化趋势。对于支付订单表,我们需要执行同样的操作,此处省略。

8)整理客户的社会经济信息,并归结到账户维度这个粒度上。将刚才生成的 WORK.Step1 表和人口地区统计表(District)做连接,选择需要的变量,生成表 WORK.Step3,如图 12-38 所示。

图 12-38　表做连接形成新表

9)将 WORK.Step0 和 WORK.Step1、WORK.Step2、WORK.Step3 分别进行左连接,生成表 WORK.QUERY_FOR_ANALYSIS,并在原始变量的基础之上生成衍生变量。比如,失业增长率(ump_gr=A13/A12-1)、犯罪增长率(crm_gr=A16/A15-1)、贷款占比(Loan_rate=amount/Avg_of_balance)。至此,维度分析和数据整合结束,如图 12-39 所示。

(2)建模分析

这部分是从信息中获取知识的过程。数据挖掘方法分为分类和描述两大类,其中预测账户的违约情况属于分类模型。下面使用逻辑回归对刚才整合的数据建模,如图 12-40 所示。可以看到,最近三年内交易的频次和账户金额的平均值与违约为负向关系,最近三年的平均交易金额和贷款占账户金额的比例与违约有正向关系。严格来讲,得到的估计并不一定是知识，只有被证明其是无误的、可解释的，并且是稳定的，才能认为是知识。

图 12-39　维度分析和数据整合

最大似然估计分析					
参数	自由度	估计	标准误差	Wald卡方	Pr > 卡方
Intercept	1	2.0577	1.5896	1.6755	0.1955
f_tran	1	-0.0112	0.00572	3.8207	0.0506
m_tran	1	2.23E-6	5.27E-7	17.9074	<.0001
AVG_of_balance	1	-0.00015	0.000035	19.5830	<.0001
laon_rate	1	0.1945	0.0978	3.9562	0.0467

图 12-40　最大似然估计分析

更进一步，根据回归公式，我们可以预测每个账户的违约概率，如图 12-41 所示。如果违约概率取 0.13（违约的先验概率）作为阈值，大于 0.13 的账户被认为将会违约，小于 0.13 的账户被认为正常履约。

（3）业务目标分析

银行会在不同的决策中运用上一步得到的结论。在贷款审批方面，银行会对交易频繁引用等级，并且减少贷款占比较高账户的贷款额度。在信贷资金管理方面，银行获得每个账户的违约概率后，就可以预估坏账比例，及时做好资金安排。

	账户号	还款状态	单个概率: status=B
1	2	A	0.0545994295
2	19	B	0.6032919185
3	25	A	0.0497247403
4	37		0.1978340694
5	38		0.0578719139
6	67	A	0.1035013514
7	97		0.0202376573
8	103		0.0733196156
9	105		0.5328281647
10	110		0.0334301878
11	132	A	0.0948938146
12	173	A	0.0155563041
13	176	A	0.1172297939
14	226		0.0108698444
15	276		0.0154631111
16	290	A	0.018789303
17	303		0.0099247597

图 12-41　预测每个账户的违约概率

第 13 章
描述性数据分析方法

在做市场分析时，关注的产品和变量数比较有限，但是在做客户分析时，关注的变量和客户数就会猛增。如果沿用简单的统计描述方法，势必会消耗大量的时间，而且分析报告也会过于冗长。本章主要介绍两类简化分析的方法。首先是压缩变量，其中因子分析是一种建立在业务理解基础上压缩变量的方法。本章介绍主成分分析的目的只是向因子分析方法过渡，因此不强调该方法的实际运用。其次是压缩样本，其中系统分类法是在小样本场景下建立起来的。快速聚类法可以满足大样本场景的需求，可以根据指定的类别数量对样本进行划分。但是，有人认为这样预先指定划分数量过于武断。实际的商业数据分析是将两者相结合，俗称"两步聚类法"。

13.1 客户细分

13.1.1 客户细分的意义

客户细分在市场开发和产品设计中占有重要地位。对客户进行细分有利于深入洞察客户信息、提升业务运营效率和效益、降低运营风险、保持业务可持续增长。

中国移动的品牌划分是一个耳熟能详的案例。中国移动在分析客户长途和短途通话行为、短信和上网流量情况后，发现可以将客户分为 3 类，分别是长途和漫游通话占比高的客户、本地通话占比高的客户和数据业务使用量较高的客户。对应这三类客户，中国移动开发了 3 个产品，分别是全球通、神州行和动感地带。其实，客户细分远没有这么简单。中国移动分公司在三大产品内部还制定了不同类型的套餐来满足更小的细分市场。

客户细分是一个动态过程。一个客户从一个细分群体转到另一个群体的时候，既是客户流失的风险点，又是客户营销与价值深挖的时机。比如，一个长期短途市话占比较高的客户，其长途电话突然增加，这就是一个客户离网的预警信息。因为适合短途市话的套餐在长途电话费率方面是较贵的。客户如果对其他套餐不了解，只是道听途说某套餐的长途电话费率很便宜，这样该客户很可能就会更换套餐。此时，客户经理应该根据客户的通话特征提供更适合的套餐。比如，你发现该客户的长途通话是在一个很固定的地区，就可以推荐"两城一家"业务，即只要每月多花1元，就可以继续享受本地通话费率，这样就可以保留这个客户。

对客户细分的检测也是了解市场、预测未来变化趋势的主要方式。比如在近几年，手机用户的消费行为发生了明显变化。单纯的长途漫游特征已经很少，长途漫游加数据业务相结合的特征增强，具体还可以细分为商务办公型、时尚娱乐型、广泛社交型等不同子类型。这种消费行为就给业务发展指明了方向。只单纯提高通话质量，显然不能给这些细分人群提供更好的服务。

客户细分不仅可以指导研发人员开发新产品和了解市场，还可以提高利润。以往很多都是粗放式营销，更多的是关注客户数量，而轻视服务质量。比如前几年，各银行"跑马圈地"式地开展信用卡业务，关注的重点是开卡人数，缺乏对现有客户需求的深挖。近两年，各银行将部分注意力转移到现有客户的维护与价值深挖工作上。提高单客户的价值已经成为业界的共识。而客户细分在这方面有着重要的运用。只有了解自身客户的基本情况并全面分析，企业才能深挖客户需求，提供更有针对性的服务，如图13-1所示。

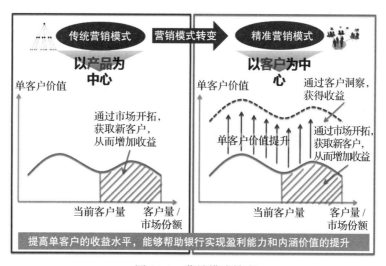

图 13-1 营销模式转变

表13-1列出了一些实际的商业目标和解决方法。可以看到，无论是客户价值深挖、客户保留、渠道优化和降低成本，都是客户细分的体现。

表 13-1　实际的商业目标和解决方法

Q：如何保持业务可持续增长	A：精细化的客户分析带来的改善机会
如何利用客户资源，提高单客户的价值和利润	在深入了解客户需求及特征的基础上实施针对性营销，提高销售的成功率，实现单客户价值和利润的提高
如何降低客户流失率，特别是识别并实现高价值客户的挽留	利用客户流失预测模型识别潜在流失客户，并结合客户特征，制定有针对性的挽留策略，加强对客户的流失管理。运用客户细分识别高价值客户，优先实施高价值客户挽留策略
如何提高现有渠道产能，在营销资源受限的情况下达到业务推广、降低成本的目标	通过潜在客户预测、交叉销售帮助客户经理、业务部门识别销售对象和时机，制定销售策略，提高销售成功率，在增加渠道产能的同时降低业务推广成本
低成本渠道将如何进一步拓展	基于对客户的洞察，识别线上等低成本渠道的潜在客户，对客户采取针对性的营销策略，引导客户往低成本渠道迁移并培养使用习惯

摘自：天睿（TeraData）公司《数据驱动的精准营销》。

客户细分是数据挖掘的基础，也是描述性数据挖掘的一个重要方面。数据挖掘运用场景是以客户生命周期为基础的。在客户不同的生命周期，我们需要运用不同的数据分析方法来了解客户的价值以及特征，以便企业做出适当的业务决策。

客户细分的分类依据是非常丰富的。根据不同的目标，我们可采用不同的指标或指标组合进行客户细分。我们可以根据个人或公司的状态特征、生命历程阶段、产品使用阶段、客户交易/消费行为、客户的产品偏好等属性进行划分。以下的几个示例只是抛砖引玉，供读者参考。

13.1.2　根据客户利润贡献细分

根据客户利润贡献细分可能是公司最早使用，而且是最常使用的分类方法。比如，中国移动的 VIP 卡就是按照平均话费来划分的。虽然全国各地的具体标准有所不同，但是分类方法基本一致。比如陕西部分城市，平均话费在 300 元以上可获得银卡，700 元以上可获得金卡，1700 元以上可获得钻石卡。图 13-2 是根据客户利润贡献划分的示例。

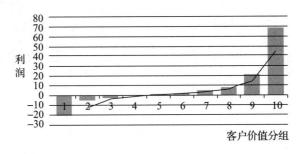

图 13-2　根据客户利润贡献细分

摘自：天睿（TeraData）公司《数据驱动的精准营销》。

这种分类的好处是简单明了，可以让业务人员快速识别客户的重要程度。但是，这种分类方法在客户营销管理方面提供的信息量很少，即使客服人员知道客户的等级，也不清楚他的需求，还需要其他客户细分信息作为补充。

13.1.3 根据个人或公司的生命历程细分

个人客户处在不同的生命阶段会产生不同的金融服务需求。一个初入职场的年轻人没有储蓄，但风险承担能力较高，可以适当投资一些风险回报较高的资产，比如，激进型基金理财产品。当人到中年时，财富积累达到了一定程度，虽然还有部分贷款，但是有了足够的资金来投资，这时可以投资一些收益与风险适宜的结构化理财产品。孩子独立、准备退休时，人生财富积累到顶点，但由于风险承担能力在减弱，因此更适合投资风险较低的债券或无风险的国债理财产品。客户的资产波动较大，代表其是高价值客户。既不存款也不贷款的客户是价值较低的客户。个人的生命历程如图13-3所示。

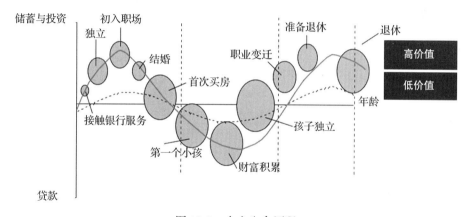

图 13-3　个人生命历程

摘自：天睿（TeraData）公司《数据驱动的精准营销》。

同理，企业处于不同发展阶段也会有不同的投资、融资需求。初创期的企业虽然资金需求较大，但是很难获得银行的贷款，其融资渠道主要是内部融资和权益融资。因此，此时的企业主要投资是存款。当业务发展前景良好，需要扩大投资时，单纯的内部盈余已经难以满足投资需求，企业会向银行提出贷款意向，经审批后获取贷款。当由成长期逐渐步入成熟期时，企业利润丰厚，但缺乏投资项目。此时，企业拥有较多的现金，金融机构可以为其订制金融产品，满足其资产保值、增值的需求。公司的生命历程如图13-4所示。

13.1.4 根据客户的产品偏好细分

个人客户投资倾向与客户的生命周期有一定的关联，但是并不完全一致。同样是老年人,也会分化为"积极投资族"和"储蓄族"。个人投资倾向信息可以从客户资料中获取。比如,在开通证券交易账户时,系统会询问投资风格。我们也可以通过客户以往的投资行为对其投资风格进行划分,如图13-5所示。

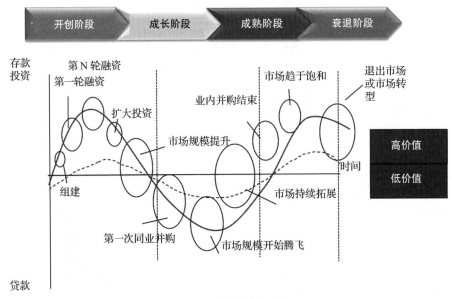

图13-4 公司生命历程

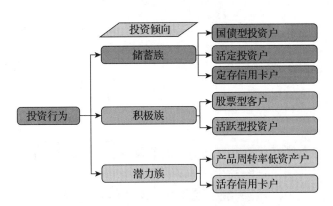

图13-5 根据投资行为对个人客户划分

处于同样发展阶段的企业,其运营模式不同,偏好的融资产品及贷款方式也会有所不同。比如,季节性波动较大的企业、农产品加工企业,其短期贷款的比例较大,而且贷款和还款的时间规律性强。根据贷款行为对企业划分的示例如图13-6所示。

13.1.5 根据客户的多维行为属性细分

根据客户的多维行为属性细分是一种客户细分的重要方法。这种方法是RFM方法的自然延伸。RFM 方法每次仅能分析一个维度，也就是说只能分析客户在一个业务上的分类情况。如果希望比较多个业务的消费行为，就需要通过 RFM 方法针对每个业务构造变量。如图 13-7 所示，根据传统通话业务及新数据业务的情况，客户可以细分为双低型、新业务发烧型、新业务尝试型以及传统高价值型。这里需要注意的是，一般每个业务使用情况变量是同类指标，要么都是使用频次，要么都是使用消费额度。

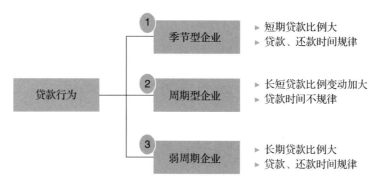

图 13-6　根据贷款行为对企业进行划分

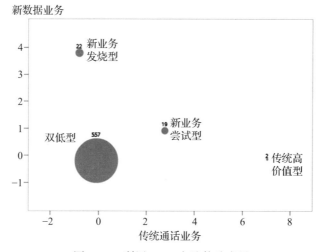

图 13-7　利用 RFM 方法构造变量

13.1.6　根据客户结构细分

这类客户细分方法在技术上和 13.1.5 节完全一样，但是使用的变量不再是业务的 RFM 指标，而是对业务战略发展有指导意义的指标。比如，在分析现有客户结构、确定未来重点发展方向时，使用图 13-8 所示的两个指标。其中，人均资产代表客户的长期价值，资产数额越高，代表未来为公司带来高收益的可能性越大；人均贡献代表客户的当前价值。由图 13-8 可以看出，中产阶级的用户基数较高，人均资产较高，但是人均贡献低。这表明该群体的需求还没有得到激发，或者公司目前的产品没有提供令他们满意的服务，需要在今后改进。

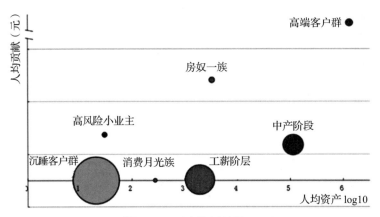

图 13-8　两个指标情况

13.1.7　综合应用

在实际应用中，单个方面的客户细分很难满足需求。比如，生命周期处于同样阶段的客户会存在分化现象，这就要求将多种分类方法进行结合，从而得到更精准的客户画像，以便于制订更有针对性的客户管理策略。如图 13-9 所示，案例中将 3 个客户分类进行组合，得到细致的客户群信息，然后深度挖掘客户需求，预先制订客户管理策略，其中主动型策略会与客户事件相结合。比如，高价值、年轻已婚客户的理财产品到期，业务人员需要主动对客户营销，推荐高风险、高回报的理财产品。而有些策略不需要和客户事件结合。比如，对于低价值、未婚客户，业务人员只需制订成长型培育方案，定期给客户发送理财指导即可。

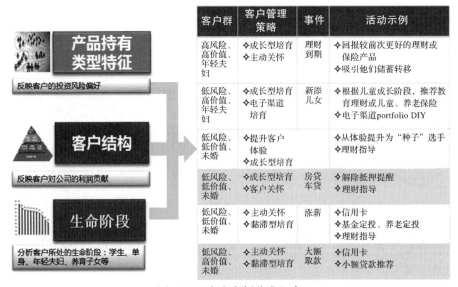

图 13-9　客户案例分类组合

可以看出，客户细分的过程就像搭积木，首先对原始数据进行维度分析，根据细分目的选取相关的变量进行客户细分，得到的细分结果其实就是分类变量，再根据这些分类变量的取值进行组合，从而得到更细致的分类。

13.2 连续变量间关系探索与变量压缩

13.2.1 多元变量间关系统计基础

描述性数据挖掘要求了解连续变量之间的关系，并进行准确的变量缩减。我们可通过观察两变量的分布状态，判断连续变量之间的关系。下面给出了两个正态变量的联合密度函数的分布情况，如图 13-10（二元正态分布）和图 13-11（二元正态分布的等高线图）所示。如果两个变量没有关系，两变量联合密度函数分布是一个等高线为圆形的山峰；如果两个变量有线性关系，两变量联合密度函数分布是一个等高线为椭圆形的山峰。

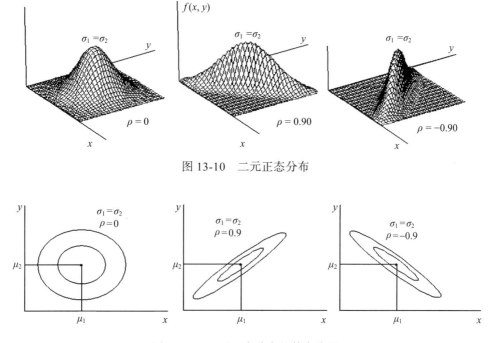

图 13-10　二元正态分布

图 13-11　二元正态分布的等高线图

联合密度函数和等高线并不能被真正地观察到。在实际分析中，我们只能通过散点图来展现连续变量之间的关系。如图 13-12 所示，如果散点图呈圆形，代表两变量间没有关系；如果散点图呈向上的椭圆形，代表两变量间有正向相关关系；如果散点图呈向下的椭圆形，代表两变量间有负向相关关系。

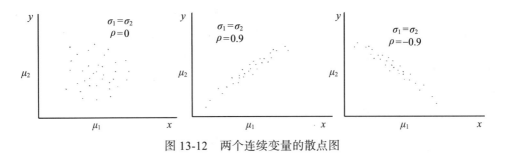

图 13-12 两个连续变量的散点图

散点图还可以揭示变量间是否存在线性、二次、周期性等相关关系，如图 13-13 所示。如果散点图散乱、不成型，变量间不存在关系。

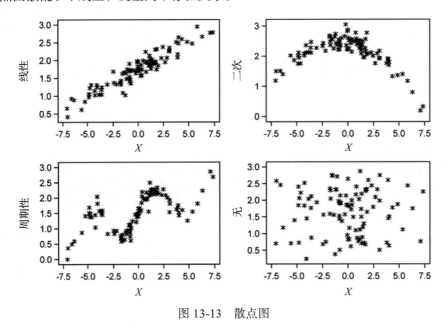

图 13-13 散点图

如果要精确地知道两个连续变量关系的强弱，我们可以使用相关性统计来量化。连续变量间线性关系衡量的重要指标为皮尔森相关系数，公式为：

$$r = \frac{\sum(x_i - \bar{x})(y_i - \bar{y})}{\sqrt{\sum(x_i - \bar{x})^2 \sum(y_i - \bar{y})^2}} = \frac{\sigma_{xy}}{\sigma_x \sigma_y}$$

皮尔森相关系数的取值区间为 (−1, 1)。当皮尔森相关系数为 1 时，两连续变量之间存在强正相关关系；当皮尔森相关系数为 −1 时，两连续变量之间存在强负相关关系；当皮尔森相关系数为 0 时，两连续变量之间不存在相关关系，如图 13-14 所示。

如果希望同时展现多个连续变量之间的关系，可

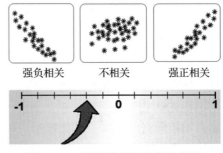

图 13-14 两连续变量之间的关系

以使用散点图矩阵,如图 13-15 所示。

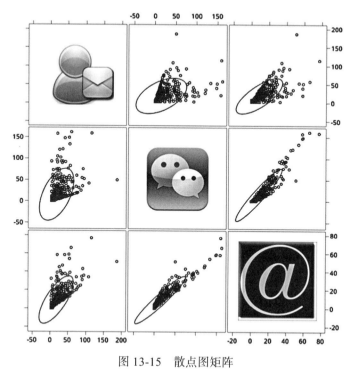

图 13-15　散点图矩阵

【**案例分析 13-1**】　在 SAS EG 中使用散点图矩阵和相关分析对表 "PROFILE_TELECOM" 中连续变量之间的关系进行描述。

选择"任务→绘图→散点图矩阵"选项,在散点图矩阵中选择要分配的列角色,如图 13-16 所示。如果要绘制相关系数矩阵,可选择"分析→多元→相关系数"选项,在"相关分析"中选择要分配的任务角色,如图 13-17 所示。

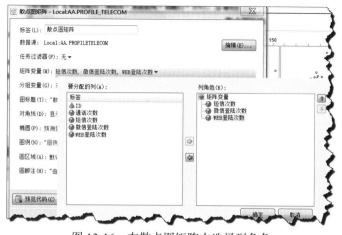

图 13-16　在散点图矩阵中选择列角色

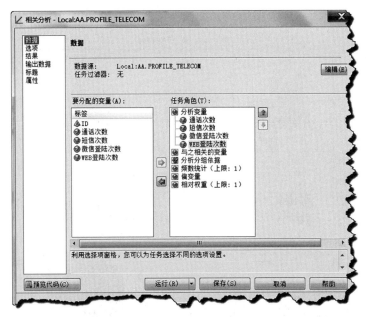

图 13-17　在相关分析矩阵中选择任务角色

13.2.2　多元变量压缩的思路

我们在通过分析数据做决策时，需要遵从一定的原则，对变量进行分类。这被称为维度分析。这里的维度是指表述事物的不同方面，比如从长、宽、高 3 个维度描述立体形状；从思维、认识、创造、适应环境和表达 5 个维度描述个人的智力情况。从 13.2.1 节的分析中可以看到，收集的数据中有很多是高度相关的，这表明这些变量很可能提供的是同一维度的信息。这就需要对变量进行压缩，从大量的数据中归纳出最具代表性的变量。以下三个问题有助于认清维度分析的重要性。

- ❑ 一个企业有多个产品，如何根据其表现制定发展战略？
- ❑ 一个外企计划开拓中国市场，应该先主攻哪个省？
- ❑ 一个拥有技术但缺乏社会资源的大数据创业公司，选择哪个行业更容易成功？

对于第一个问题，企业可以获取的关于产品的信息有很多，比如利润率、费用比率、年销售增长率、市场饱和度、产品知名度、专利覆盖度和市场占有率。这些信息对制定产品发展战略都有意义。而波士顿咨询公司认为，只有相对市场占有率和市场成长率这两个变量在回答这个问题上最有价值，并固化为"波士顿矩阵"，如图 13-18 所示。通过分析图 13-18 不难看出，相对市场占有率和利润率、产品知名度有较强的关系，反映了该产品的市场地位和产生现金流的能力。而市场成长

图 13-18　波士顿矩阵

率和市场饱和度强相关，反映了产品的市场发展潜力。

对于第二个问题，波士顿咨询公司也给出了示例答案。市场规模和市场增长率是在回答这个问题上最有价值的变量，如图 13-19 所示。

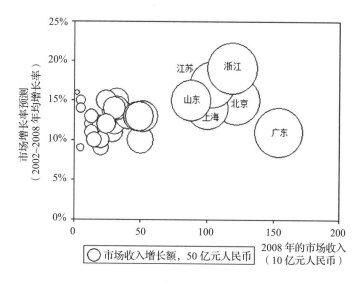

图 13-19　市场规模和市场增长率示例

对于第三个问题，在判断行业选择方面涉及的指标较复杂，包括大数据价值潜力指数和海量数据捕捉难易程度指数，如图 13-20 所示。这两个指标在信息、数据等方面都更具综合性。

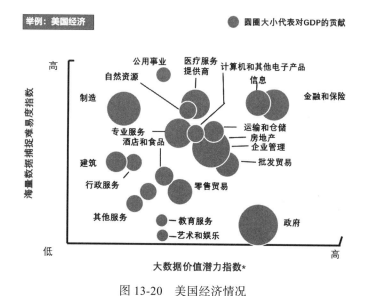

图 13-20　美国经济情况

现在，读者可能对变量压缩有了一点感性认识。变量压缩的目的是找到描述问题的重要维度。这无非有两种解决方法：一种是将变量进行归类，从每类变量中找出最具代表性的变量（这种方法称为变量聚类）；另一种是将变量归类后，将该类所有变量的信息进行整合，产出一个指数（该方法称为因子分析，该指数称为因子）。SAS EG 没有提供现成的变量聚类功能。不过，因子分析完全可以胜任变量聚类的任务。

在介绍因子分析之前，我们不得不先介绍主成分分析。这两种方法经常被一起提到，并且被混淆。从变量的维度分析而言，因子分析可以很好地完成，而主成分分析只能起到提取原始变量主要信息的作用，并不能从变量维度分析。因此，主成分分析的使用场景是受限的，仅可以用于单指标的打分和构造分类模型。关于主成分分析和因子分析方法辨析的文章有很多，比如，从数学表达式的假设和计算方法进行区分。笔者更偏好从两种方法的适用范围和目的进行区分。在学习中，了解主成分分析只是为学习因子分析打基础。

13.2.3 主成分分析

主成分分析的目的是构造输入变量的线性组合，尽量解释数据的变异性。这些线性组合被称为主成分，它们形成的降维数据可用于进一步的分析。

如图 13-21 所示，图中比较长的直线代表第一个主成分。样本在该方向上的投影最长，表明该成分能够解释原始数据最多的变异，即方差最大。图中比较短的直线代表第二个主成分，与第一个主成分正交，能够最多地解释数据剩余的变异。一般而言，每个主成分都需要与之前的主成分正交，并且能够最多地解释数据剩余的变异。

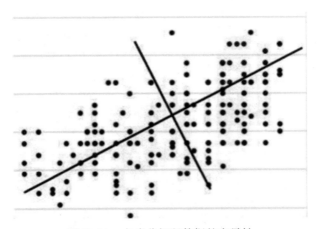

图 13-21 主成分解释数据的变异性

三维空间的相关连续变量呈椭球状分布。只有这样的分布，才可以做主成分分析。如果呈球形分布，说明变量间没有相关关系，则没有必要做主成分分析，也不能做变量压缩。

提取第一个主成分时，首先找到这个空间椭球的最长轴，即数据变异最大的轴，如

图 13-22 所示。

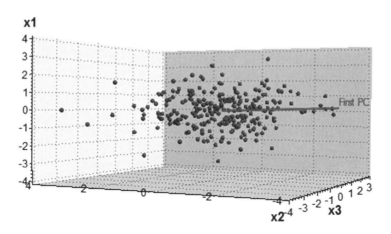

图 13-22　三维空间的相关连续变量

提取第二个主成分时，在所有与第一特征根垂直的方向上，找到第二长轴，如图 13-23 所示。

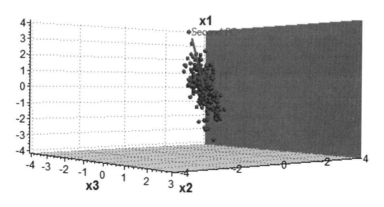

图 13-23　与特征根垂直的三维空间

我们可以通过建模方式，确定输入变量的主要成分。用 $X' = X_1, X_2, \cdots, X_p$ 表示随机向量，它的方差 – 协方差矩阵为 $\boldsymbol{\Sigma}$，

$$Z_1 = \boldsymbol{a}_1' \boldsymbol{X} = a_{11} X_1 + a_{12} X_2 + \cdots + a_{1p} X_p$$
$$Z_2 = \boldsymbol{a}_2' \boldsymbol{X} = a_{21} X_1 + a_{22} X_2 + \cdots + a_{2p} X_p$$
$$\vdots$$
$$Z_p = \boldsymbol{a}_p' \boldsymbol{X} = a_{p1} X_1 + a_{p2} X_2 + \cdots + a_{pp} X_p$$

其中 $Z_1, Z_2, \cdots, Z_p$ 就是需要寻找的主成分，要求主成分两两之间是正交的。

根据主成分分析模型，可知有多少个变量就会有多少个正交的主成分。主成分的变异（方差）之和等于原始变量的所有变异。前若干个主成分的变异（方差）解释了绝大多数的变异（方差）。如果原始变量不相关，即协方差为 0，则不需要做主成分分析。

下面对变量之间的方差 – 协方差矩阵 Σ 的特征值与特征向量进行分析。特征根方程为 $|\lambda I - S| = 0$，求解得到特征根，并将其由大到小排序，$e_1, e_2, \cdots, e_p$ 分别表示它们的特征向量。特征向量之间线性无关。这样的变换在线性代数中称为线性变化。

对 Σ 进行正交分解，得到这样的 $(\lambda_1, e_1), (\lambda_2, e_2), \cdots, (\lambda_p, e_p)$ 特征根 – 特征向量对。

第 i 主成分为：

$$Z_1 = e'_i X = e'_{i1} X_1 + e_{i2} X_2 + \cdots + e_{ip} X_p, \ i = 1, 2, \cdots, p$$

主成分的方差 – 协方差为：

$$\mathrm{var}(Z_i) = e'_i \Sigma e_i = \lambda, \ i = 1, 2, \cdots, p$$
$$\mathrm{Cov}(Z_i, Z_k) = e'_i \Sigma e_k = 0, \ i \neq k$$

上面的公式表明 $\lambda_1 + \lambda_2 + \cdots + \lambda_p$ 的值等于原始变量的方差总和。

确定主成分的个数时，令 $\sigma_1, \sigma_2, \cdots, \sigma_p$ 表示原始变量的方差序列。它们之和等于全部主成分特征根之和，公式为：

$$\sigma_1 + \sigma_2 + \cdots + \sigma_p = \sum_{i=1}^{p} \mathrm{Var}(X_i) = \lambda_1 + \lambda_2 + \cdots + \lambda_p = \sum_{i=1}^{p} \mathrm{Var}(Z_i)$$

每个主成分解释的变异为：

$$\frac{\lambda_k}{\lambda_1 + \lambda_2 + \cdots + \lambda_p}$$

原始变量单位在不一致的情况下需要进行学生标准化，即所有原始变量的方差为 1。

主成分个数的选取原则有两个：第一个原则是单个主成分解释的变异不应该小于 1，比如，选取 3 个主成分，第 3 个主成分解释的变异相当于一个原始变量的变异；第二个原则是选取的主成分累积解释的变异应该达到 80%~90%。这两个原则是同时需要满足的，比如，选取 3 个主成分时累积解释的变异为 79%，而此时第 4 个主成分的特征根为 0.93，这时就可以选取 4 个主成分。

因为主成分是通过最大化线性组合的方差得到的，所以它对变量的测量尺度非常敏感。比如，一个输入变量是"企业销售额（元）"，最大观测和最小观测可以相差几千万元；而另一个输入变量是"企业雇员数"，最大观测和最小观测只相差几千元。因为"企业销售额"的方差比"企业雇员数"的方差大得多，所以它会主导主成分分析的结果，使得第一个主成分为"企业销售额"，而忽略了输入变量之间的关系。又比如，使用"万元"作为测量单位和使用"元"作为测量单位，得到的主成分分析结果会相差很大。在实际应用中，通常首先对各个输入变量进行标准化，使每个变量均值为零，方差为 1，这等价于使用相关系数

矩阵 R 替代方差-协方差矩阵 Σ 进行主成分分析。

我们可以从两个方面来解释所得的第 i 个主成分。第一个方面，考察第 i 个主成分对应的系数（即由系数绝对值较大的输入变量来解释第 i 个主成分）。值得注意的是，系数的正负本身没有意义，这是因为 Σ 或 R 的任意特征向量 e 取负之后，仍然是特征向量。但是，系数之间的正负对比是有意义的。第二个方面，计算第 i 个主成分与各输入变量的相关系数，由对应相关系数的绝对值较大的输入变量来解释第 i 个主成分。

之前已经提到，主成分分析的 3 种运用场景。

1）**做综合打分**。这类情况要求只给出一个综合打分，比如高考成绩的加总、员工绩效的总和排名，因此主成分分析比较适合。相对于将单项成绩简单加总的方法，主成分分析会赋予区分度高的单项成绩更高的权重，分析更合理。不过，当主成分分析不支持取一个主成分时，就不能使用了。

2）**对数据进行描述**。描述产品情况，比如子公司业务发展状况、区域投资潜力等这需要将多变量压缩到少数几个主成分上进行描述。压缩到两个主成分是最理想的。对于这类分析，做到主成分分析是不充分的，做到因子分析更好。

3）**聚类或回归等分析**。消除数据分析中的共线性问题。消除共线性问题常用的方法有三种，分别是同类变量中保留一个最有代表性的；保留主成分或因子；从业务理解上进行变量修改。下面给出对应的例子。

示例一：使用"LOAN_APLY"数据对客户信用度进行评级。

某金融服务公司为了了解贷款客户的信用程度，需要评价客户的信用等级。信用评级常用 5C 方法实现。

- 品格（Character）：指客户的名誉。
- 能力（Capacity）：指客户的偿还能力。
- 资本（Capital）：指客户的财务实力和财务状况。
- 担保（Collateral）：指对申请贷款项担保的覆盖程度。
- 环境（Condition）：指外部经济、政策环境对客户的影响。

以上每个单项得分都由专家给出。

在这个例子中，对企业的信用排序应该只有一个排序，因此需要将 5 个变量的信息进行汇总。首先需要检验是否可以对原始变量进行信息归纳，其次整合为一个指标，具体操作如下。如果得到的指标不能很好地代表原有的 5 个变量，表示这个任务未完成。

1）确定变量之间相关系数。多数变量之间有显著的强线性相关关系，这表明做主成分分析是有意义的。从图 13-24 可以看出，能力与资本、附带

	X1	X2	X3	X4	X5
X1 品格	1.00000	0.72666 0.0173	0.82534 0.0033	0.67631 0.0318	0.68556 0.0286
X2 能力	0.72666 0.0173	1.00000	0.92908 0.0001	0.93838 <.0001	0.84141 0.0023
X3 资本	0.82534 0.0033	0.92908 0.0001	1.00000	0.88346 0.0007	0.73348 0.0158
X4 附带担保品	0.67631 0.0318	0.93838 <.0001	0.88346 0.0007	1.00000	0.76256 0.0103
X5 环境条件	0.68556 0.0286	0.84141 0.0023	0.73348 0.0158	0.76256 0.0103	1.00000

Pearson 相关系数，N = 10
Prob > |r| under H0: Rho=0

图 13-24 变量之间的相关系数

担保品有较强的相关性，表明客户的偿还能力与其财务实力、财务状况和抵押资产有着重要的关系。

2）打开"分析→多元→主成分"对话框，将参与分析的连续变量放入对应的角色，如图 13-25 所示。

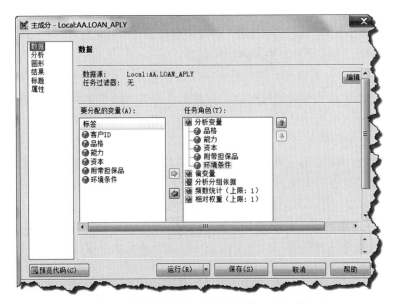

图 13-25　将参与分析的连续变量放入对应的角色

3）由于原始变量的量纲是一致的，所以单击"分析"的下拉菜单，然后选择"协方差"选项，如图 13-26 所示。

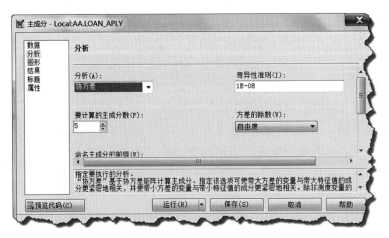

图 13-26　选择"协方差"选项

4）单击"运行"按钮后输出结果。输出结果包括两个方面，其中包括协方差矩阵的特征值，如图 13-27 所示。

总方差指的是原始变量总的变异。特征值是每个主成分解释的变异的数量。比例是指每个特征根解释的变异占原始数据总变异的比例。累积是强调累积到当前的主成分，总共解释变异的比例。

总方差	485.31477778

协方差矩阵的特征值				
	特征值	差分	比例	累积
1	410.505594	367.241611	0.8459	0.8459
2	43.263983	22.594102	0.0891	0.9350
3	20.669881	12.599063	0.0426	0.9776
4	8.070819	5.266318	0.0166	0.9942
5	2.804500		0.0058	1.0000

图 13-27　协方差矩阵的特征值

通过输出结果可以看出，第一个主成分解释了约 84.6% 的变异。根据选择主成分个数的第二个原则，其超过了 80%，这表明使用第一个主成分作为每家贷款企业的信用打分是适宜的。

输出结果给出了特征向量取值，如图 13-28 所示。

特征向量						
		PRIN1	PRIN2	PRIN3	PRIN4	PRIN5
X1	品格	0.468814	-.830612	0.021406	0.254654	-.158081
X2	能力	0.484876	0.329916	0.014801	-.287720	-.757000
X3	资本	0.472744	-.021174	-.412719	-.588582	0.509213
X4	附带担保品	0.461747	0.430904	-.240845	0.706283	0.210403
X5	环境条件	0.329259	0.122930	0.878054	-.084286	0.313677

图 13-28　特征向量取值

特征向量提供了从原始变量到每个主成分的转换系数（权重）。第一个主成分的得分计算公式为：

$$P_1=0.469\text{品格}+0.485\text{能力}+0.473\text{资本}+0.462\text{担保品}+0.329\text{环境条件}$$

我们可以利用特征向量的取值对主成分进行解释。对于第一个主成分而言，各变量所占比重大致相等，且均为正数，说明第一个主成分是对所有指标的一个综合测度，可作为综合的信用等级指标，可用于排序。

SAS EG 提供了计算每个样本在每个主成分上得分的功能。只要在“主成分结果”对话框中单击“保存”按钮（如图 13-29 所示），就可以获取并保存打分结果（如图 13-30 所示）。

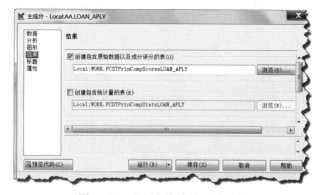

图 13-29　“主成分结果”对话框

客户ID	PRIN1
7	35.877457883
3	25.091224289
6	13.619783398
1	3.165810157
4	-4.356665011
5	-6.407140081
2	-9.00917313
8	-10.34402785
10	-13.83321647
9	-33.80405318

图 13-30　保存打分结果

在正确评估了客户的信用等级后，我们就能正确地制定信用期限、收款政策等，以便加强应收专款的管理。

示例二：对数据进行描述

cities_10 记录了 10 个沿海省（市）的经济情况。如何对这些省（市）的经济发展情况进行表述？

第一个主成分在表达经济总量指标上的权重相当，第二个主成分只在人均 GDP 上权重很高，因此可以为每个变量取一个名字，如图 13-31 所示。

		特征向量								
		PRIN1	PRIN2	PRIN3	PRIN4	PRIN5	PRIN6	PRIN7	PRIN8	PRIN9
X1	GDP	0.353682	-.212192	-.247627	0.384183	0.039060	0.165180	0.523242	0.141956	-.382345
X2	人均GDP	0.040555	0.942778	-.127315	0.121282	0.043348	0.229653	0.081859	0.116571	0.060800
X3	工业增加值	0.364148	-.009845	-.183606	0.341020	0.610942	-.238785	-.534805	0.000131	0.031377
X4	第三产业增加值	0.367584	-.045377	-.154498	0.301899	-.200596	-.012882	0.301955	-.612127	0.491456
X5	固定资产投资	0.365917	0.095213	-.165382	-.283114	-.220270	0.126849	-.223228	-.452498	-.656003
X6	基本建设投资	0.352119	-.023027	-.315878	-.736801	0.253840	-.049248	0.208173	0.187494	0.295764
X7	社会消费品零售总额	0.364419	-.135241	0.150223	0.023784	-.375304	0.545687	-.441122	0.329374	0.289954
X8	海关出口总额	0.297565	0.048047	0.802794	-.081281	0.385563	0.172984	0.233196	-.140819	-.072588
X9	地方财政收入	0.355405	0.183830	0.265924	0.007328	-.425018	-.718717	-.013739	0.267018	-.021050

图 13-31 对数据进行描述

当明确保留两个主成分合理时，我们就可以做散点图进行描述了。为了在散点图上加上数据标签，我们需要在 SAS EG 中运行如下脚本做结果展现，如图 11-32 所示。

```
proc sgplot data=prin;
xaxis label="经济总量水平";
yaxis label="人均水平";
scatter x=prin1 y=prin2/datalabel=AREA;
refline 0/axis=y;
refline 0/axis=x;
run;
```

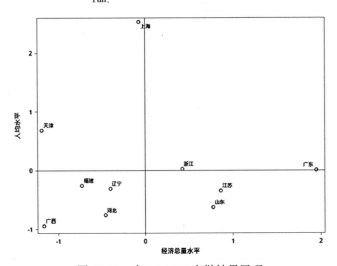

图 13-32 在 SAS EG 中做结果展现

如果一个数据的变量可以被压缩为两个主成分，我们可通过二维图完成样本聚类工作。如果因子多于两个，我们需要使用聚类算法进行样本分类。

示例三：聚类或回归等分析

这里使用"CREDITCARD_EXP"数据构造客户价值预测模型。但是，我们发现解释变量之间具有强相关性。以这样的数据构造的预测模型的稳健性差，因此需要事先进行处理。这里考虑使用主成分分析方法，具体操作如下。

1）做相关分析，如图 13-33 所示。

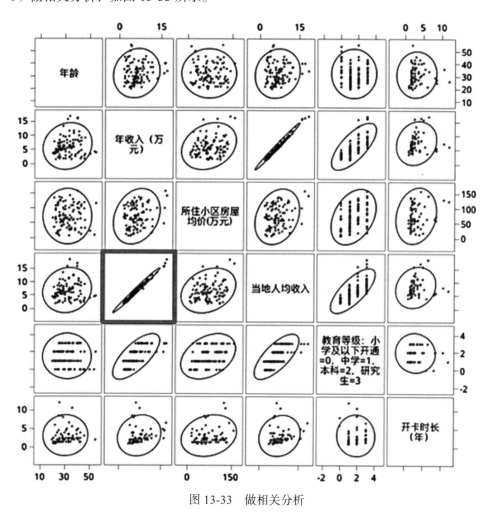

图 13-33　做相关分析

2）做主成分分析，只选入连续变量，如图 13-34 所示。

3）由于原始变量的量纲不同，单击"分析"下拉菜单，选择"相关分析"选项（如图 13-35 所示），之后单击"运行"按钮。

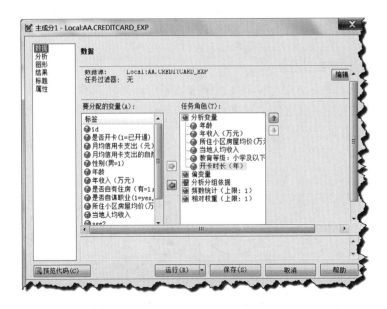

图 13-34　选入连续变量

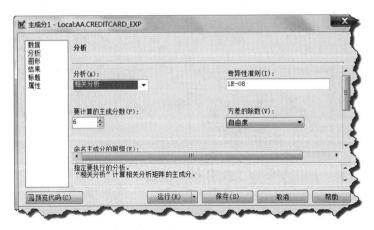

图 13-35　选择"相关分析"选项

4) 分析结果如图 13-36 所示。

	相关矩阵的特征值			
	特征值	差分	比例	累积
1	2.82440358	1.72757614	0.4707	0.4707
2	1.09682744	0.24542612	0.1828	0.6535
3	0.85140132	0.08646580	0.1419	0.7954
4	0.76493553	0.31214199	0.1275	0.9229
5	0.45279353	0.44315494	0.0755	0.9984
6	0.00963859		0.0016	1.0000

图 13-36　分析结果

由于有 6 个原始变量进行了学生标准化，每个变量的方差都是 1，因此总的方差为 6。第一个主成分的特征值为 2.8，可以理解为这个主成分解释了 2.8 个原始变量。由于本分析的目的是构造预测模型，选择主成分的尺度可以宽一些，取 3 至 4 个主成分，如图 13-37 所示。

特征向量		PRIN1	PRIN2	PRIN3
Age	年龄	0.330790	-.269983	-.106170
Income	年收入（万元）	0.548813	-.032165	-.248119
dist_home_val	所住小区房屋均价(万元)	0.264482	0.462300	0.780357
dist_avg_income	当地人均收入	0.550719	-.025440	-.228578
edu_class	教育等级：小学及以下开通=0，中学=1，本科=2，研究生=3	0.451061	-.207075	0.305083
duration	开卡时长（年）	0.112622	0.817818	-.415794

图 13-37　特征向量

【思考题】"PROFILE_BANK"记录了银行客户产品使用频数信息，希望使用这些数据构建银行客户画像。如何对这些信息进行约减？

请回答以下两个问题。

1）是否可以尝试给每个主成分取一个名字，以表达这个主成分所测量的维度？

2）主成分分析是否可以达到变量分类、维度分析的目的？什么情况下可以，什么情况下不能？

以下是思考题的解答。

首先给每个主成分取名字。我们看到每个变量与每个主成分都有一个权重系数。某个变量在这个主成分上的权重绝对值越大，说明这个变量对这个主成分的取值影响越大。也可以反过来说，这个主成分对这个变量的代表性越强。一个主成分不应该只代表一个原始变量。当其代表多个原始变量时，我们需要对这些变量进行归纳，并给它取一个有意义的名字。如果原始变量无法归纳，表明这个主成分的意义是不清晰的，也就无法取一个有意义的名字。

对于第一个例子，我们发现对于 PRIN1 主成分，每个原始变量在它上面的权重都很接近，因此没有办法明确这个主成分的意义。这种情况在主成分分析中非常普遍。一般，第一个主成分是对所有指标的综合测度，被称为综合指标。对于第二个主成分，CTN_TBM 变量对 PRIN2 的权重为 0.8342，绝对值是最高的，而且比第二个绝对值 0.3776 高很多。我们似乎可以说 PRIN2 这个主成分更多地代表了 CTN_TBM 这个变量。但是我们也要看到，除了 CTN_TBM 之外的 3 个变量在这个主成分上的权重其实并不很低，而且数值绝对值相当，只是有正有负，所以 PRIN2 是一个调和指标。因此，我们不能说第一个和第二个主成分分别解释哪个变量，也不能为每个主成分起名字。

"PROFILE_BANK"数据的主成分分析如图 13-38 所示。

第二个例子就有所不同。第一个主成分在表达经济总量指标上的权重相当，第二个主成分只在人均 GDP 上权重很高，因此这两个主成分可分别取名字。PRIN1 可以取名为"经济总量"指标，PRIN2 可以取名为"人均指标"。

特征向量		PRIN1	PRIN2	PRIN3	PRIN4
CNT_TBM	柜面次数	0.303020	0.834245	0.445132	0.118622
CNT_ATM	ATM机次数	0.555131	-.377566	0.135542	0.728630
CNT_POS	POS机次数	0.559520	-.315486	0.386716	-.661708
CNT_CSC	有偿服务次数	0.535673	0.248894	-.796201	-.131035

图 13-38　数据的主成分分析 1

"CITIES_10" 数据的主成分分析如图 13-39 所示。

		特征向量								
		PRIN1	PRIN2	PRIN3	PRIN4	PRIN5	PRIN6	PRIN7	PRIN8	PRIN9
X1	GDP	0.353682	-.212192	-.247627	0.384183	0.039060	0.165180	0.523242	0.141956	-.382345
X2	人均GDP	0.040555	0.942778	-.127315	0.121282	0.043348	0.229653	0.081859	0.116571	0.060800
X3	工业增加值	0.364148	-.009845	-.183606	0.341020	0.610942	-.238835	-.534805	0.000131	0.031377
X4	第三产业增加值	0.367584	-.045377	-.154498	0.301899	-.200596	-.012882	0.301955	-.612127	0.491456
X5	固定资产投资	0.365917	0.095213	-.165382	-.283114	-.220270	0.126849	-.223228	-.452498	-.656003
X6	基本建设投资	0.352119	-.023027	-.315878	-.736801	0.253840	-.049248	0.208173	0.187494	0.295764
X7	社会消费品零售总额	0.364419	-.135241	0.150223	0.023784	-.375304	0.545687	-.441122	0.329374	0.289954
X8	海关出口总额	0.297565	0.048047	0.802794	-.081281	0.385563	0.172984	0.233196	-.140819	-.072588
X9	地方财政收入	0.355405	0.183830	0.265924	0.007328	-.425018	-.718717	-.013739	0.267018	-.021050

图 13-39　数据的主成分分析 2

通过上面的分析发现，对于主成分分析，我们有时可以为每个变量起名字，有时不可以。当可以为每一个主成分起名字的时候，我们就有维度分析的感觉了。所谓维度分析，就是把研究的变量分成相互之间关联较弱的几个组，每组唯一代表一个维度。比如，人的智力可以分为逻辑思维、记忆、感知等维度，企业的财务情况可以分为偿债能力、盈利能力、发展能力等维度，国家经济可以分为经济总量和人均水平等维度。那么，主成分分析方法什么情况下可以完成维度分析，什么情况下不可以呢？这个问题留给读者自己解决。考虑明白这个问题，对后续的聚类分析和分类模型的构建有很大的好处。这里需要提醒的是，从权重角度来考虑，在做主成分分析时，如果一个变量的方差大，那样它的权重就高。同样，如果数据在某个维度上的变量过多，其在这个维度上的权重则会过大。

13.2.4　因子分析

一般得到的主成分中，第一个主成分是综合指标；第二个主成分是调和指标。图 13-40 至图 13-42 是以每个变量在这两个主成分上的权重做的散点图。因子旋转前如图 13-40 所示。

如果将主成分的坐标轴进行旋转，使一些变量的权重的绝对值在一个主成分上达到最大，在其他主成分上最小，可达到变量分类的目的。变量旋转分为正交旋转和斜交旋转，一般使用前者。正交旋转之后的散点图如图 13-41 所示。斜交旋转之后的散点图如图 13-42 所示。

图 13-40　每个变量权重的散点图

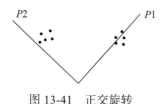

图 13-41　正交旋转　　图 13-42　斜交旋转

正交因子模型可以通过以下公式表达。

假设 $X=(X_1,\cdots,X_p)^T$ 是一个 p 维随机向量。

X 的均值向量为：

$$\boldsymbol{\mu}=(\mu_1,\cdots,\mu_p)^T$$

X 的协方差矩阵为 $\boldsymbol{\Sigma}$，其对角线上的 σ_k^2 值给出了 X_k 的方差（$k=1,\cdots,p$）。

令 $F_1,\cdots,F_q(q \leq p)$ 表示 q 个公共因子，令 $\varepsilon_1,\cdots,\varepsilon_p$ 表示特殊因子，则

$$\begin{aligned}X_1-\mu_1 &= l_{11}F_1+l_{12}F_2+\cdots+l_{1q}F_q+\varepsilon_1\\ X_2-\mu_2 &= l_{21}F_1+l_{22}F_2+\cdots+l_{2q}F_q+\varepsilon_2\\ &\vdots\\ X_p-\mu_p &= l_{p1}F_1+l_{p2}F_2+\cdots+l_{pq}F_q+\varepsilon_p\end{aligned}$$

写成矩阵的形式是：$X-\boldsymbol{\mu}=\boldsymbol{LF}+\boldsymbol{\varepsilon}$，其中 $\boldsymbol{F}=(F_1,\cdots,F_p)^T$ 是 p 维随机向量；$\boldsymbol{\varepsilon}=(\varepsilon_1,\cdots,\varepsilon_p)^T$ 是 p 维随机向量；$\boldsymbol{L}$ 称为因子载荷矩阵，其第 k 行、第 i 列的值 l_{ki} 表示 X_k 在因子 F_i 上的荷载。

因子载荷矩阵的估计是因子分析的主要问题之一。令 $\boldsymbol{\psi}$ 表示对角元素为 ψ_k 的 p 维对角矩阵，将输入变量 X 的方差-协方差矩阵和因子载荷矩阵的关系写成矩阵形式：

$$\boldsymbol{\Sigma}=\boldsymbol{LL}^T+\boldsymbol{\psi}$$

$\boldsymbol{LL}^T$ 是 $\boldsymbol{\Sigma}$ 中能被公共因子解释的部分；$\boldsymbol{\psi}$ 是 $\boldsymbol{\Sigma}$ 中不能被公共因子解释而归结于特殊因子的部分。

注意，尽管开始 $\boldsymbol{\psi}$ 被定义为对角矩阵，但实际上不一定能够找到一个对角矩阵正好满足上式。

主成分分析是最常用的估计方法。令 $\lambda_1 \geq \lambda_2 \geq \cdots \geq \lambda_p$ 表示 $\boldsymbol{\Sigma}$ 的特征值，$\boldsymbol{e}_1,\cdots,\boldsymbol{e}_p$ 表示对应的特征向量，统计理论证明 $\boldsymbol{\Sigma}$ 可以拆分为：

$$\boldsymbol{\Sigma}=\lambda_1\boldsymbol{e}_1\boldsymbol{e}_1^T+\lambda_2\boldsymbol{e}_2\boldsymbol{e}_2^T+\cdots+\lambda_p\boldsymbol{e}_p\boldsymbol{e}_p^T$$

对于任意 $i=1,\cdots,q$，令因子载荷矩阵 $\tilde{\boldsymbol{L}}$ 的第 i 列为 $\sqrt{\lambda_i}\boldsymbol{e}_i$，那么 $\tilde{\boldsymbol{L}}\tilde{\boldsymbol{L}}^T=\lambda_1\boldsymbol{e}_1\boldsymbol{e}_1^T+\lambda_2\boldsymbol{e}_2\boldsymbol{e}_2^T+\cdots+\lambda_p\boldsymbol{e}_p\boldsymbol{e}_p^T$。

对于任意 $1 \leq k \leq p$，$\tilde{\psi}_k=\sigma_k^2-\sum_{i=1}^{q}l_{ki}^2$ 令 $\tilde{\boldsymbol{\psi}}$ 为对角元素为 ψ_k 的 p 维对角矩阵。

$\tilde{\boldsymbol{L}}$ 和 $\tilde{\boldsymbol{\psi}}$ 就是 $\boldsymbol{L}$ 和 $\boldsymbol{\psi}$ 的估计值。

最大方差旋转（Varimax Rotation）是应用最广泛的因子旋转方法。它是一种正交旋转，

目的是使载荷平方的方差最大化，公式如下：

$$\sum_{k=1}^{p}\sum_{i=1}^{q}(l_{ki}^2-\frac{1}{pq}\sum_{k'=1}^{p}\sum_{i'=1}^{q}l_{k'i'}^2)^2$$

现有 10 个沿海省（市）的经济指标（保存在表"CITIES_10"中），研究人员希望根据经济指标对这些省（市）进行分类，即聚类分析。在聚类之前，我们需要首先明确这些变量之间的关系，否则如果某个维度上的变量过多的话，会过分地强调该维度的情况，而忽略了其他维度，因此需要进行因子分析。在 SAS EG 中的因子分析操作如下。

1）做主成分分析，明确保留因子的数量（略）。

2）打开"因子分析"对话框，将参与分析的连续变量放入对应的角色，如图 13-43 所示。

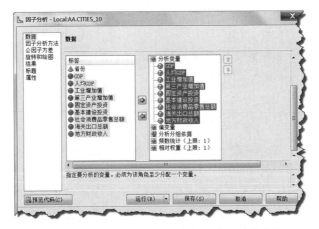

图 13-43　将因子分析的连续变量放入对应角色

3）选择估计方法，一般使用主成分分析方法，如图 13-44 所示。选择合适的因子数量，这需要用到第一步主成分分析的结果，因子个数的确定标准比较宽松，比如，特征根大于 0.7 就可以考虑保留该因子。

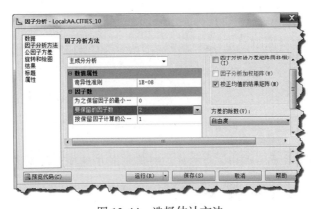

图 13-44　选择估计方法

4）因子分析旋转和绘图设置如图 13-45 所示。因子旋转之前的模式如图 13-46 所示。

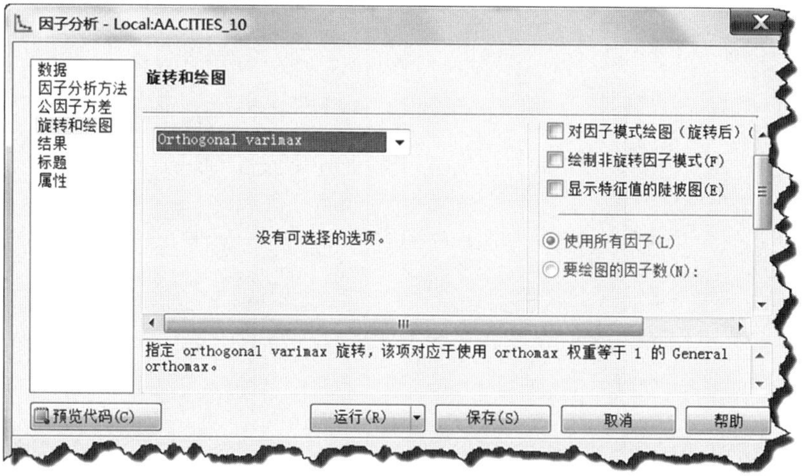

图 13-45　因子分析旋转和绘图

5）因子旋转之后的模式如图 13-47 所示。

因子模式	Factor1	Factor2
X1 GDP	0.94970	-0.22248
X2 人均GDP	0.10890	0.98850
X3 工业增加值	0.97780	-0.01032
X4 第三产业增加值	0.98703	-0.04758
X5 固定资产投资	0.98255	0.09983
X6 基本建设投资	0.94550	-0.02414
X7 社会消费品零售总额	0.97853	-0.14180
X8 海关出口总额	0.79901	0.05038
X9 地方财政收入	0.95433	0.19274

图 13-46　因子旋转之前的模式

旋转因子模式	Factor1	Factor2
X1 GDP	0.96273	-0.15675
X2 人均GDP	0.04077	0.99364
X3 工业增加值	0.97620	0.05683
X4 第三产业增加值	0.98797	0.02030
X5 固定资产投资	0.97338	0.16705
X6 基本建设投资	0.94493	0.04083
X7 社会消费品零售总额	0.98596	-0.07428
X8 海关出口总额	0.79367	0.10512
X9 地方财政收入	0.93884	0.25781

图 13-47　因子旋转之后的模式

6）因子旋转使得原始变量在两个因子上的权重更加两极分化，如图 13-48 所示。可以看出，变量被很好地分为两类。我们也可以尝试为每个因子命名。例如，因子 1 命名为经济总量水平；因子 2 命名为人均水平。

7）对样本进行打分。在因子分析的"结果"对话框中选择"因子"前面的单选框，将数据名称改为"Work.Factor"（也可以保持默认名称），如图 13-49 所示。单击"保存"按钮，保存输出的模式。

8）单击"运行"按钮后，得到样本的因子得分情况，如图 13-50 所示。

9）将数据分类结果以散点图展现。为了在散点图上加上数据标签，我们需要在 SAS EG 中运行如下脚本。

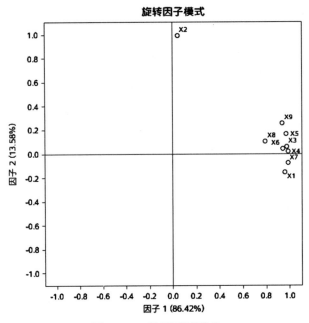

图 13-48 旋转因子模式

图 13-49 因子分析　　　　　　　　　　图 13-50 因子得分情况

```
proc sgplot data =Work.factor;
xaxis label=" 经济总量水平 ";
yaxis label=" 人均水平 ";
scatter x=factor1 y=factor2/datalabel =AREA;
refline 0/axis=y;
refline 0/axis=x;
run;
```

10）输出的散点图如图 13-51 所示。

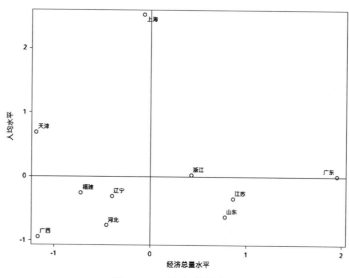

图 13-51 输出的散点图

以上的例子是数据变量被压缩为两个因子，我们可以通过二维图展现完成的样本聚类结果。如果数据变量压缩后的因子多于两个，则需要使用聚类算法进行样本分类。

综上所述，因子分析是主成分分析方法的拓展，可以很好地满足对变量进行维度分析的需求。对于没有业务经验的数据分析人员，在因子分析过程中，其是通过观察每个原始变量在因子上的权重绝对值来给因子取名称的。对于业务经验丰富的数据分析人员，其已经对变量的分类有一定的预判，可通过不同的变量转换（标准化）方式和旋转方式，使预判为同一组的原始变量在共同的因子上权重绝对值最大化。所以，因子分析的要点在于选择变量转换方式。因子分析作为维度分析的手段，是构造合理的聚类模型和稳健的分类模型的必备步骤。在这方面，主成分分析、脊回归、LASSO 算法回归只是在建模时间紧张和缺乏业务经验的情况下的替代办法。

13.3 聚类分析

13.3.1 基本逻辑

聚类分析是一种无监督数据挖掘方法，基于观测对象之间的相似度或距离分组观测对象。聚类分析有广泛的应用。客户细分就是典型的聚类分析的实际应用之一。一个好的聚类方法会产生高质量的聚类，即在同一类别内的观测相似度较高，而在不同类别的观测差异较大。

聚类分析的基本逻辑是计算观测值之间的距离或相似度，将距离较近（即相似度较高）的数据分为一类，具体可以分为以下 3 个步骤。

1）从 N 个观测和 K 个属性数据开始。

2）计算 N 个观测两两之间的距离，如图 13-52 所示。

Subject	1	2	3	…	N
1		1.782	2.538	…	47.236
2	1.782		0.821	…	39.902
3	2.538	0.821		…	41.652
…	…	…	…		…
N	47.236	39.902	41.652	…	

图 13-52 计算 N 个观测两两之间的距离

3）将距离最近的观测聚为一类，将距离远的观测分为不同的类，最终达到组间的距离最大化，组内的距离最小化。

聚类分析方法主要包括层次聚类、非层次聚类和两步法聚类。

1）层次聚类。层次聚类指的是形成类相似的层次图谱，以便于直观地确定类之间的划分。该方法可以得到较理想的分类，但是难以处理大量样本。

2）非层次聚类。非层次聚类，又称为 K 均值法，可将观测分为预先指定的、不重叠的类。该方法可以处理样本量巨大的分类，但是不能提供类相似度信息，不能交互地决定聚类个数。

3）两步法聚类。两步法聚类是先使用 K 均值法，然后使用层次聚类，进而获得大样本下的相似度信息。SAS EG 只实现了前两种方法。

13.3.2 层次聚类

其基本思想在于令 n 个样品自成一类，计算其两两之间的相似性，此时类间距离与样品间距离是等价的。把距离测度最小的两个类合并，然后按照某种聚类方法计算类间距离，再按最小距离准则合并类。这样每次减少一类，持续下去，直到所有样本都可归为一类为止，如图 13-53 所示。

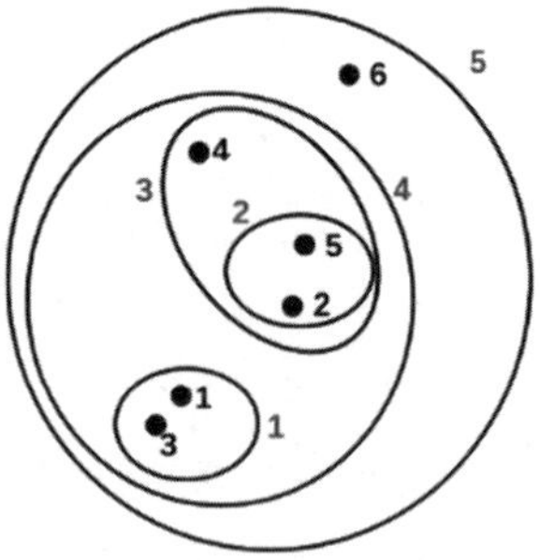

聚类过程可做成聚类谱系图。聚类谱系图的基本思路就在于按照两点之间的距离由小到大地依次进行连接。两点连接后形成的水平轴代表两点之间的距离。水平轴越低，距离越短，两点之间的相似度越高，如图 13-54 所示。

图 13-53 层次聚类法

因此，层次聚类法的基本步骤如下。

1）构造 n 个类，每个类包含且只包含一个样品。

2）计算 n 个观测两两之间的距离，构成距离矩阵。

3）将最近的两个观测聚为一类，将其看作一个整体并计算其与其他观测（类）之间的距离。

4）一直重复上述过程，直至所有的观测被聚为一类，并画聚类图。

5）决定类的个数和各类包含的样品数，并对类做出解释。

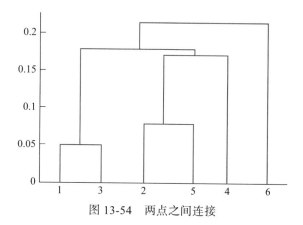

图 13-54　两点之间连接

要使用层次聚类法我们需要考虑 3 个基本问题：第一个是样本变量单位变化以及维度间权重变化是否会对层次聚类结果产生影响；第二个是如何计算两个观测之间的距离；第三个是如何确定两个观测类之间的距离（如图 13-55 所示）。

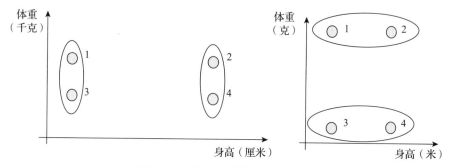

图 13-55　两个观测类之间的距离

首先，按理论来讲，变量单位变化不应该对层次聚类结果产生影响。但分析图 13-55 所示的情况，可以看出，变量单位的变化引起了聚类结果的变化。因为方差大的变量比方差小的变量对距离或相似度的影响更大，从而对聚类结果产生影响。一般情况下，数据的指标变量量纲不同或数量级相差很大。为了使这些变量的变异能放到一起比较，我们常需要对其做变换。在聚类前，通常需要对各连续变量进行标准化。常用的标准化方法有学生标准化、极值标准化和正态标准化。而在一些初步分析中，对变量进行简单的秩排序也可以得到较理想的结果。

学生标准化适用于服从正态分布的连续变量。学生标准化变换后的数据均值为 0，标准差为 1，消去了量纲的影响。当抽样样本改变时，它仍能保持相对稳定性。其计算公式如下：

$$\tilde{x}_i = \frac{x_i - \bar{x}}{S}$$

学生标准化是 SAS EG 聚类算法默认使用的,所以不需要手动完成。

极值标准化和正态标准化适用于偏态连续变量。SAS EG 的实现方式为:单击"数据→秩分析"选项,选择极值标准化和正态标准化,对偏态连续变量进行处理。极值标准化变换后的数据最小为 0,最大为 1,极差为 1,无量纲。

$$\tilde{x}_i = \frac{x_i - \min(x)}{\max(x) - \min(x)}$$

图 13-56 是这两种标准化后的效果,从分布情况来看,完全没有变化。

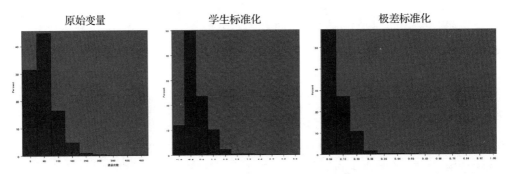

图 13-56　直方图上的差异

变量分布形式转换有别于学生标准化和极值标准化。常用的转换方式有百分位秩、Tukey 正态分布评分、取自然对数。

百分位秩是将变量从小到大排序,然后依次赋予序列号,最后用总的样本量除以序列号。其值域为 [0, 100]。SAS EG 的实现方式为:依次选择"数据→选项→百分位秩",如图 13-57 所示。

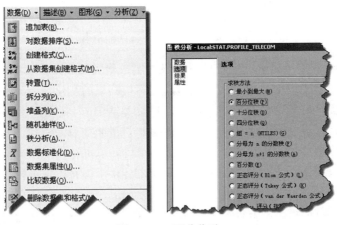

图 13-57　百分位秩

Tukey 正态分布评分在 SAS EG 中的实现方式为:依次选择"数据→选项→正态评分

(Tukey 公式)"，如图 13-58 所示。Tukey 正态分布评分是将均匀分布向正态分布做相应转换。

变量取自然对数是在 SAS EG 中的查询生成器内做设置。SAS EG 中的自然对数函数为 Log()。

以下是三种转换后的变量分布。对于一个任意分布的变量而言，百分位秩都是均匀分布。不过，当原始变量在某个取值占比过多时，即"结"太多，不能完全转换为均匀分布。其他两种转换都是转换为正态分布常用的方法。Tukey 在快速聚类方法中更常用，因为聚类分析关心的是每个个体取值的相对位置。取自然对数在构造分类模型（比如线性回归）时更常用，因为该转换具有经济学含义，代表该变量百分比的变化，如图 13-59 所示。

图 13-58　Tukey 正态分布评分

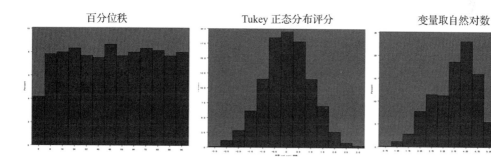

图 13-59　三种转换后的变量分布

我们需要根据不同的聚类目的，选择合适的标准化方法。如果是为了发现异常值，比如，对洗钱、诈骗等交易行为进行侦测，则应该保留数据的原有分布，仅进行学生标准化。如果是为了营销和客户管理，需要将客户较均匀地分为若干类，则应该对偏态数据进行一定的形态转换。需要强调的是，层次聚类不常进行变量转换，因为样本量太少，没必要。

为了得到合理的聚类结果，我们不但要进行变量的标准化，还要对变量进行维度分析。假设一组变量中，一个维度上有 5 个变量，而另一个维度上只有 1 个变量，则第一个维度的权重就被明显地提高了。一般情况下，每个维度上的变量个数应该是一样的。不过，分析人员也可以根据自己的判断在不同维度提供不同数量的变量，这相当于加大了一些维度的权重。一般，我们采用因子分析方法进行维度分析。在下面的例子中，读者可以比较一下是否进行维度分析对聚类结果的影响。SAS EG 默认在聚类分析之前进行主成分分析。但主成分分析不能满足观测数据维度分析的全部要求，因此需要根据样本的特征进行因子转换，对观测数据进行处理，并在保存的因子结果的基础上进行聚类分析。

层次聚类过程中的一个重要步骤就是计算两个观测点之间的距离。两个观测（两点）之间的距离可以通过欧氏距离和 Minkowshi 距离来表示。

欧氏距离表示为：

$$d_2 = (X_r - X_s) = [(X_r - X_s)'(X_r - X_s)]^{\frac{1}{2}}$$

Minkowshi 距离表示为：

$$D(x, y) = \left[\sum_{r=1}^{p} |x_r - y_r|^m\right]^{\frac{1}{m}}$$

在 Minkowshi 距离计算过程中，通常默认 $m=2$，即默认采用欧氏距离。由于 SAS EG 的聚类模块并不提供非欧氏距离的计算算法，所以本书不再介绍其他距离计算公式。

在确定观测点距离之后，将最近的两个观测聚为一类，将其看作一个整体并计算其与其他观测类之间的距离。计算两个类间距离的方法包括平均连接法、重心法和 Ward 最小方差法。以上方法都将观测类以椭圆形式呈现，以便最大限度地揽扩该类别的观测点。

平均连接法又称全连接法，即对一类的所有观测值与另一类的所有观测值分别计算两两之间的距离。如图 13-60 所示，平均连接法倾向于将大类分开，所有的类具有同样的直径。这种计算方法对异常值敏感，因此不够稳健。

下面以示例演示在 SAS EG 中做维度分析和不做维度分析的聚类。

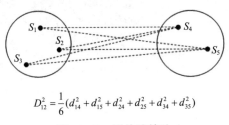

$$D_{12}^2 = \frac{1}{6}(d_{14}^2 + d_{15}^2 + d_{24}^2 + d_{25}^2 + d_{34}^2 + d_{35}^2)$$

图 13-60　平均连接法

重心法计算的是观测类各自重心之间的距离，如图 13-61 所示。重心法很少受异常值的影响，但因为群间距离没有单调递增的趋势，在树状聚类图上可能出现图形逆转，这限制了它的应用。重心法将两类间的距离定义为两类重心之间的距离。对样品分类而言，每一类的重心就是属于该类样品的均值。随着聚类的持续，距离不断缩小。该方法的谱系树状图很难跟踪，且符号改变频繁，距离计算起来比较麻烦。

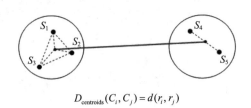

$$D_{\text{centroids}}(C_i, C_j) = d(r_i, r_j)$$

图 13-61　重心法

Ward 最小方差法是基于方差分析思想实现的。如果分类合理，同类样品间离差平方和应当较小，类与类间离差平方和应当较大。Ward 最小方差法并类时，总是使类内离差平方和增量最小。因此，该方法很少受到异常值的影响，在实际应用中的分类效果较好，适用范围广。但该方法要求样本间的距离必须是欧氏距离，公式为：

$$D_w(C_i, C_j) = \sum_{x \in C_{ij}} (x - r_{ij})^2 - \sum_{x \in C_i} (x - r_i)^2 - \sum_{x \in C_j} (x - r_j)^2$$

希望通过数据分析找到沿海 10 个省（市）中，哪些省（市）经济发展情况更相似。这些经济指标存放在表"CITIES_10"中。

（1）变量不做维度分析的聚类

1）分析每个变量的分布情况。如果发现严重的偏态分布，需要进行极值标准化。在本例中，由于样本量较少，大部分变量分布比较对称，使用聚类模块默认的学生标准化即可。

2）在菜单中打开"分析→多元→聚类分析"对话框，如图 13-62 所示。

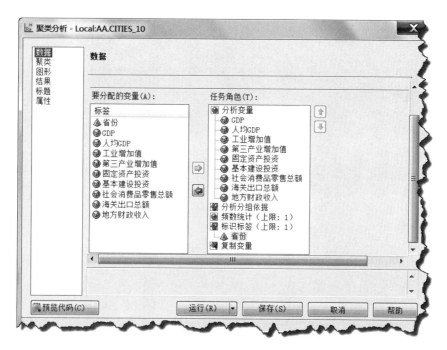

图 13-62　聚类分析

3）选择"Ward 最小方差法"作为计算观测类间距离的方法，如图 13-63 所示。
4）图形选项中默认勾选"聚类谱系图"，因此输出树形图结果，如图 13-64 所示。

（2）变量做维度分析的聚类

1）对分析变量进行因子分析，步骤详见案例分析 3-4。

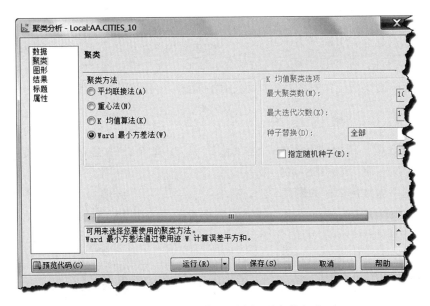

图 13-63　选择计算观测类间距离的方法

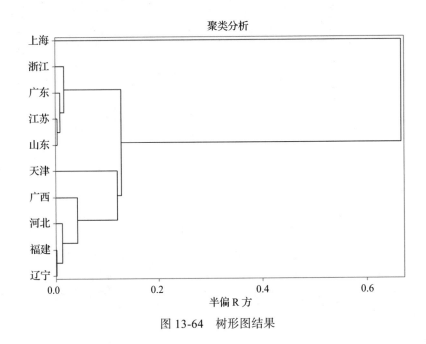

图 13-64　树形图结果

2）用上一步得到的两个因子进行聚类分析，输出树形图结果，如图 13-65 所示。

对比不做维度分析的聚类结果，可以发现，广东和山东、江苏之间的距离增大了，而且组间的距离也有所增大。做维度分析后的聚类结果较为理想。由于本次聚类只使用了两个因子，因此可以在二维图上展现聚类过程，如图 13-66 所示。

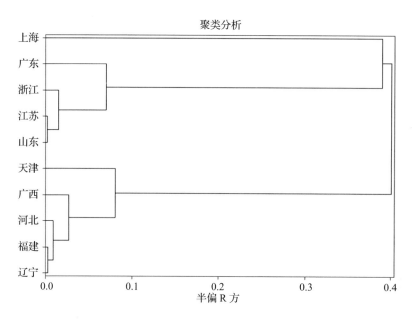

图 13-65　树形图结果

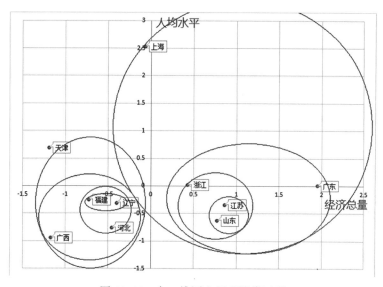

图 13-66　在二维图上展现聚类过程

13.3.3　快速聚类

快速聚类是一种动态聚类方法，属于非层次聚类，主要用于大样本的聚类。变量之间以欧氏距离为基础对数据进行分析，可以指定分类的最大数目。此聚类方法以迭代为基础，先对样本观测粗略分类，然后按某种最优准则逐步修改分类，直至达到最优为止。K 均值法是快速聚类的重要方法，主要分为以下 4 个步骤。

1）设定 K 值，确定聚类数（软件随机分配聚类中心所需的"种子"）。
2）计算每个记录到类中心的距离（欧式距离），并分成 K 类。
3）把 K 类中心（均值）作为新的中心，重新计算距离。
4）迭代到收敛标准为止。

如图 13-67 所示，通过多次迭代可以调整各类的中心及各类的范围，直到各类和类的中心趋于稳定为止。

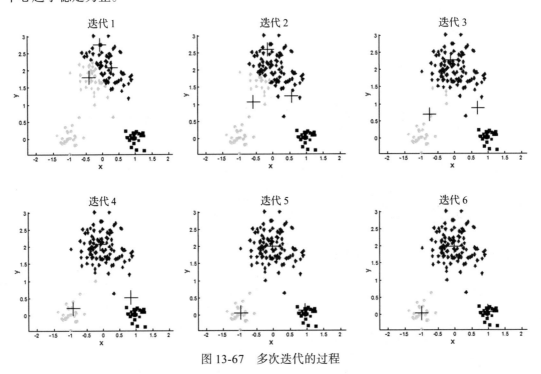

图 13-67 多次迭代的过程

初始点的生成对快速聚类结果的影响比较大。图 13-68 所示的聚类过程中，样本的类呈正"品"字形分布，而初始种子呈横"品"字形分布时，无论如何迭代，都无法达到理想的状态。

一种解决该问题的方案是重复多次随机生成种子（毕竟初始种子分布呈严重偏态是比较极端的情况），并快速聚类，计算分类的众数。SAS EG 提供了"种子替代"方法，你选择默认的"全部"替代即可。

下面以示例的方式展现如何在 SAS EG 中做聚类。

【案例分析 13-2】 电信公司市场部希望按照通信行为构建客户画像。数据保存在表"PROFILE_TELECOM"中。

查看每个变量的分布情况，发现这些变量都呈右偏分布。这是变量自然分布的反映。因此，聚类算法可用于异常值的检验和反常情况的侦测，例如洗钱或者客户欺诈行为的甄别。

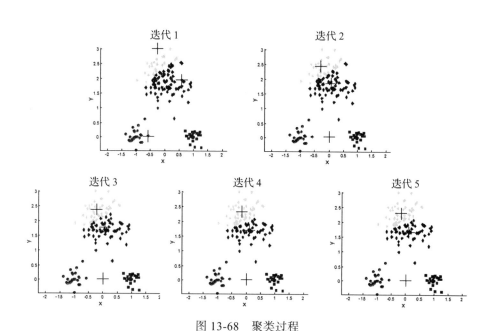

图 13-68　聚类过程

（1）不做变量维度分析和标准化

1）首先分析每个变量的分布情况，发现严重的偏态分布，但是并不做极差标准化，而是使用聚类模块默认的学生标准化。

2）在菜单中选择"分析→多元→聚类分析→K 均值算法"，并且指定聚成 4 类，如图 13-69 所示。

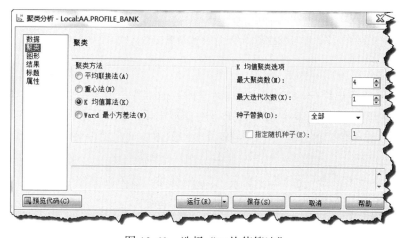

图 13-69　选择"K 均值算法"

3）保存聚类结果，如图 13-70 所示。

4）使用饼形图对聚类结果做描述，如图 13-71 所示。

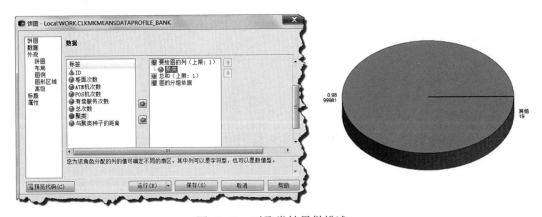

图 13-70　保存聚类结果

图 13-71　对聚类结果做描述

（2）做变量维度分析和标准化

出于对营销或客户维护的考虑，客户画像任务通常要求将客户均匀分为若干类。在进行多元统计分析是，适当的变量归一化是得到合理结果的前提。部分多元统计方法（主成分、因子分析、聚类等）提供默认的归一化方法，但不能满足数据分布多样化的需求。变量转换方式有以下两类。

❑ 消除量纲但不改变分布（归一化）：中心标准化、极差标准化。
❑ 消除量纲并改变分布：取对数、百分位秩、Tukey 评分等。

针对数据的右偏特征，我们可以对每个变量做对数变换，这可以在"查询生成器"中完成，也可以通过程序代码完成。示例如下：

```
data PROFILE_TELECOM;
set STAT.PROFILE_TELECOM;
ln_cnt_call=log(cnt_call+1);
```

```
ln_cnt_msg=log(cnt_msg+1);
ln_cnt_wei=log(cnt_wei+1);
ln_cnt_web=log(cnt_web+1);
run;
/*变量加1是为了避免出现0值*/
```

当然，我们在实际操作中也可以通过选择"数据→秩分析"选项，对数据进行排序，以避免数据右偏。这种方法的优势在于它是在基础业务数据的基础上进行排序分析，有利于在业务部门以及其他部门传达和沟通聚类结果。

1）维度分析。通过对 4 个变量进行相关分析，发现后 3 个变量之间有明显的相关关系。通过因子分析构造如下两个因子，如图 13-72 所示。其中，一个因子主要反映短信、微信和登录 Web 页面等数据业务使用情况；另一个因子主要反映传统通话业务情况。

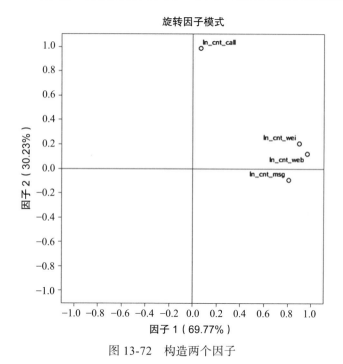

图 13-72　构造两个因子

在下一步分析之前，为两个因子命名，其中一个因子命名为"新业务行为"；另一个因子命名为"通话行为"。

2）快速聚类。将构造好的两个因子（新业务行为以及通话行为）作为分析变量，如图 13-73 所示。

此处，"聚类方法"选项选择"K 均值算法"，并且指定聚成 4 类，最大迭代次数选择默认值。最大聚类数需要根据实际的业务需求进行指定，并且可以根据输出结果进行修改。"种子替换"选择"全部"，以避免初始种子偏态对结果产生影响，如图 13-74 所示。

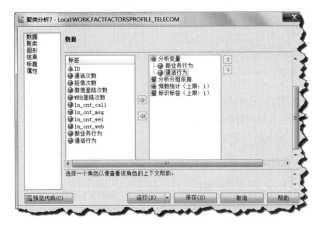

图 13-73 选分析变量

图 13-74 选择聚类方法和种子替换

3）将聚类分析结果保存在指定位置，如图 13-75 所示。

图 13-75 保存聚类结果

4）对聚类结果进行展示。首先，按照聚类结果对两个因子做描述性统计，然后将结果保存下来，如图 13-76 和图 13-77 所示。

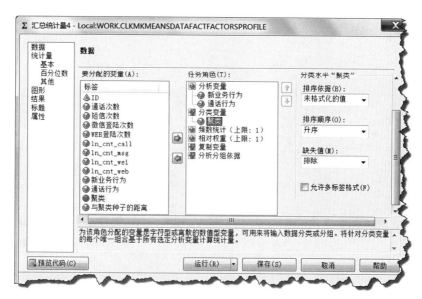

图 13-76　因子描述性统计

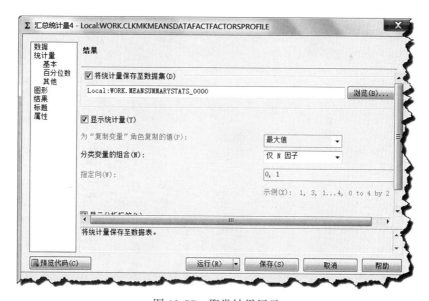

图 13-77　聚类结果展示

为了展现聚类结果中每个类的个体数量和变量取值情况，我们将汇总结果以气泡图呈现，如图 13-78 所示。

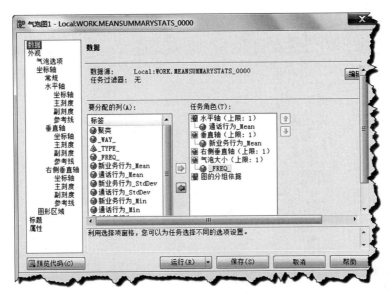

图 13-78　设置汇总结果展现形式

每类客户在两类业务中的表现情况如图 13-79 所示。

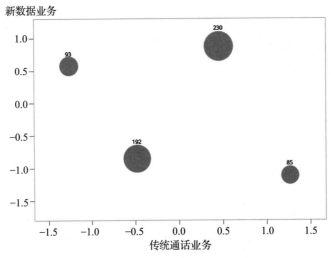

图 13-79　客户在两类业务中的表现情况

13.3.4　两步法聚类

层次聚类法可以明确地指出聚为多少类是合理的，但是样本量一般不超过 50。快速聚类法不受样本量大小的限制，但是不能提供聚类数量的指导依据。两步法聚类综合了二者的优点。下面用"PROFILE_BANK"数据集演示两步法聚类的全过程。

1）变量转换。由于参与聚类的前 4 个变量都是右偏分布，因此使用 Turkey 正态评分进行分布形式转换，如图 13-80 所示。

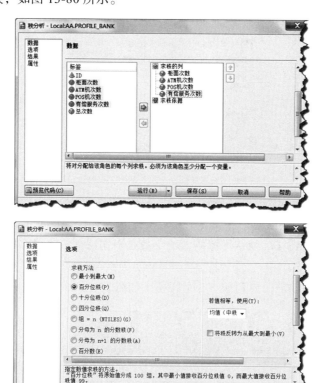

图 13-80　使用 Turkey 正态评分

2）选用 4 个原始变量百分位秩做因子分析，如图 13-81 所示。

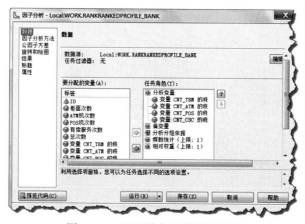

图 13-81　以百分位秩做因子分析

图 13-81 （续）

我们知道，对于该数据集，保留 3 个主成分是最合理的，因此此处直接在"要保留的因子数"中填入 3。SAS EG 默认保留的因子个数是根据特征根来确定的，这一般不符合我们保留因子个数的标准。

3）之后选择因子旋转，得到如下 3 个因子，如图 13-82 所示。

旋转因子模式		Factor1	Factor2	Factor3
rank_CNT_TBM	变量 CNT_TBM 的秩	0.12957	0.97834	0.16569
rank_CNT_ATM	变量 CNT_ATM 的秩	0.88587	0.02794	0.15160
rank_CNT_POS	变量 CNT_POS 的秩	0.84842	0.19085	0.15821
rank_CNT_CSC	变量 CNT_CSC 的秩	0.20901	0.17323	0.96243

图 13-82　得到的因子

因子 1 代表新兴渠道；因子 2 代表传统渠道；因子 3 代表有偿服务。

4）使用生成的 3 个因子进行 K 均值快速聚类，如图 13-83 所示。

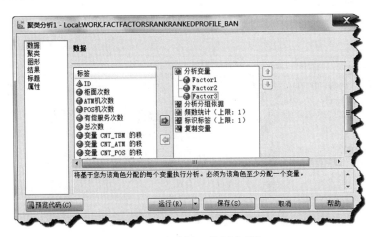

图 13-83　选择"分析变量"

5)"聚类算法"选择为"K 均值算法","最大聚类数"设为 10,并保存聚类结果,如图 13-84 所示。

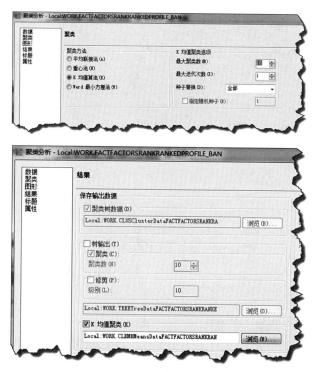

图 13-84　设置聚类算法并保存结果

6)首先使用 K 均值算法快速聚类,然后进行层次聚类。

①首先获取每类中因子的均值,如图 13-85 所示。

图 13-85　获取每类中因子的均值

②其次，根据得到的均值选择 ward 法进行层次聚类，如图 13-86 所示。

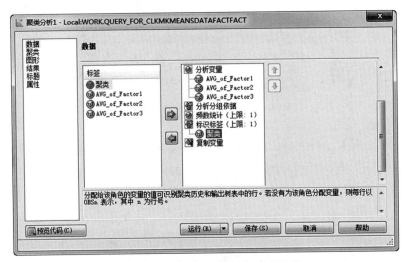

图 13-86　选择 ward 法进行层次聚类

从图 13-87 可以看出，聚为 2 类、4 类、5 类都是可取的。虽然聚为 2 类在统计指标上最可取，但是不太满足业务要求；聚为 5 类从统计指标上看没有聚为 4 类好，因此决定聚类数为 4。我们需要手工将聚类信息添加到原始数据中，比如第一大类对应 6、9、10 小类。但这样做比较麻烦。我们也可以回到 K 均值聚类，再次聚类为 4 类即可。

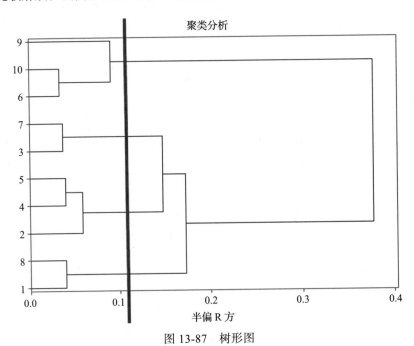

图 13-87　树形图

7）结果展现如图 13-88 所示。聚类结果中每个类的样本量大体一致。

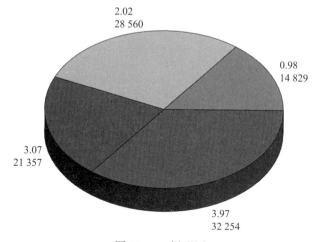

图 13-88　饼形图

Chapter 14 第 14 章

时间序列分析

时间序列数据是在多个时间点上收集的某个体的数据,其分析方法体系庞大且理论众多。本章不会涉及时间序列分析的各个方面,只是提供了商业中时间序列预测的两个分析框架。

本书其他章节涉及的方法为横截面数据分析方法,即在分析数据的时候假设样本之间是不相关的。但是,本章分析的样本具有相关性,因此处理方法不同。

14.1 时间序列及其分析方法简介

在实际分析工作中,我们会遇到很多与时间序列有关的数据,比如某电商每个月的销售额、某网站一个月内的日访问量等。时间序列是按时间顺序排列、随时间变化且相互关联的序列。图 14-1 所示是一种典型的时间序列数据。

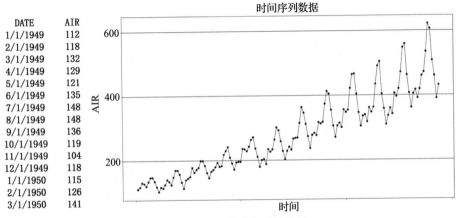

图 14-1 航运公司客运量数据

时间序列分析是数据分析的一个重要领域。按研究对象划分，时间序列可以分为一元时间序列和多元时间序列；按时间属性划分，时间序列可分为离散时间序列和连续时间序列；按序列的特性划分，时间序列可以分为平稳时间序列和非平稳时间序列，如表14-1所示。

表14-1 时间序列分类

维　　度	时间序列分类
按照研究对象	一元时间序列、多元时间序列
按照时间连续性	离散时间序列、连续时间序列
按照序列的特性	平稳时间序列、非平稳时间序列

常用的初级时间序列数据分析方法有两类：一类为效应分解法，即把时间序列分解为趋势、周期、随机部分，并对趋势和周期效应使用曲线拟合；另一类为ARIMA法，其可以根据数据产生的机理构建动态模型，实际上是根据数据扰动项之间的相关性构建预测模型，详情如表14-2所示。

表14-2 初级时间序列分析方法

分析方法	简　　介	适用场景
效应分解法	将时间序列分解为趋势、周期、随机三个效应，并对前两个效应使用曲线进行拟合	适用于所有类型的时间序列数据，需要事先根据数据的走势判断趋势和周期特征，并设置好参数
ARIMA法	通过分析前后观测点之间的相关关系构建动态微分方程，用于预测	适用于所有类型的时间序列数据，需要事先判定AR、I、MA三个组成部分的参数

时间序列的三种效应主要包含以下几种组合方式。

1）加法模型，即三种效应是累加的：

$$x_t = T_t + S_t + I_t$$

其中，T代表趋势，S代表季节效应，I代表随机效应，如图14-2所示。

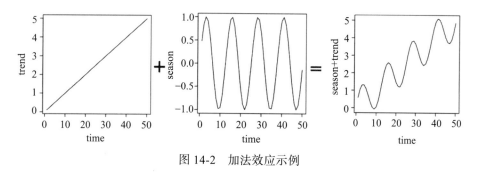

图14-2 加法效应示例

2）乘积模型，即三种效应是累积的：

$$x_t = T_t \times S_t \times I_t$$

乘法效应会使时间序列数据趋势叠加，使得周期振荡的幅度随着趋势变化而变化，如图 14-3 所示。

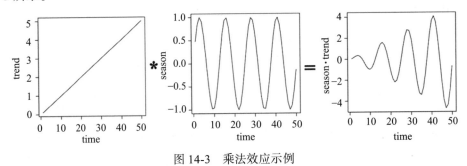

图 14-3　乘法效应示例

14.2　利用效应分解法分析时间序列

气温、自然景点的旅游人流等时间序列可以分解为趋势、周期性/季节性、随机性 3 个主要组成部分。其中，前两部分属于时间序列的稳定部分，可以用于预测未来。

本节主要介绍如何利用 SAS EG 和 Python 实现时间序列分析。

14.2.1　时间序列的效应分解

时间序列主要包含以下几种效应。

1）长期趋势变动：序列朝着一定的方向持续上升或下降，或停留在某一水平上。它反映了客观事物的主要变化趋势。比如随着企业近段时间不断拓展业务，销售额稳步上升的趋势。

2）周期性/季节性变动：周期性通常是指经济周期，由非季节因素引起的涨落起伏。比如 GDP 增长率随经济周期的变化而变化。但是，周期性变动稳定性不强。在实际操作中，我们很难把握周期性变动，因此主要考虑的是季节性变动。季节性变动是指季度、月度、周度、日度的变化，比如啤酒的销售量在春夏季较高而在秋冬季较低。

3）随机变动：随机变动指随机因素导致时间序列的小幅度波动。

另外，还有节日效应。比如因为春节引起的高交通运量、"双十一"促销引起的网上商品销售量骤然上升等。本书不涉及节日效应的内容。图 14-4 所示为这三种效应的分解。

14.2.2　SAS EG 实现方式

利用 SAS EG 实现时间序列分析具体步骤如下。

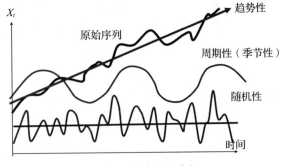

图 14-4　三种效应的分解

打开"分析→时间序列→基本预测"对话框,在确认了模型基本数据之后,单击"预测选项",选择预测方法为"Winters 乘法"。时间序列需要确定观测值的时间间隔,这里将"每个季度的时间间隔数"选为"12";将"观测间的时间间隔"选为"每月",如图 14-5 所示。时间间隔数指的是在一个周期中观测数据的次数。

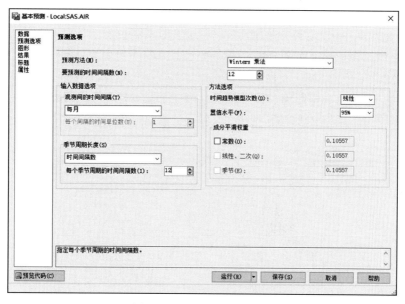

图 14-5 "基本预测"选项

注意,预测的方法包括逐步自回归、指数平滑法、Winters 乘法以及 Winters 加法。在不考虑季节效应的情况下,一般选择的是逐步自回归和指数平滑法。在考虑季节效应的情况下,一般选择的是 Winters 乘法和 Winters 加法。下面逐一介绍预测方法。

1) 逐步回归法:指将时间的一次项和二次项作为解释变量,对数据进行曲线拟合。如果数据有明显的时间趋势,可采用该方法。其公式为:

$$X_t = b_0 + b_1 t + b_2 t^2 + \varepsilon_t$$

2) 指数平滑法:指最近 N 期数据对当前数据有预测作用,而且样本数据与当前数据的时间间隔越小,样本权重就越大。指数平滑法适用于数据没有固定趋势且波动较大的情况。其公式为:

$$M_t^{(1)} = \frac{1}{9}(5y_t + 3y_{t-1} + y_{t-2})$$

3) Winters 乘法:适用于随着时间推移,季节效应增强的时间序列。当时间序列随着时间推移波动逐渐变大时,我们一般选择 Winters 乘法。其公式为:

$$X_t = (a + bt)s(t) + \varepsilon_t$$

4）Winters 加法：适用于随着时间推移，季节效应不变的时间序列。当时间序列随着时间推移波动较为平稳时，我们一般选择 Winters 加法。当然，我们也可以通过比较预测方法计算出预测结果的有效性，进而选择预测方法。其公式为：

$$X_t = a + bt + s(t) + \varepsilon_t$$

以下是 Winters 加法和 Winters 乘法预测比较。

如图 14-6 所示，虚线代表的是原始数据，竖虚线左侧实线（图 14-6a）代表的是预测数据与原始数据的拟合情况。而竖虚线右侧实线（图 14-6b）代表的是预测曲线，上下两条点状虚线代表 95% 的置信区间。有两个准则可以作为选择估计方法的标准：第一个准则是在竖虚线的左边，预测值和实际值越接近越好；第二个准则是在竖虚线的右边，95% 的置信区间越小越好。根据两个准则判断，Winters 乘法的预测更优。

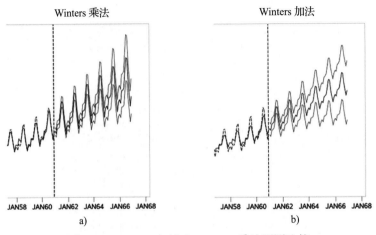

图 14-6　Winters 加法和 Winters 乘法预测比较

14.2.3　Python 实现方式

图 14-1 示例数据是一份有明显趋势性、季节性的时间序列数据涉及 1949 年到 1960 年航运公司每月的客运量。

对于这类数据，我们可以使用 Facebook 数据科学家团队贡献的 fbprophet 包进行效应分解分析。首先导入用到的包。

```
import pandas as pd
from fbprophet import Prophet
import matplotlib.pyplot as plt
%matplotlib inline
```

然后使用 Pandas 的 read_csv 函数读取数据 AirPassengers.csv。此时，"DATE"变量没有被识别为日期类型，而是被识别为字符类型，因此需要使用 Pandas 的 to_datetime 函数将字符串转换为日期类型。其代码和输出结果如表 14-3 所示。

表 14-3　航运公司客运量数据集中的部分数据

```
df = pd.read_csv('AirPassengers.csv')
df['DATE'] = pd.to_datetime(df['DATE'])
df.head(2)
```

	DATE	AIR
0	1949-01-01	112
1	1949-02-01	118

以下这一步比较重要，因为 Prophet 函数只能处理单变量的时间序列。导入的第一列数据必须是日期类型，变量名为"ds"；第二列必须为数值类型，变量名称必须为"y"。代码和输出结果如表 14-4 所示。

表 14-4　符合 Prophet 函数要求的数据

```
df = df.renanme(columns={'DATE': 'ds',
                         'AIR': 'y'})
df.head(2)
```

	ds	y
0	1949-01-01	112
1	1949-02-01	118

下面使用 Prophet 函数对时间序列"df"进行建模。虽然该函数有很多参数，但是大部分时候，我们采用默认参数即可。其中，只有两个参数需要修改：一个是 growth 参数，用于指定长期趋势部分的拟合函数的形式，选项有 linear 和 logistic。通过观看 AirPassengers 的趋势，我们可以确定其是线性趋势。假设时间序列的趋势是非线性的，无论是指数形式还是对数形式，均可以选择 logistic。另一个是预测值的置信区间默认为 80%，而我们常用的是 95%，因此需要修改。

```
#设置趋势的形式和预测值的置信区间
my_model = Prophet(growth='linear',interval_width=0.95)
my_model.fit(df)
```

接下来使用构建的模型 my_model 进行预测。第一条语句用于准备好预测使用的日期字段，periods 参数指定预测的期数，由于 freq 设置为"MS"（代表月度数据），因此 36 期代表生成了 3 年的月度字段。第二条语句使用只有日期字段的空表进行预测。其预测的输出变量较多，主要变量是时间序列的预测均值（yhat）、预测均值 95% 置信区间的下限（yhat_lower）、预测均值 95% 置信区间的上限（yhat_upper）。代码和输出结果如表 14-5 所示。

其中，uncertainty 选项用于设置是否需要在图中展现置信区间。

```
my_model.plot(forecast,uncertainty=True)
```

在图 14-7 中，实线为预测均值，灰色区域为 95% 置信区间，点为原始数据。可以看到，最后三年为预测数据。

表 14-5 效应分解法的代码和预测结果

```
futuew_dates = my_model.make_future_dataframe(periods=36, freq = 'MS')
forecast = my_model.predict(future_dates)
forecast[['ds', 'yhat', 'yhat_lower', 'yhat_upper']].tail(2)
```

	ds	yhat	yhat_lower	yhat_upper
178	1963-11-01	535.335567	492.476365	578.075821
179	1963-12-01	564.953015	519.993529	610.586768

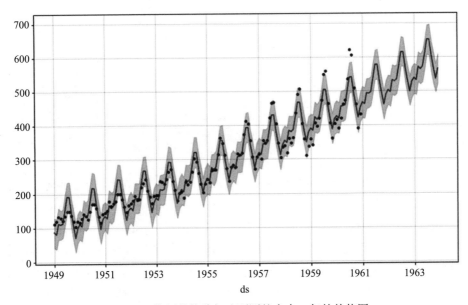

图 14-7 使用趋势分解法预测的未来 3 年的趋势图

从图 14-7 中可以发现，随着时间的推移，季节效应的振幅逐渐增大。但是，Prophet 函数本身没有设置加法效应和乘法效应的选项，只能做加法效应模型。如果需要做乘法模型，需要对时间序列取自然对数。建模语句如下：

```
import math
my_model = Prophet(growth = 'linear',interval_width=0.95)
my_model.fit(df)
future_dates = my_model.make_future_dataframe(periods=36, freq='MS')
forecast = my_model.predict(future_dates)
forecast['yhat']=np.power(math.e, forecast['yhat'])
forecast['yhat_lower']=np.power(math.e, forecast['yhat_lower'])
forecast['yhat_upper']=np.power(math.e, forecast['yhat_upper'])
forecast[['ds', 'yhat', 'yhat__lower', 'yhat_ upper']].tail(2)
my_model.plot(forecast,uncertainty=True)
```

从图 14-8 中可以看到，对时间序列取自然对数的预测结果更符合实际情况。

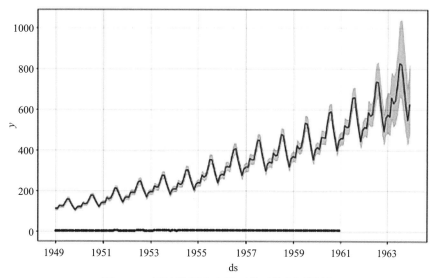

图 14-8　原始数据取自然对数后的预测结果

图 14-9 是使用 Prophet 函数建模的流程图。

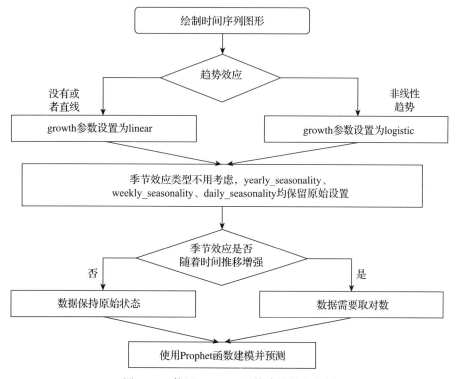

图 14-9　使用 Prophet 函数建模的流程图

14.3 平稳时间序列分析

本节详细讲解平稳时间序列的含义,并且详细讲解了 AR、MA 及 ARMA 模型以及利用 Python 实现 AR 模型。

14.3.1 平稳时间序列简介

在统计学中,平稳时间序列分为严平稳与宽平稳两种。如果一个时间序列中,时间序列数据的概率分布与时间无关,则该序列为严平稳时间序列。但是在通常情况下,时间序列数据的概率分布很难获取,因此我们实际中讨论的平稳时间序列是指任意时间下,序列的均值、方差存在且为常数;自协方差函数与自相关系数只与时间间隔 k 有关。

平稳性保证了时间序列数据都是出自同一分布,因此可以计算均值、方差、延迟 k 期的协方差、延迟 k 期的相关系数。

一个独立标准正态分布的随机序列就是平稳序列,如图 14-10 所示。

当然,若一个平稳时间序列的序列值之间没有相关性,就意味着数据前后没有规律,也就无法挖掘出有效的信息。这种序列称为纯随机序列。在纯随机序列中,有一种序列称为白噪声序列。

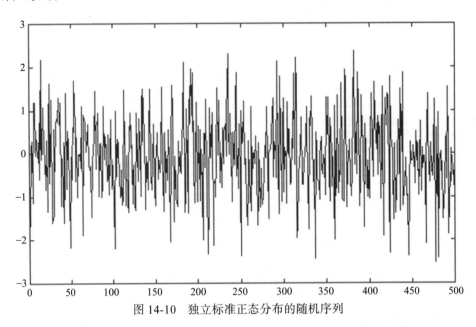

图 14-10 独立标准正态分布的随机序列

从这种意义上说,平稳时间序列分析在于充分挖掘时间序列中的关系。当时间序列中的关系被提取出来后,剩下的数据组成的序列就应该是一个白噪声序列。

平稳时间序列模型主要有 3 种:自回归(Auto Regression,AR)模型、移动平均(Moving Average,MA)模型、自回归移动平均(Auto Regression Moving Average,ARMA)

模型。

用于判断 ARMA 模型的自相关和偏自相关系数如下。

1）自相关系数（AutoCorrelation Function，ACF）公式如下：

$$\mathrm{ACF}(k) = \frac{\mathrm{Cov}(yt, yt-k)}{\mathrm{Var}(yt)}$$

2）偏自相关系数（Partial AutoCorrelation Function，PACF）公式如下：

$$\mathrm{PACF}(k) = \mathrm{Corr}[yt - E^*(yt \mid yt-1, \cdots, yt-k+1), yt-k]$$

14.3.2 AR 模型、MA 模型、ARMA 模型简介

在介绍 ARMA 模型之前，我们需要先了解 AR 模型和 MA 模型，之后再学习 ARMA 模型及模型的定阶与识别。

1. AR 模型

AR 模型认为时间序列当期观测值与前 n 期观测值有线性关系，而与前 $n+1$ 期观测值无线性关系。假设时间序列 X_t 仅与 $X_{t-1}, X_{t-2}, \cdots, X_{t-n}$ 有线性关系，而在 $X_{t-1}, X_{t-2}, \cdots, X_{t-n}$ 已知条件下，X_t 与 X_{t-j}（$j=n+1, n+2\cdots$）无关，ε_t 是一个独立于 X_t 的白噪声序列：

$$X_t = \alpha_0 + \alpha_1 X_{t-1} + \alpha_1 X_{t-2} + \cdots + \alpha_1 X_{t-n} + \varepsilon_t$$

$$\varepsilon_t \sim N(0, \sigma^2)$$

可见在 AR 模型中，X_t 具有 n 阶动态性。AR 模型通过把 X_t 中依赖于 $X_{t-1}, X_{t-2}, \cdots, X_{t-n}$ 的部分消除掉，使得具有 n 阶动态性的时间序列 X_t 转化为独立序列。因此，拟合 AR 模型的过程也就是使相关序列独立的过程。

AR(p) 模型有以下重要性质。

1）某期观测值 X_t 的期望与序列系数 α 有关，方差有界。

2）自相关系数（ACF）拖尾，且值呈指数衰减（时间越近的往期观测对当期观测的影响越大）趋势。

3）偏自相关系数（PACF）p 阶截尾。

其中，ACF 与 PACF 可以用于识别该平稳时间序列是适合滞后多少期的 AR 模型。

2. MA 模型

MA 模型认为如果一个系统在 t 时刻的响应 X_t 与其以前 $t-1, t-2, \cdots$ 时刻的响应 $X_{t-1}, X_{t-2}, \cdots$ 无关，而与其以前 $t-1, t-2, \cdots, t-m$ 时刻进入系统的扰动项 $\varepsilon_{t-1}, \varepsilon_{t-2}, \cdots, \varepsilon_{t-m}$ 存在着一定的关系，那么这类系统为 MA(m) 模型。其公式表示为：

$$X_t = \mu + \varepsilon_t + \beta_1 \varepsilon_{t-1} + \cdots + \beta_m \varepsilon_{t-m}$$

其中，ε_t 是白噪声。

MA(q) 模型有以下重要性质。

1）t 期系统扰动项 ε_t 的期望为常数，方差为常数。

2）自相关系数（ACF）q 阶截尾。

3）偏自相关系数（PACF）拖尾。

其中，ACF 与 PACF 可以用于识别该平稳时间序列是适合滞后多少期的 MA 模型。

3. ARMA 模型

ARMA 模型结合了 AR 模型与 MA 模型的共同点。其认为时间序列受到了前期观测数据与系统扰动的共同影响。

具体来说，如果系统在 t 时刻的响应 X_t 不仅与其以前时刻的自身值有关，而且与其以前时刻进入系统的扰动项存在一定的依存关系，那么这类系统就是自回归移动平均模型。

ARMA(n, m) 模型表达式如下：

$$X_t = \alpha_0 + \alpha_1 X_{t-1} + \alpha_1 X_{t-2} + \cdots + \alpha_1 X_{t-n} + \varepsilon_t - \beta_1 \varepsilon_{t-1} - \cdots - \beta_n \varepsilon_{t-n}$$

其中，ε_t 是白噪声。

对于平稳时间序列来说，AR 模型、MA 模型都属于 ARMA(n, m) 模型的特例。

ARMA(p, q) 模型有以下重要性质。

1）X_t 的期望与序列系数 α 有关，方差有界。

2）自相关系数（ACF）拖尾。

3）偏自相关系数（PACF）拖尾。

14.3.3　Python 实现方式

数据集 ts_simu200.csv 中有 3 份模拟的时间序列数据，分别为 AR(1) 模拟数据、MA(1) 模拟数据和 ARMA(1, 1) 模拟数据。部分数据如表 14-6 所示。本节使用 AR1_a 序列演示 Python 如何实现平稳时间序列分析。

表 14-6　ts_simu200 数据集中的部分数据

	t	AR1_a	MA1_a	ARMA_11_b
1	1	−1.79203505	1.95171135	1.35688933
2	2	−0.74379065	0.40791265	2.02719577
3	3	0.64499864	−1.37523074	2.45797404
4	4	−0.37099088	−0.55676046	3.26581586
5	5	−0.77919709	1.53987519	3.08181002
6	6	−1.33546172	−0.59459772	1.48986234
7	7	0.25486543	−2.22520419	0.05255668
8	8	1.30246236	−1.38567633	−2.10089679
9	9	1.77355780	−0.19778113	−3.79148775
10	10	0.01539530	2.68318473	−4.22406125
11	11	−0.52999051	1.44274941	−4.01710491
12	12	−0.12301964	−0.79763077	−3.76982895
13	13	0.08028566	2.04420554	5.24247670

1. 探索平稳性

载入数据后,选择 AR1_a 列为原始数据,并将原始数据转换为时间序列数据,代码如下:

```
#dta=AR
ts_simu200= pd.read_csv('ts_simu200.csv',index_col='t')
dates=pd.date_range(start='2017/01/01', periods=200)
ts_simu200.set_index(dates, inplace=True)
dra=ts_simu200['AR1_a']
```

如图 14-11 所示,初看时序图中的数据是平稳的,因此可以进一步画出自相关系数与偏自相关系数的定阶图,以验证平稳性并确定使用的模型、阶数。

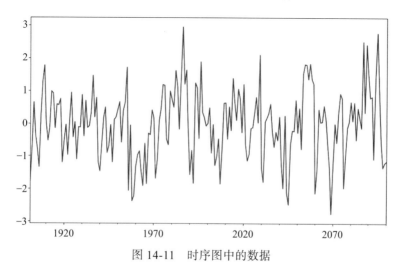

图 14-11 时序图中的数据

2. 定阶

Python 编码实现使用自相关与偏自相关系数并画出自相关系数与偏自相关系数图,代码如下:

```
#自相关和偏自相关
fig = plt.figure(figsize=(12,8))
fig = sm.graphics.tsa.plot_acf(dta,lags=20) #lag表示滞后的阶数
fig = sm.graphics.tsa.plot_pacf(dta,lags=20)
plt.show()
```

代码运行效果如图 14-12 所示。可以看出,自相关系数显示拖尾,而偏自相关系数显示一阶截尾,因此确定使用 AR(1) 模型。

3. 建模

Python 提供的函数 sm.tsa.ARMA 可以构建 AR 模型、MA 模型、ARMA 模型和带差分的 ARIMA 模型。这里在 sm.tsa.ARMA 函数中设定 AR 阶数为 1,差分与 MA 模型的阶数设为 0（即 AR(1) 模型），对应的参数设置为 (1, 0)：

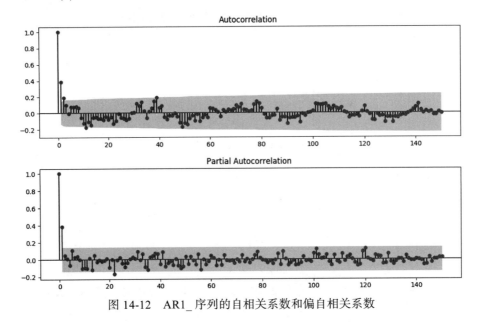

图 14-12　AR1_ 序列的自相关系数和偏自相关系数

```
ar10 = sm.tsa.ARMA(dta,(1,0)).fit()
```

4. 残差检验

AR 模型是否提取了原数据的足够信息的重要参考是 AR 模型的残差是否是白噪声序列。首先检验残差的自相关和偏自相关系数图，代码如下：

```
#检验残差序列:
Resid = ar10.resid
fig = plt.figure(figsize=(12,8))
fig = sm.graphics.tsa.plot_acf(resid.values.squeeze(),lags=20)
fig = sm.graphics.tsa.plot_pacf(resid,lags=20)
plt.show()
```

残差的自相关和偏自相关系数，如图 14-13 所示。

通过残差的自相关和偏自相关系数图，可以看出残差已经无信息可提取。在自相关系数图中，残差滞后各期均无显著的自相关性（第 0 期代表与自身的相关性，其值恒为 1）；在偏自相关系数图中，残差滞后各期也无显著的偏自相关性。可以判定，残差序列为白噪声序列。

5. 预测

利用以下代码预测未来 20 期数据，并绘制曲线图，展示已有真实值、预测值及预测的置信区间。

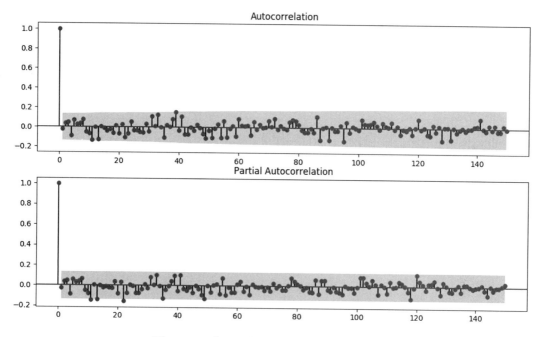

图 14-13　残差的自相关系数和偏自相关系数

```
predict_dta = ar10.forecast(steps=5)
import datetime
fig = ar10.plot_predict(pd.to_datetime('2017-01-01')+datetime.timedelta(days=190),
    (pd.to_datetime('2017-01-01')+datetime.timedelta(days=220),dynamic=False,plot_
        insample=Ture)
Plt.show()
```

代码运行效果如图 14-14 所示。

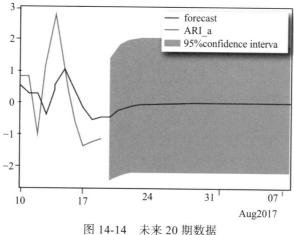

图 14-14　未来 20 期数据

14.4 非平稳时间序列分析

本节主要介绍针对非平稳时间序列使用的差分处理手段,以及其在 Python 中的实现。

14.4.1 差分与 ARIMA 模型

实际上,很多时间序列数据都是非平稳的,直接以平稳时间序列进行分析是不合适的。我们可以通过差分等手段将非平稳时间序列变成平稳时间序列,再进行 ARIMA 建模。

1. 差分

差分方法是一种非常简便、有效的提取确定性信息的方法。Cramer 分解定理在理论上保证了适当阶数的差分可以充分提取确定性信息。

差分运算的实质是使用自回归方式提取确定性信息。一阶差分即当期观测减去前一期观测构成差分项,数学表达式为:

$$\nabla x_t^{(1)} = x_t - x_{t-1}(t = 2, 3, \cdots)$$

二阶差分是在一阶差分的基础上,对一阶差分结果再进行差分,数学表达式为:

$$\nabla x_t^{(2)} = \nabla x_t^{(1)} - \nabla x_{t-1}^{(1)}$$

依此类推,d 阶差分是在 $d-1$ 阶差分的基础上,对 $d-1$ 阶差分结果再进行差分,数学表达式为:

$$\nabla x_t^{(d)} = \nabla(\nabla x_t^{(d-1)})$$

适度的差分能够有效地将原始非平稳时间序列(如图 14-15 所示)转化为平稳时间序列。

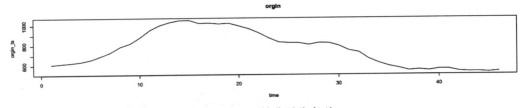

图 14-15 原始非平稳序列

从图 14-15 中可以看出,原始数据呈现一定趋势。经过一阶差分后,其趋势减弱,而经过二阶差分后,序列已经变得非常平稳,如图 14-16 和图 14-17 所示。在本例中,差分有效地提取了时间序列数据的趋势性。一般来说,若序列蕴含着显著的线性趋势,一阶差分就可以实现趋势平稳;若序列蕴含着曲线趋势,高阶(二阶)差分可以提取出曲线趋势的影响。

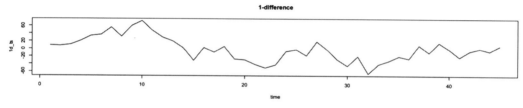

图 14-16 一阶差分后的序列

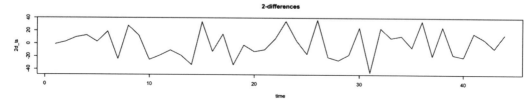

图 14-17 二阶差分后的序列

对于有季节性的数据，我们可以采用一定周期的差分运算（季节差分）提取季节信息。季节差分数学表达式如下：

$$\nabla_s x_t = x_t - x_{t-1}, (t = 2, 3, \cdots)$$

其中，s 表示周期。

在季节差分基础上再进行一般的差分可以同时提取季节性与周期性，s 期 d 阶的差分表达式如下：

$$\nabla_s^d x_t = \nabla_s(\nabla_s^{d-1} x_t), (t = 2, 3, \cdots)$$

图 14-18 所示为有明显季节性与趋势性的原始数据。图 14-19 所示为仅仅做了一阶差分，未做季节差分的结果，可以看见仍旧具有明显的季节效应。图 14-20 所示为一阶季节（时间间隔为 12 期）差分后的结果，可以看见数据更加平稳。

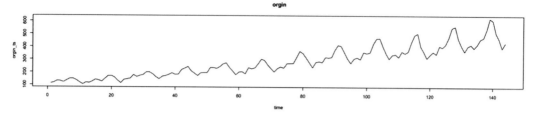

图 14-18 原始有季节效应的序列

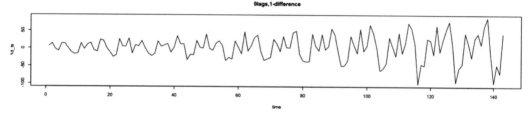

图 14-19 一阶差分后的序列

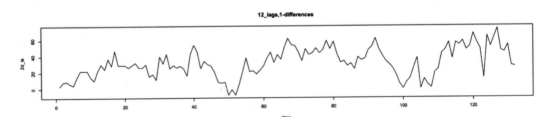

图 14-20　一阶季节（时间间隔为 12 期）差分后的序列

需要注意的是，差分应适度，否则会造成信息的浪费。一般在实际操作中，二阶差分足够提取序列中的不稳定信息。

2. ARIMA 建模

ARIMA 模型适用于处理非平稳间时序列，其中 I 表示差分的次数。其首先用适当的差分使原序列成为平稳序列，然后再进行建模。

其建模步骤与 ARMA 模型类似，分为以下 5 步。

1）平稳：通过差分手段，将非平稳时间序列转换为平稳时间序列。

2）定阶：确定 ARIMA 模型的阶数 p、q。

3）估计：估计未知参数。

4）检验：检验残差是否是白噪声序列。

5）预测：利用模型预测。

14.4.2　SAS EG 实现方式

1）初次模型识别如图 14-21 所示。

图 14-21　初次模型识别

2）初次模型识别结果如图 14-22 所示。

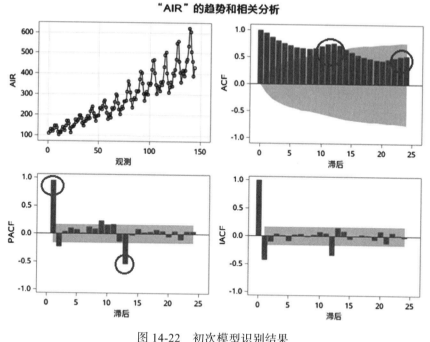

图 14-22 初次模型识别结果

从图 14-22 中可以看出，ACF、PACF 有明显的拖尾现象，因此考虑分别作一阶滞后和一阶季节（时间间隔为 12 期）滞后差分。

3）再次模型识别设置如图 14-23 所示。

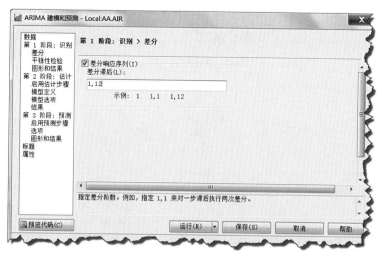

图 14-23 再次模型识别设置

4）再次模型识别结果如图 14-24 所示。

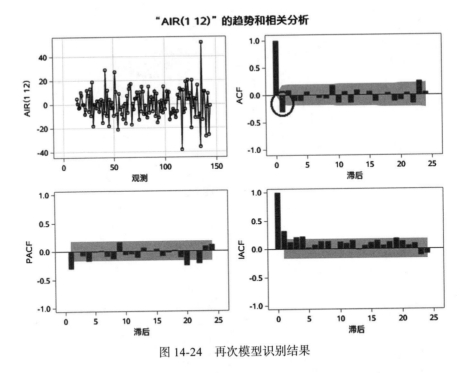

图 14-24 再次模型识别结果

从图 14-24 可以看出,ACF、PACF 没有明显的拖尾现象,一阶滞后的 ACF 和 PACF 都比较显著。因此,估计 MA(1)、AR(1) 和 ARMA(1,1) 模型都是有道理的。下面首先演示 MA(1) 的估计过程。

5)未知参数步骤设置估计模型如图 14-25 和图 14-26 所示。

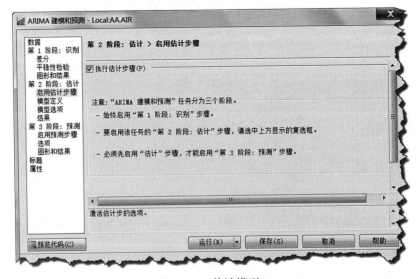

图 14-25 估计模型 1

第 14 章 时间序列分析 333

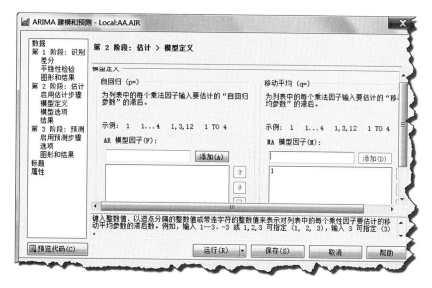

图 14-26 估计模型 2

6）残差检验如图 14-27 所示。

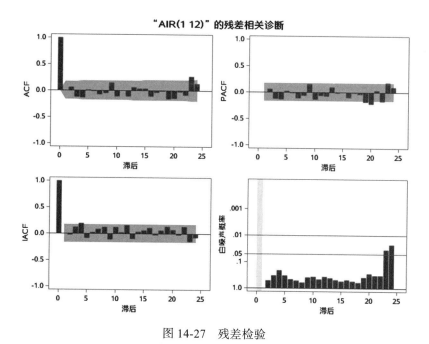

图 14-27 残差检验

从图 14-27 可以看出，没有任何滞后信息可以提取了。但是，我们并不能就此决定使用 MA(1) 模型，需要对 AR(1) 模型和 ARMA(1,1) 模型进行比较。表 14-7 展示了两个估计方法得到的统计量。这里只要关注 AIC 和 SBC 两个统计量。这两个指标是选取最优模型的统计量。在线性回归中,我们在全子集选择变量任务选项中看到过两者的身影,但是当时主要使用的是调整 R 方和 Mallow's Cp 指标,现在做时间序列的最优模型选择时,只能参考这两个指标。这两个指标数值越小,模型表现越好。从结果可以看出,AR(1) 模型以微弱的优势胜出,成为最优模型。而 ARMA(1, 1) 模型的 AIC 数值明显大于另外两个模型。可见,模型参数多,不一定是最优模型。

表 14-7 不同模型统计量比较

MA(1)模型		AR(1)模型		ARMA(1, 1)模型	
常数估计	0.196503	常数估计	0.234052	常数估计	0.233138
方差估计	139.3303	方差估计	139.1023	方差估计	140.1886
标准误差估计	11.80382	标准误差估计	11.79416	标准误差估计	11.84013
AIC	1020.473	AIC	1020.259	AIC	1022.259
SBC	1026.224	SBC	1026.009	SBC	1030.884
残差数	131	残差数	131	残差数	131

7)根据最终选择的 AR(1) 进行预测,如图 14-28 所示。

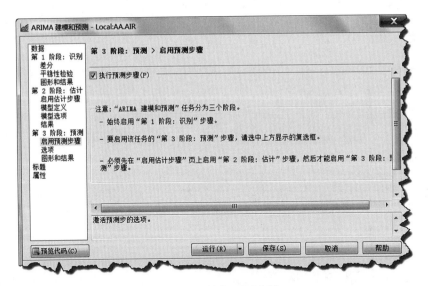

图 14-28 执行预测步骤

8)选择合适的时间间隔和需要预测的时间长度,如图 14-29 所示。这里需要选取的时间长度不要过长,一般不能超过数据总长的 1/3,否则预测的可靠性会显著降低。

9)预测结果如图 14-30 和图 14-31 所示。SAS EG 根据我们要求的预测时间长度,提供了对均值的点预测和上下 95% 置信区间,同时提供了预测值的线形图。

目前,该模型得到的结果并不是最优的,该序列数据呈现出异方差现象,我们应该尝试使用原始数据的对数进行建模。这部分内容请读者自行完成。同时,14.4.3 节会补充该内容。

第 14 章 时间序列分析 ◆ 335

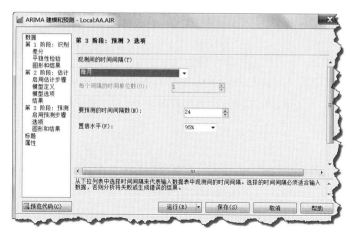

图 14-29 选择合适的时间间隔和时间长度

以下变量的预测:AIR			
观测	预测	标准误差	95% 置信限
145	447.1040	11.8038	423.9690 470.2391
146	421.3006	14.2618	393.3479 449.2532
147	449.4971	16.3545	417.4429 481.5512
148	491.6936	18.2082	456.0062 527.3809
149	502.8901	19.8899	463.9067 541.8735
150	566.0866	21.4400	524.0648 608.1083
151	653.2831	22.8855	608.4284 698.1378
152	637.4796	24.2449	589.9605 684.9986
153	539.6761	25.5320	489.6343 589.7179
154	492.8726	26.7573	440.4293 545.3159
155	422.0691	27.9289	367.3295 476.8086
156	464.2656	29.0532	407.3223 521.2089
157	479.5661	35.1632	410.6475 548.4848
158	453.9591	38.6358	378.2343 529.6840

图 14-30 预测结果 1

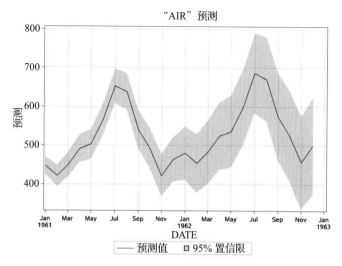

图 14-31 预测结果 2

14.4.3 Python 实现方式

1. 使用模拟数据

这里使用一个模拟的 ARIMA 数据集与一个真实数据集,具体分析步骤如下。

1)探索平稳性。载入数据后,选择 ARIMA_110 序列为原始数据,将其转换为时间序列数据。

```
#dta=ARIMA_11_b
ts_simu200= pd.resd_csv('ts_simu200.csv',index_col='t')
dates=pd.date_range(start='2017/01/01', periods=200)
ts_simu200.set_index(dates, inplace=Ture)
dta=ts_simu200['ARIMA_110']
```

代码运行效果如图 14-32 所示。

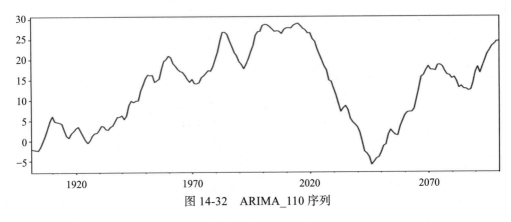

图 14-32　ARIMA_110 序列

从图 14-32 中可以看出,不同时间段的数据均值差别较大,并不是一个平稳时间序列。为进一步确定,我们可以调用包 tseries 中的函数 adfuller 进行平稳性检验。该检验的原假设为该时间序列是非平稳的,备择假设为时间序列是平稳的。

```
#平稳性检验
Result=adfuller(dta)
print('ADF Statistic: %f'% result[0])
print('p-value:%f'% result[1])
```

从检验结果上看,P 值为 0.333,无法拒绝非平稳假设,因此我们有足够理由认为该数据是非平稳的,需要对原数据进行差分。由于趋势是线性的,预先判断一阶差分即可。

使用函数 diff 进行差分(设定为 1 表示进行一阶差分),再画出差分后的时序图,代码如下所示。

```
#画差分序列的时序图
diff1=dta.diff(1)
diff1.plot(figsize=(12,8))
plt.show()
```

代码运行结果如图 14-33 所示。一阶差分后，时序图中显示不平衡时间序列转化为平稳时间序列。

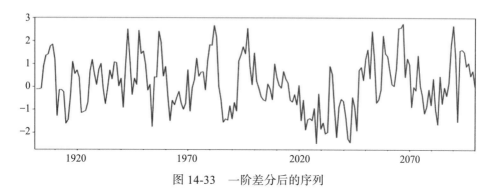

图 14-33 一阶差分后的序列

2）定阶。使用自相关与偏自相关函数对差分数据绘制 ACF 图与 PACF 图，代码如下所示。

```
#绘制差分序列的自相关和偏自相关图
Ddta=diff1
Ddta.dropna(inplace=True)
fig=plt.figure(figsize=(12,8))
fig=sm.graphics.tsa.plot_acf(ddta,lags=20)
fig=sm.graphics.tsa.plot_pacf(ddta,lags=20)
plt.show()
```

代码运行效果如图 14-34 所示。可以看出，ACF 拖尾，PACF 为一阶截尾，因此使用 ARIMA(1, 1, 0) 模型是合适的。

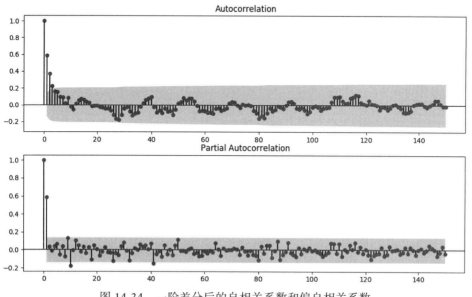

图 14-34 一阶差分后的自相关系数和偏自相关系数

3）建模。在 sm.tsa.ARIMA 函数中设定 AR 阶数为 1，差分为 1，MA 模型的阶数都为 0，即 ARIMA(1,1,0) 模型对应的参数设置为 (1,1,0)。

```
Arima110=sm.tsa.ARIMA(dta,(1,1,0)).fit()
```

4）残差检验。通过自相关和偏自相关图直观展示残差序列。

```
#画残差序列的自相关和偏自相关图
resid=arima110.resid
fig=plt.figure(figsize=(12,8))
fig=sm.graphics.tsa.plot_acf(resid.values.squeeze(),lags=20)
fig=sm.graphics.tsa.plot_pacf(resid,lags=20)
plt.show()
```

代码运行效果如图 14-35 所示。可以看出，残差已经无信息可提取。在 ACF 图中，残差滞后各期均无显著的自相关性；在 PACF 图中，残差滞后各期也无显著的偏自相关性。

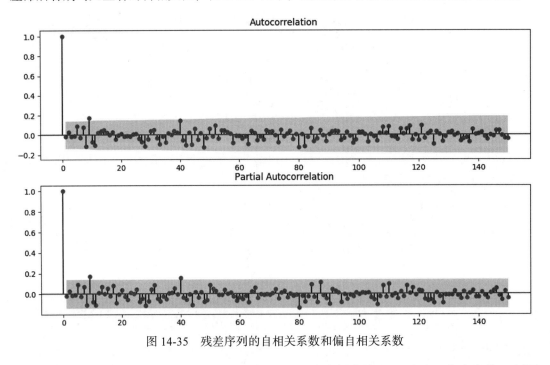

图 14-35　残差序列的自相关系数和偏自相关系数

5）预测。利用以下代码预测未来 20 期数据，并绘制曲线图，展示已有真实值、预测值及预测的置信区间。

```
import datetime
fig = arima110.plot_predict(pd.to_datetime('2017/01/01'),
                            pd.to_datetime('2017/01/01')+datetime.timedelta(days=220),
                            dynamic=False, plot_insample=True)
plt.show()
```

代码运行效果如图 14-36 所示。

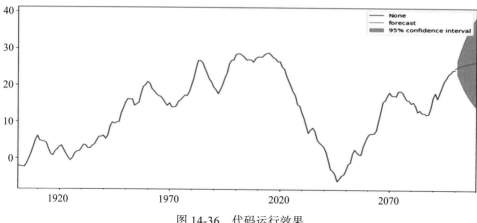

图 14-36 代码运行效果

2. 使用带季节效应的数据

这里使用一家拖拉机销售厂商数据集,数据集的名称为 tractor_sales.csv。其记录了 2003 年到 2014 年每月的拖拉机销售数据,数据带有明显的季节效应,如图 14-37 所示。

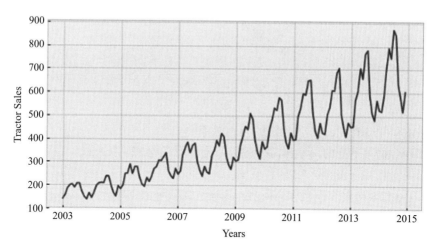

图 14-37 拖拉机销售量序列

1) 探索平稳性。需要注意的是,该数据因季节效应带来的波幅明显增加,在这种情况下考虑对原数据取对数,代码如下。

```
plt.figure(figsize=(10, 5))
plt.plot(np.log(sales_ts))
plt.xlabel('Years')
plt.ylabel('Log (Tractor Sales)')
```

代码运行效果如图 14-38 所示。

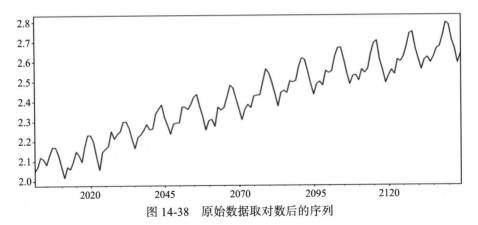

图 14-38　原始数据取对数后的序列

和原始数据相比，对数变换后的时间序列的波幅基本一致，且仍旧存在季节性。

2）定阶。对取对数的数据进行一阶差分，并查看其自相关和偏自相关系数。

```
sales_ts_log = np.log(sales_ts)
sales_ts_log.dropna(inplace=True)

sales_ts_log_diff = sales_ts_log.diff(periods=1)
sales_ts_log_diff.dropna(inplace=True)

fig, axes = plt.subplots(1, 2, sharey=False, sharex=False)
fig.set_figwid(12)
fig.set_figheight4)
smt.graphics.plot_acf(sales_ts_log_diff, lags=30, ax=axes[0], alpha=0.5)
smt.graphics.plot_pacf(sales_ts_log_diff, lags=30, ax=axes[1], alpha=0.5)
plt.tight_layout()
```

从图 14-39 可以看到，滞后几期的自相关系数和偏自相关系数中只有第一期较显著，因此可以判断数据是平稳的，不再需要进行差分。而每隔 12 期的自相关系数具有明显的拖尾现象，而偏自相关系数间隔 12 期后截尾，因此可以判断季节效应的间隔周期为 12 期（即 12 个月），且季节效应对应模型为 AR(1)。还注意到，每半个季节效应也有显著的自相关情况，这有可能是 MA(1) 造成的。

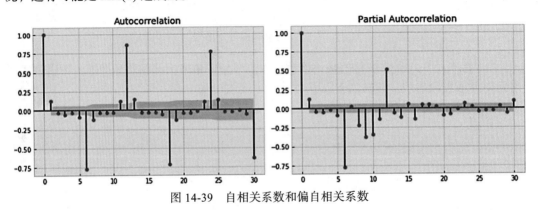

图 14-39　自相关系数和偏自相关系数

通过以上分析，我们对数据的特征有了一定的认识，知道需要进行对数转换（因为趋势因素与季节因素是累乘关系），并且需要进行原始数据前后一阶和季节前后一阶的差分。在实际工作中，我们不再严格遵循以自相关系数、偏自相关系数确定参数的方法，而是通过遍历所有可能的参数，以 AIC 统计量最小的模型作为最优模型。以下是设置参数的语句：

```
#设置自相关（AR）、差分（I）、移动平均（MA）三个参数的取值范围
p = d = q = range(0,2)
pdq = list(itertools.product(p,d,q))
#设置季节效应的自相关（AR）、差分（I）、移动平均（MA）三个参数的取值范围
Seasonal_pdq = [(x[0],x[1],x[2],12) for x in list(itertools.product(p,d,q))]
```

下面代码中的核心函数是 sm.tsa.statespace.SARIMAX()。只有当数据有季节效应时，才会使用该函数。其中，S 代表该函数可以处理季节效应，X 代表该函数可以加入外生变量，即对当前时间序列有预测作用的变量，类似线性回归中的 X。执行该脚本后，获得的最优模型为 SARIMAX(0, 1, 1)x(1, 0, 1, 12)。各参数的含义为：(0, 1, 1) 代表该模型是 ARIMA(0,1,1)，即一阶差分后为 MA(1) 模型；x(1, 0, 1, 12) 代表季节效应对应模型 ARIMA(1,0,1)，即同时有 AR(1) 和 MA(1) 模型；最后的 12 代表季节效应为 12 期，这是我们之前设置的。

```
import sys
warnings.filterwarings("ignore") #忽略ARIMA模型无法估计出结果时的报警信息
best_aic = np.inf
besr_pdq = Mone
best_seasinal_pdq = Mone
temp_model = Mone

for param in pdq:
    for param_seasonal in seasonal_pdq:
        try:
            temp_model = sm.tsa.statespace.SARIMAX(sales_ts_log,
                                                    order = param,
                                                    seasonal_order= param_sesaonal,
                                                    enforce_stationarity=Ture,
                                                    enforce_invertibility=Ture)
            results = temp_model.fit()
            if results.aic < best_aic:
                best_aic = results.aic
                best_pdq = param
                best_seasonal_pdq = param_seasonal
        except:
            continue
print("Best  SARIMAX{}x{}12 model-AIC:{}".format(best_pdq, best_seasonal_pdq,
    best_aic))

Best SARIMAX(0,1,1)x(1,0,1,12)12 model - AIC:-733.7733673716689
```

3）建模及残差检验。设置好 SARIMAX() 函数的参数后，再次运行，并对残差进行检验。

```python
best_model = sm.tsa.statespace.SARIMAX(sales_ts_log,
                                        order=(0,1,1),
                                        seasonal_order=(1,0,1,12),
                                        enforce_stationarity=True,
                                        enforce_invertibity=True)
best_results = best_model.fit()
best_results.plot_diagnostics(lags=30,figsize=(16,12))
plt.show()
```

图 14-40 所示是对残差的检验。可以确认，其服从正态分布，且不存在滞后效应，因此不能再提取任何信息。

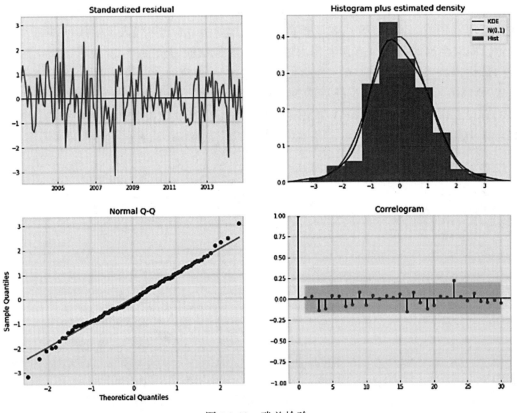

图 14-40 残差检验

4）预测。利用以下代码预测未来 36 期数据，并绘制曲线图，展示已有真实值、预测值及预测的置信区间。

```
import math
n_steps = 36
pred_uc_95 = best_results.get_forecast(steps=n_steps, alpha=0.05)
pred_pr_95=pred_uc_95.predicted_mean
pred_ci_95 = pred_uc_95.conf_int()
idx = pd.date_range(sales_ts.index[-1], periods=n_steps, freq='MS')
```

```
fc_95 = pd.DataFrame(np.column_stack([np.power(math.e, pred_pr_95),
                                np.power(math.e, pred_ci_95)]), index=idx,
                         columns=['forecast', 'lower_ci_95', 'upper_ci_95'])
fc_95.head()
```

上面代码中，获取预测值的语句为 best_results.get_forecast()，其中 steps 用于设置向前预测的期数，alpha 用于设置置信区间，0.05 代表置信区间为 95%。pred_uc_95.predicted_mean() 语句用于将预测均值提取出来。pred_uc_95.conf_int() 语句用于将预测值的置信区间单独提取出来。由于之前对数据取了自然对数，现在这些预测值需要取自然指数。

idx = pd.date_range(sales_ts.index[-1], periods=n_steps, freq='MS') 语句的目的是创建日期索引。其中，sales_ts.index[-1] 代表从 sales_ts 数据的索引的最后一个数值（即 2014 年 12 月 1 日）开始，生成 36 期（periods=n_steps）月度（freq='MS'）日期序列。最终生成数据集 fc_95，部分数据如表 14-8 所示（包括预测均值和 95% 置信区间的上下限）。

表 14-8 预测数据

	forecast	lower_ci_95	upper_ci_95
2014-12-01	567.460865	528.210592	609.627748
2015-01-01	566.199249	519.952771	616.559057

以下语句用于将预测结果通过图形展现出来。

```
axis = sales_ts.plot(label='Observed',figsize=(15,6))
fc_95['forecast'].plot(ax=axis,label='Forecast',alpha=0.7)
axis.fill_between(fc_all.index,fc_95['lower_ci_95'],fc_95['upper_ci_95'],
                  color='k',alpha=.25)
axis,set_xlabel('Years')
axos.set_ylabel('Tractor Sales')
plt.legend(loc='best')
plt.show()
```

代码运行效果如图 14-41 所示。

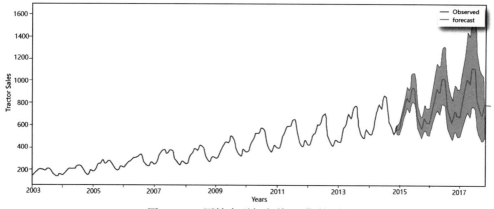

图 14-41 原始序列与向前 36 期的预测

3. 总结

利用 Python 对非平稳时间序列分析流程如图 14-42 所示。

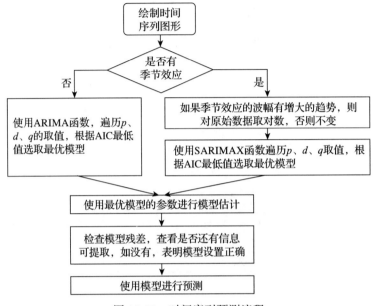

图 14-42 时间序列预测流程

步骤 1：如果不看时间序列图形，就不能确定是否有季节效应。可能有人认为，既然 SARIMAX 函数的功能可以涵盖 ARIMA 函数，那就可以统一使用 SARIMAX 函数遍历所有参数得到最优模型即可。但是，这样做是不可取的，因为 SARIMAX 函数的参数过多，会使得模型的估计结果不稳定。因此如果数据没有季节效应，尽量选择 ARIMA 函数进行估计。

步骤 2：选取的参数值一般为 0、1、2，很少有参数值超过 2 的情况，即使超过 2，第 3 阶的信息也很少，可以忽略。即使有问题，我们还可以在步骤 4 中通过残差的情况判断是否扩大搜索空间。选取最优模型时可以依据 AIC 或 BIC 统计量，依据 AIC 统计量选取的模型较大，即模型参数较多，依据 BIC 统计量选取的模型较小，即模型参数较少。不过，绝大部分情况下两个统计量得到的模型是一样的。

步骤 3：使用上一步得到的最优模型重新估计。该步骤并没有进行时间序列的平稳性检验。这有两个考虑因素：平稳性检验的方法众多，也比较复杂，远不止本章介绍的这一种检验。Statsmodels 中提供的 adfulle 函数其实用处并不大。目前，统计学界提供的平稳性检验方法的势都不高，也就是说检验结果用处不大。实际上，相关系数为 0.9 以上的 AR(1) 和 ARIMA(0, 1, 0) 是不能通过平稳性检验区分开的，因此索性不做平稳性检验，仅依靠 AIC 或 BIC 统计量来判断最优模型。

步骤 4：该步骤是一个确认模型正确性的步骤。如果残差序列的前几阶（比如 5 阶）自相关系数、偏自相关系数不显著，则说明被检测模型已经是最优模型。统计学参考书中使用的 DW 检验（德宾－沃尔森检验）、QQ 检验、Q 检验，其实和自相关系数检验区别不大。这些检验在本书配套脚本中已提供，读者可自行学习。

步骤 5：如果之前数据取自然对数，则在使用模型预测后，要对预测数据取自然对数。